The
Story
of
the Earth

大地的故事：图解中国地理

刘兴诗 著

重庆大学出版社

问苍茫大地

问苍茫大地，谁主沉浮？你来世间几多岁？有几多欢乐几多愁？

你是圆是方，还是一个球儿，任随人踢来踢去不知羞？

你是冷是热，是否冷面孔、热心肠，尚有几分侠义肝胆残留？

你是薄是厚，是否厚脸皮、薄情谊，仅仅一层浅薄岩壳庇佑？

你轻如鸿毛，还是重于泰山？如何取一把天秤，称一称你有几斤几两重，几根骨头几分肉？

你怀抱无价珍宝，还是区区顽石？怎么用一块试金石，试一试到底有几多价值，可以布施天下，心中坦然无疚？

你动，还是静？妄自尊大不动，坐视布鲁诺烈火焚身而不出手相救。还是俯首帖耳，围绕宇宙跳一首永不休息的圆舞曲，直到天荒地久？

我问你，大地为何震动怒吼？火山岩浆何以能摧枯拉朽？高山怎么崩于前？暴雨怎么生成泥石流？

我问你，山从何而起，海从何而生？波涛为何咆哮不定，潮汐何以涨落有信，河流为何激流飞奔，美丽湖光何以难久驻？风沙何以飞卷上九霄，撒落八荒事悠悠？几多自然秘密，一一对我从头说。

目录

山野篇 Mountain

河川篇 River

地球篇
Earth

　　嗨，老地球，你这个球儿，神秘兮兮看不透。咱们要认识你，该怎么下手？

　　得啦！先查一下你的户口。究竟来自何处，怎么落户在宇宙。再送进医院，来一次全身体检，把你的五脏六腑彻底看清楚，一一仔细追究。什么外表体型，内部肝胆脾肾肠，查个明明白白，一个也不漏。请一位高明外科医生解剖、解剖，来一个开膛破肚。查明你的前世今生，好好深入研究。

2015 年 12 月 7 日，美国国家航空航天局（NASA）发布月球勘测轨道器（LRO）所捕获的独特的地球景观

孤独的星球

请问，"神圣"的地球是什么？谁不知它负载万物，演绎千年历史。此物倘非神圣，还有什么神圣的？

呵呵，地球、地球，不过就是一个球。茫茫宇宙中，只不过是一个普普通通的平凡星球。人看它，觉得很大很大。冥冥中一双巨眼观察，那就很小很小，小得不过一粒灰尘，简直就不算啥。

唉，星空苍苍，宇宙茫茫。区区人这个动物算得了什么？还争什么、夺什么？你宣战、我抗议；你明枪、我暗箭，不过区区百年寿命，岂有千年王朝，七拱八翘搁不平。难道不是一粒小小宇宙灰尘上，更加小小微生物？什么名？什么利？什么君？什么臣？得也这么哥、失也这么哥；悲也这么哥、喜也这么哥。读一读几篇识破红尘元曲，曾经说唱过多少这么哥。

一个寂寞孤独的小小蓝色星球，在茫茫太空里徘徊。它是渺小的，不过是辽阔宇宙里的一粒沙尘，无法和别的星球相比拟。放眼看，银河中群星灿烂。还有数不清的超银河系更加遥远。它，只不过是自身所在的这个银河系里的一点尘埃。多它，不算多；少它，无所谓，算得了什么东西？

1990 年 2 月 14 日，
美国国家航空航天局旅行者 1 号探测器（Voyager 1）
在完成任务，即将离开太阳系之际，
应天文学家卡尔·萨根的要求，
调转摄像头，拍下了这张照片。
位于照片中间偏右的蓝白色光点就是地球。
2020 年，在这张照片诞生 30 周年之际，美国国家航空航天局使用现代图像处理技术，对其重新处理。
左图就是 2020 年处理之后的版本

在太阳系大家庭里，它有八个兄弟。金、木、水、火、土，加上天王、海王，八大行星围绕太阳运转不息。从前还有一个小弟弟冥王星，可是后来说它小得不够格，被一脚踢出了行星系列。[1]

太阳系全景（注：太阳系各天体体积及天体之间的距离未按实际比例绘制）

它也是巨大的，只不过是相对于这个小小星球上更加微不足道的生命而言。

大和小，本来就是相对的。以小看大，那就是大、大、大，大得无法想象；以大看小，小、小、小，小得无足挂齿。从宇宙的眼光看，它渺小得简直可以忽略不计，谁会把它放在眼里？可是在这个渺小的星球上一种自命高等的两脚动物来看，那简直就是一个庞大无比的天地。在这个小小星球上，为了更小、更小的生活空间和可笑的利益，有些两脚动物争斗得头破血流，就不怕冥冥中有一双双巨眼，好像观察显微镜下的微生物一样，站在一边冷眼旁观，禁不住蔑视哂笑吗？

---

1. 1930 年，美国天文学家克莱德·汤博发现了冥王星，将其视为太阳系第九大行星。1992 年，人们在柯伊伯带发现了一些质量与冥王星相近的冰质天体，这挑战了冥王星的地位。2005 年，人们发现了阋神星，它的质量比冥王星还重27%，2006 年，国际天文联合会正式将冥王星从九大行星之一降为矮行星。

可笑！可笑！可鄙！可鄙！

它是暗淡的，自身没有一丁点儿亮光。只不过依仗它的母星，那个被称为太阳的一颗中等偏下的恒星的照射，借了一些儿微弱的光芒，才能照亮它的每个角落，让那些两脚动物感到一些儿温暖，就自以为是万物之灵。把自己放得大大的，自傲于脚下更小的蚂蚁。从宇宙空间远远看这个球儿，也正是由于借了太阳的光，才像一面积满灰尘的镜子似的，反射出一丁点儿亮光，活像是阳光下的一颗沙粒闪烁。说得好听些，算是又一个小月亮罢了。

说白了，不过是借光，有什么得意？如此而已，还有什么好吹嘘的。

喔，喔，喔，世界上也有一些自鸣得意的人像地球一样，自以为非常伟大，却不过是人间一粒灰尘。自以为光芒万丈，以太阳自比。却不知是在哪儿借了一点光，就厚着脸皮以明星和救世主自况。从地球看人生，似乎也是一个样。

它是灿烂的。因为它和别的星球不同，毕竟也绽放出了文明的曙光。

得啦，牢骚太盛防肠断，还是让我们回过头来说地球本身吧。

这个球儿是幸运的。因为它毕竟和宇宙中别的熊熊燃烧的火炭团，或者冷冰冰的石蛋蛋不一样，一旦沾上了水分，就能像细菌繁殖似的，产生了形形色色的生命，包括前面说的，那种自以为了不起的野蛮愚昧的两脚智慧动物。

这些两脚动物寄生的星球是怎么来的？它到底有多大？这个星球上有多少水、多少陆？有些什么起伏的地形和水流？可是一个个有趣的问题。噢，朋友，听我慢慢讲下去，给它勾绘一幅幅速写画，就来一段地球演义吧。

《道德经》和地球的诞生

问地球，你身从何处来？哪儿有你的出生记录，哪儿有你的户口？你的接生婆是谁，你到底怎么生下来，来到这个世界？

我问你啊，我问你，你这个懵懵懂懂的宇宙婴孩。别扭扭捏捏，别推三阻四，且向我慢慢说来。说得好，道你一声乖，说不好当然就不乖，这样的娃娃还会有谁爱。

我问你，大地，你是怎么诞生的？关于这个问题，从前人们说得神秘兮兮的。有的说它是上帝创造的，有的说它是盘古一斧头劈开的，有人说是从海里冒出来的。不同民族有不同的说法，信不信就由你了。

不消说，这些说法都不对。

我们在这里说的"大地"是什么？就是地球呀！

人们挖根问到底，地球诞生以前，还有没有别的东西？

请听，乱纷纷的春秋时期，有一个苍老的声音，仰望天穹咏叹道："有物混成，先天地生。寂兮寥兮，独立而不改，周行而不殆，可以为天下母。吾不知其名，强字之曰道。"这是独立苍茫的老子在《道德经》里说的几句话。

你看，在天地之前，早就有一团不知名的物质，混混沌沌生存于茫茫宇宙间。自身独立存在，默默旋转不停，乃是天下之母。不知其名字，这就是大自然的规律。

啊，好一个"道"！"道"就是天人合一而悟出的自然规律。

请看，《道德经》还说："道可道，非常道；名可名，非常名。无名天地之始，有名万物之母。故常无欲，以观其妙；常有欲，以观其徼。此两者同出而异名，同谓之玄。玄之又玄，众妙之门。"这是《道德经》里开宗明义的第一段话。又说："道生一，一

老子骑牛像，明代张路绘

生二，二生三，三生万物。"这也是《道德经》里的几句名言。看吧，天地开始什么也没有，天地开始后就衍生了万物。一生二，二生三，三生一切，岂不是地球诞生后，才有万物繁殖的现象吗？

《道德经》高深无比。不管别人怎么阅读这本经，作什么解释，甚至把它迷信化，用来测吉凶算命。我读这本经，却读出了这一段地球起源的图景，不管你信不信。

老子在《道德经》里这样解释天地的形成，古往今来的科学家又是怎么解释的？科学家们研究地球诞生的原因，各有各的说法。有的非常稀奇古怪，好像是科幻小说。

18世纪后期，德国哲学家伊曼努尔·康德（Immanuel Kant，1724—1804）和法国科学家皮埃尔-西蒙·拉普拉斯（Pierre-Simon Laplace，1749—1827）认为，宇宙太空中原本有许多尘埃，由于引力作用，它们渐渐凝聚成一些大大小小的尘埃团，围绕着同一个中心旋转，后来就变成了太阳、地球和它的行星兄弟们。

和他们同时代的法国博物学家布丰（Buffon，1707—1788）也来凑热闹，他认为地球是太阳和一颗彗星碰撞后，飞溅到天空中的物质。好似一块石头落进熊熊燃烧的火炉，溅出的星星火花。

那时候的神圣科坛，真的像是科幻小说的文坛。幻想有理，言者无罪，想怎么说都不会有人压制你。随便一说，就是一家之言，足以生前混个教授什么的，生后开创一个"流派"，随意误人子弟。这一来，又引出了许多异想天开的说法，信不信就由你了。

1900年，美国天文学家福雷斯特·雷·莫尔顿（Forest Ray Moulton，1872—1952）说，从前有一个巨大的星球，在太阳正反两面吸起两股气流，后来慢慢凝聚生成了一连串的行星。

1916年，英国物理学家詹姆斯·霍普伍德·金斯（James Hopwood Jeans，1877—1946）摇头说，不是这样的。20亿年前，是那个星球直接把太阳拉成梨形，后来又变成一个"大雪茄"，最后裂成一段段的，变成了地球和各大行星。

英国天文学家哈罗德·杰弗里斯（Harold Jefferys，1891—1989）摇头说，你们都说错了，是那个星球飞过来，打了一个擦边球，把太阳碰得团团转，拉出许多物质，生成了地球和许多行星。也有人说，地球和它的兄弟们统统都是太阳爆炸抛射出来的碎块。英国理论天文学家雷蒙德·阿瑟·里特顿（Raymond Arthur Lyttleton，1911—1995）等人认为，太阳本来是一颗双星。它的伴星被别的星球的引力撕碎了，变成了许多行星。这样的灾变学说还有很多，一下子说也说不完。

1944 年，苏联地球物理学家奥托·尤利耶维奇·施密特（Otto Yulyevich Schmidt，1891—1956）说，地球和各大行星是太阳从天空中抓来的俘虏。太阳穿过一团浓密的星云，把这个星云里的尘埃俘虏过来，围着自己团团转，就形成了这些行星。

20 世纪 50 年代初，笔者在北大学习天文学的时候，有幸跟随著名天文学家戴文赛（1911—1979）老师学习。戴老师的看法和施密特有些相似，又有些不一样。他认为太阳系原本是一团星云，在自身引力下慢慢收缩，变成一个星云盘，在它的中心形成了原始太阳。周围的尘埃逐渐凝聚成为许多星子，变成了地球和行星。戴文赛老师和施密特的学说比较合理，得到大多数人的支持。

让我们再回过头来看《道德经》吧。仔细比较一下老子说的话，是不是和他们的学说有一些儿相似？两千多年前老子写的《道德经》真了不起！老子到底是哲学家，还是顶呱呱的启蒙科学家，你说呢？

地球高寿几何：地球的年龄

地球，别倚老卖老。说一说，你到底多少岁了？

面对着你这个老地球，还真不知道该怎么称呼才好。尊称你一声"地老"，要不干脆叫"球老"。不管怎么说，年纪都很老。赛过彭祖八百岁，赛过神龟一千年。自以为地位高高了不起，倚老卖老的人间元老们，靠边站，靠边站。面对脚下老地球，可别捋着胡子充大佬。已经过了气，还指手画脚招招摇摇，也不怕别人讪笑。

我问你，地球，阁下高寿几何？

这事凡人不知道，得要请教古圣先贤。

中世纪欧洲的一位大主教詹姆斯·厄谢尔（James Ussher，1581—1656）从《圣经》里"考证"，世界是在公元前4004年10月23日上午9时，由上帝亲手创造出来的。

啊呀呀，瞧他板着神圣的面孔，脸一点也不红。听他说得那样斩钉截铁，如此精确到小时，简直就是"科学"的化身。可惜还没有精确到分秒，看来上帝的科学还是不太先进。

那时候，代表上帝的大主教说话最有权威，谁敢不相信？不信，就烧死你，绞死你，反正有一个办法弄死你。我的话就是真理，不和你讲什么道理。

喔，黑暗的中世纪早已成为过去，21世纪的我就不信。

中国汉代也有"贤人"在《春秋纬》一书中说，从孔夫子身上就能算出天地的年龄。从开天辟地到孔夫子的时代，经历了三百二十六万七千年。

这是怎么算出来的？只有天知道，地知道，鬼知道。

我尊敬孔夫子，却不信这样荒谬的结论。

地球到底有多大的年龄？看来只有问科学家。

科学家的眼睛透过厚厚的眼镜片，紧紧盯住提问者的面孔问：你问的是地球的天文年龄，还是地质年龄？所谓天文年龄，是指地球作为一个天文体，从开始形成到现在的实际年龄。

噢，科学家不愧是科学家，嘴里说的话掺杂的科学成分也很多。原来是这么一回事，就说地球是什么时候诞生的，岂不通俗易懂，人人都明白吗？

地球是怎样形成的？公说公有理，婆说婆有理。煌煌科坛上有许多学说，直到现在也扯不清。地球的形成过程非常漫长，不同学说有不同的说法。究竟应该根据 Professor A，还是 Droctor B 的理论，从什么时候算起，一下子定不了。

唉，要说地球的天文年龄实在太难了。如今有许多学说，一个比一个玄妙。咱们是凡人，还是来现实的，换一个问题来讨论吧。

科学家说："你不明白地球的天文年龄也罢，就说简单的地质年龄好了。"

什么是地球的地质年龄？就是从地球诞生到现在有多少岁。如果以人来说，就是你从妈妈的肚皮里呱呱落地的那一刹那算起。写在户口本和身份证上，一看就明白。天文年龄似乎是家谱，很难弄清楚。卖草鞋的刘备厚着脸皮说："吾乃中山靖王之后。"除了抓不着一根救命稻草、可怜巴巴的汉献帝，谁也不会真正相信。

地球的地质年龄比天文年龄小得多，也实际得多。现在人们常说的地球年龄，就是讲的地质年龄。

计算地球的地质年龄有许多方法。最初有人想，地球刚形成的时候没有沉积岩。只要知道地球上沉积的总厚度，用每年的沉积厚度一除，岂不就可以算出地球的年龄了？这个办法真简单，小学生也会计算，实在太方便了。从前有人算出，地球的地质年龄只有 2.5 亿年。这未免太小了，小得使人难以相信。看来单凭计算沉积厚度的办法很不可靠，还得另想办法。

又有人想，只消弄清楚岩层里最古老的化石年龄，就知道地球有多古老了。

这种办法也不行。因为地球刚生成的时候，根本就没有生物，不管多么古老的化石，也比不上地球本身的年龄。

人们绞尽脑汁，又想出许多办法，但统统都不满意。随着科学技术的进步，人们终于找到了用放射性元素来测定地球年龄的新方法。在古老的岩石里，含有许多放射性元素。它们的衰变速率非常稳定，是计算地球的地质年龄最好的"计时器"。

许多岩浆岩里，常常含有铀和钍两种放射性元素。它们从放射衰变到最后的稳定元素，都是铅的同位素。只消按照它们的衰变率，查明现在所含的铀和铅、钍和铅的比值，就可以测算出岩石的年龄了。这种放射性测年方法叫作铅法。

1990年2月14日拍摄的位于云南省腾冲市的柱状节理。这是火山爆发时喷出的岩浆冷凝后形成的柱状岩石，是岩浆岩的一种，对于研究火山岩浆生成和地质构造有重要的科学价值

利用放射性元素的衰变来测年的办法很多，也更加精确。现在常用的是测定放射性钾的同位素衰变成氩的同位素的方法，叫作钾氩定年法。用这种方法测定出地球上最古老的岩石，有45亿~46亿年，这就是现在我们知道的地球的地质年龄了。不过现在也有发现更加古老的岩石，有更大年龄的报告，还需要世界上的地质学家们坐下来好好讨论一下。当然需要科学不断发展，才可以最后作结论。

钾氩定年法是一种分析岩石与矿物形成年代的方法，可以用来分析 46 亿年到 10 万年左右的岩石和矿物的年龄。

在一般岩石与矿物中，钾是一种很常见的元素，在地壳中的含量非常丰富，重量约占 2.8%。它有两个主要的同位素：钾 -39 和钾 -40，其中只有钾 -40 具有放射性。

钾 -40 中有 89% 会衰变成钙 -40，其余的 11% 则会衰变成氩 -40。我们可以用氩 -40 来给岩石断代，一方面是因为它稀有，另一方面则是由于火成岩形成时会因高温而熔融，岩石中原有的氩 -40 无法保存下来。所以当岩石重新凝结后，氩 -40 会重新累积起来。我们只要将岩石熔化，分析计算其中钾 -40 与氩 -40 的含量，带入公式就能算出岩石的年龄。

由于钾 -40 的半衰期长达 13 亿年，因此一般我们用它来测量 10 万年以上的岩石的年龄。这个方法尤其适合更新世早、中期的年代测定。

不圆不方的地球：地球的形状

地球，地球，必定是一个球。

哈哈！简直是废话。如果不是球，还叫什么地球！

地球真的是球吗？现在冒牌货太多。人有假的，货有假的，假气冲天遍宇宙，难道星球就没有假的？为了验证真假，还得好好想办法。

咔嚓、咔嚓，给地球拍一张照片取证吧。验明它的正身，到底是球，不是"球"。别自己稀里糊涂，被这事儿弄得昏了头。

地球是什么模样？

老子曰："人法地，地法天。"人比着地的样子，地比着天的样子。人法地，不好说。地法天，可有一些道理。天是圆的，地当然也是圆的。

辛弃疾望着中秋月，不由冒出一个奇想："可怜今夕月，向何处，去悠悠？是别有人间，那边才见，光影东头？"月落下去了，那边另有人间，大地自然是一个圆球。只不过这位南宋诗人没有学过天文学和地质学，说不出地球这个词儿而已。

是啊，地球、地球，不过是一个球，幼儿园的小朋友也把它画得圆圆的。这样简单明白的问题，还有什么好说的吗？

地到底是不是圆的？说起来很简单，对它的认识却很不简单，人类在这上面绕了一个大弯。问题在于古时候压根儿就没有"地球"这个观念，而是称为"大地"。

现在就来看看在古人的心目中，我们生活的大地是什么样子吧。

古人的说法可多了。

古希腊人说，我们生活的世界是几条大河围绕着的一个大圆圈。这样说，似乎有一点道理，因为那时候他们活动的范围，就是这样的。

古巴比伦人说，大地像是一个微微拱起的大乌龟壳，上面罩着半球形的透明的天空。他们的眼界似乎更加开阔了，发现大地不是平坦的，已经看出了地球的一个弧面。

还有一些人说，大地是一个立方体、圆柱形，或者像是一座高山，一只漂在海上的大船。形形色色的说法，难以一下子都说清楚。

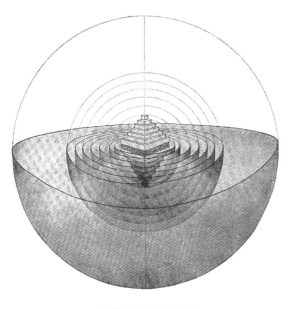

古巴比伦人对大地的想象

这些古代的说法，其中有的已经接近真实的答案了。如果接着研究下去，很快就会弄清楚。奇怪的是，一个世纪又一个世纪过去了，中世纪的西方竟得出了"天圆地方"的结论。不消说，这和教会的粗暴干涉有很大的关系。谁敢说地球是圆的，不被吊死才怪呢！教会代表上帝，神父代表教会。哪怕是乡间的神父，谁胆敢不恭敬，就是对上帝、教会不敬。进一步发挥，就是反上帝、反教会。即使不吊死你，也会叫你吃不了兜着走。不信，就试一试。

古代中国呢?

在认知水平的限制下，也曾经有过"天圆地方"的说法。汉代的班固就在《白虎通》里说"天圆地方不相类也。"孔老夫子的门徒曾参也说过："上首之谓圆，下首之谓方。如诚天圆而地方。"他为了证实自己说得不错，还引用孔老夫子的话说："参常闻之夫子曰：'天道曰圆，地道曰方'。"孔老夫子是否"天圆地方论"的真正支持者，还需要仔细分析研究。不过预先说了这番话，往后要怎么也解释得过去。由此悟出一个道理，话说得模棱两可，让你自己参悟，那才是高人、大师。

除了上面这个说法，还有其他观点。据说，周公曾经说："天如覆盖，地如覆盆。地中高而四隤，日月随天转运。"这是中国"盖天说"的老祖宗。认为天空像是斗笠，大地像是一个倒扣的大盘子，地面是微微拱起的。这种说法很进步，和古巴比伦的观点差不多。

到了三国时代，东吴陆织提出了更进步的"浑天说"。另一个叫王蕃的人解释说："天地之体，状如鸟卵。天包地外，犹壳之裹黄也。"看来，他似乎已经开始认识到，大地是一个像"鸡蛋黄"似的圆球了。经过这种学说的宣传，人们对大地形状的认识已经进了很大的一步。

其实，早在古代中西方学术思想最活跃的时期，就已经有聪明的学者提出大地是一个圆球了。

公元前 3 世纪的古希腊学者亚里士多德 (Aristotle，前 384—前 322) 站在海边，先看见远方的船桅，后来才瞧见船，认为海面是拱起来的一道圆弧。他又瞧见月蚀时地球投在月亮上的影子，认为大地肯定是一个圆球。我国东汉时期，天文学家张衡也从月蚀的黑影，断定大地是球形。

另一个古希腊学者毕达哥拉斯 (Pythagoras，约前 580—约前 500) 和战国时期的中国学者惠施，也认为大地是一个圆球。可惜人们没有注意他们的观点，使这项研究走了一段很大的弯路。

亚里士多德半身像
这是根据公元前 4 世纪古希腊著名雕刻家留西波斯的铜像雕塑作品所制作的大理石仿品

真理是不会被埋没的。尽管人们走了弯路，但总会慢慢认识清楚。

到了公元 1267 年，元朝开始不久的时候，有一个名叫扎马鲁丁[1]的天文学家，用木头做了世界上最早的一个地球仪。有趣的是，他用颜色在这个木球上表示海陆分布。三分陆地，七分海洋，和真实情况几乎完全一样。为了表示远近，他还画了许多小方格，正是后来广泛运用的经纬度。

自以为了不起的欧洲人落后了一大步。中世纪，专制的教会禁锢了自由的学术思想，始终把"天圆地方"奉为颠扑不破的"真理"，大大影响了科学的进展。不管你信不信，直到现在，守旧的英国还有一个拥有许多信徒的"天圆地方"协会呢！到了 16 世纪初，麦哲伦船队环绕地球航行成功，终于证明了大地是圆的。从此可以理直气壮地把大地叫"地球"了。

啊，地球，人们对你的认识终于接近真理，从此可以理直气壮地把你叫作"地球"了。

事情到这里就完了吗？

---

1. 西域波斯人。元代著名天文历法学家，在北京设立了观象台，并创制出 7 种天文观测仪器。

噢，不，关于地球形状的讨论，还远远没有画上一个圆满的句号。

说起"球"，就是圆溜溜的。请问，地球真是一个圆溜溜的大皮球，和足球、篮球、乒乓球一模一样吗？

地球仪做得圆溜溜的，人们心目中的地球也是圆溜溜的。可是在地球科学家的眼睛里，它却越来越不像一个真正的球儿了。如果把这样的球放在绿茵场上，球王贝利和马拉多纳也不知道该怎么下脚。

不是因为它太大，而是它的形状很不规则，严格说来压根儿就不符合"球"的概念。

这样说，有证据吗？

有呀！最新大地测量和航天技术的资料，就充分证明了它根本就不是一个规则的"球"。

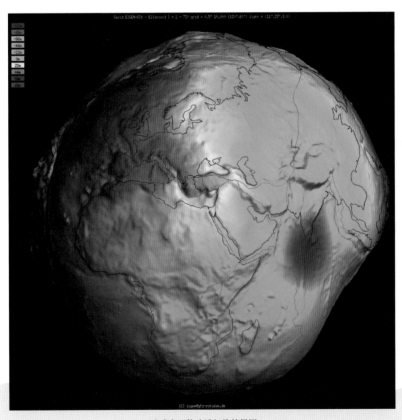

地球表面的地质起伏效果图

图中的色彩仅为示意，并非地貌的真实色彩，效果图采用了晕渲地貌、纵比例尺放大等技术手段

23

真正的"球"，所有两端都在球面上而且通过球心的线段必定一样长。可是地球的赤道和两极的半径差有21千米多，好像鼓着"将军肚"，是一个不规则的扁球体。真正的"球"，必定所有方向都是对称的。可是地球的南、北半球就有些不对称。

这样的"球"到底是什么球？

喔，世界上可没有这种"球"。在专门制造皮球的工厂里，只能算是废品"球"。送给人也没有人要，干脆丢进垃圾桶里拉倒。

有人把它比喻成一个大橘子。北极是橘子带柄的地方，因为这儿比较高，高出了大地水准面的平均高度。南极是凹进去的橘子的底部，比大地水准面的平均高度低30米之多。还有人把地球比作一个番薯、一个梨、一个地瓜。有人惊奇地发现，圆圆的地球居然还有一些棱角，似乎是一个带圆形的五角十面体。

噢，原来地球远看像是球，走到跟前一看，根本就不是正儿八经的"球"，挖空心思把它比喻成什么东西都不太像。加上它的表面起伏不平，就更加不圆了。得啦，干脆把这个周身带棱带角，有高地、有凹坑的大扁圆球儿，叫作"地球形"吧！

地球只有一个。它就是它，是一个球，却不是足球、篮球一样的球。别把什么东西都想得太完美，咱们栖身的这个老地球，就不是圆溜溜的大皮球。

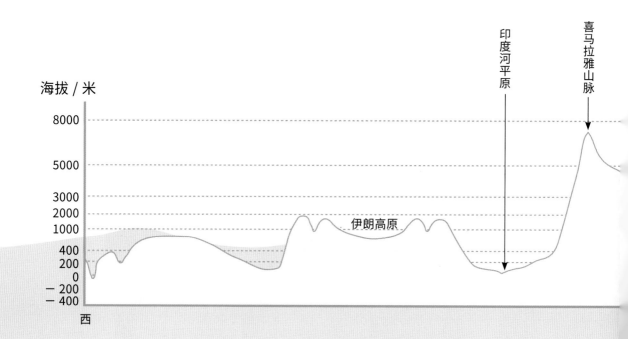

是啊！是啊！人人都有自己的面孔。就算是孪生兄弟，也不能代替。你就是你，不是他，也不是我。丑陋就丑陋，那是妈妈给予的。人无独自面貌，不成其为一个独立人。地球没有独自面貌，也不称其为一个独立的星球。

[补 充 知 识]

地球的表面并不是一个光滑的曲面，而是极其不规则的，有高山、盆地、河流、湖泊和海洋等各种高低起伏的地貌。

地球表面的最大起伏可达 19.9 千米，而陆地的平均高程仅仅 840 米，其中占总面积 75% 的地貌的绝对高程都不到 1000 米。因此，相对于整个地球而言，这些高低起伏的变化事实上十分微小。

从外形上来说，地球其实并不以赤道为对称轴。地球上的陆地约有 2/3 都在北半球，只有大约 1/3 在南半球。大部分岛屿、洋脊和深海沟也都在北半球。地球上平均海拔最高的大陆南极大陆位于南极地区，地球的北极地区则是北冰洋，而南极洲与北冰洋的面积基本相等。

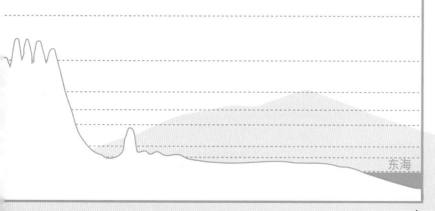

东海

亚洲大陆沿北纬 30° 纬线
的地形剖面示意图

东

地球的五脏六腑：地球的构成

地球到底是个什么球？必须挖根问到底。要检查，就得查个彻彻底底。

来！来！来！让我们掏开这个球的肚皮，看一看里面到底藏着什么东西。是不是和篮球、足球一样，里面装满一团空气？是不是像一些自称六国游学的假博士，装的是一些稻草和糠皮？

地球是个什么球？为什么掂着这样重，外表圆不溜秋？

莫非这是一个铁蛋蛋，莫非是一个石头球？莫非里面藏着孙悟空，一蹦出来就会翻天覆地，把世界搞得吵闹不休？

是啊，同样都是球，肚皮里面大不相同。蹦蹦跳的篮球、足球、乒乓球，一刀切开看，里面一团空气。如果不装满空气，这些球儿怎么会欢蹦乱跳呢？

人们爱吃的汤圆也是"球"。用筷子剖开看，里面除了黏糊糊的糖馅，什么也没有了。倘若也是空气，汤圆店老板就等着挨揍吧。

剖开地球不用筷子不用刀。地质学家有办法，只消借助一些特殊的仪器，就能查明里面的情况。医生看病也是这样嘛，除了听诊器，最多不过借助 X 光和 CT，难道还会随便剖开一个大活人肚皮，看清楚了再缝起来，或者装一根拉链，以便随时再检查吗？

地质学家检查了报告说："啊呀呀！真奇怪呀！想不到地球肚皮里面这样复杂。一层套一层、一圈套一圈，比世间所有的球都复杂得多。"

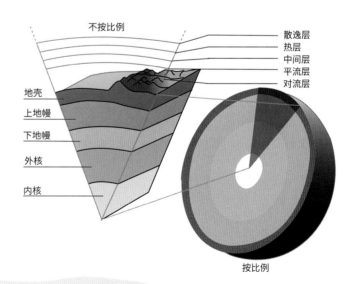

地球内部结构示意图

第一层，是坚硬的岩石外壳。给它取一个什么名字好？就叫作地壳吧。

你以为地壳到处一样厚吗？那才不一定呢。有的地方厚、有的地方薄，该厚的地方就厚，该薄的地方就薄。好像有的人在一些地方脸皮厚，一些地方又腼腆腆的，似乎脸皮很薄。地壳厚薄和脸皮厚薄，说起来都是一样的。

地壳什么地方脸皮厚？

大陆下面的地壳特别厚，平均有 35 千米厚。最厚的地方在我国青藏高原，还得加一倍，超过了 70 千米。

地壳什么地方脸皮薄？

海洋下面的地壳特别薄，平均只有 6 千米厚，最厚的地方也只有 8 千米左右。如果把全世界的地壳算在一起，平均厚度大约 16 千米，说地壳是地球的防弹衣一点也不错。

地壳不是简单的乌龟壳，上下有些不一样，可以分为上地壳、下地壳两部分。上地壳大约有 10 千米厚，只分布在大陆下面，以花岗岩类的岩石为主。由于含有大量的硅、铝元素，所以又叫"硅铝层"。下地壳在大陆、大洋下面普遍分布，以玄武岩类岩石为主，含有许多硅、铁、镁等元素，又叫"硅镁层"。

安徽省黄山的花岗岩山峰。花岗岩也是组成大陆地壳的主要岩石

第二层是地幔。

听着地幔这个名字，不由使人联想起轻飘飘的窗帘。要不，为什么它的名字带一个"幔"？是不是牵开这层幔幕，就能一眼看见地心？

不是的，这个"幔"可不是轻飘飘、薄得像可以随风飘起的窗帘。这才是地球内部最厚、最重的东西，不知道地质学家为什么给它取这样的名字，偏偏要把它叫作"幔"？

信不信由你，地幔有2800多千米厚，占地球总体积的83%，是地球的主体部分。

要探查它的情况可不容易，不能再像扎针灸似的，再用普通的掘井和钻探的方法，得要另外想一个好办法才行。地质学家想出用地震波探查的方法，查明了它也可以分为上、下两部分，中间夹着一个地幔过渡带，好像是一块夹心面包。由于高温高压的影响，地幔内的岩石可塑性大大增加，却还没有熔化，和上面的地壳、下面的地心不一样。

第三层是地核。

这里的压力和温度都特别高，有的部分已经处于高温熔融状态。

地球内部的圈层一清二楚了。啊，明白啦！它的"脸皮"薄，中间厚，有一颗火热的心。噢，这可是做人的标准呀！如果人人都"脸皮"薄，肚皮里的积蓄厚，有一颗火热的心，该有多好呀！

直到今天，对地震波的研究依然是我们了解地球内部知识的主要手段。在地球内部传播时，地震波有横波和纵波两种形式。在不同性质和状态的介质中，地震波的传播速度有显著的变化。因此，我们依据地震波在地球内部不同部分的传播速度，就可以分析出它内部的结构。

地球内部有两个主要的间断面。第一个间断面叫莫霍洛维奇间断面，简称 M 界面，位于地表下平均 30 多千米处。它将地壳和地幔隔开，上方是地壳，下方是地幔。第二个间断面叫谷登堡—维舍特间断面，位于地表下约 2900 千米处。它将地幔和地核隔开，上方是地幔，下方是地核。

地核主要由铁、镍元素组成，总质量占整个地球质量的 31.5%，体积占整个地球的 16% 左右，比火星还大。

地核又分为内核和外核，外核约占地核直径的 2/3，推测可能由液态铁组成，因为地震波的横波无法穿过它，其密度为 9~11 克 / 立方厘米。内核约占地核直径的 1/3，顶界面距地表约 5100 千米，推测为固态，可能由在极高压下结晶的固体铁镍合金组成，因为地震波的横波可以穿过它，密度为 10.5~15.5 克 / 立方厘米。

地核中心的压力非常大，可达 300 万~350 万个大气压，温度则能达到 6000℃。在这样高温高压的条件下，地核中心的物质既像沥青和蜡一样具有可塑性，能够缓慢流动而不断裂，又比钢铁还要坚硬。

给地球称体重：地球的质量

嗨，地球呀，地球，踢不动，拿不起，马拉多纳干瞪眼，姚明甭想抓住就扣篮。说什么力拔山兮气盖世，楚霸王来了也没法搂一搂。谁能双手举起地球，打遍天下不用愁。

唷，为什么这个球儿这样重？这是一个石蛋蛋，还是铁蛋蛋，得要好好称一下，到底这个球儿有几斤肉、几斤骨头。是货真价实，还是注水猪肉。

何处能有一把大秤，称一称地球这个球儿，弄明白它的真实体重？这事比登天还难，犹如自己抓起自己的头发悬挂在空中。

世界上没有什么秤可以给地球量体重。即使把曹操聪明的小儿子曹冲找来，让他再用小船称象的办法，也没法完成这个任务。

常言道，世间无难事，只怕有心人。不怕不能够完成，只怕不敢敞开思想去琢磨。平常人打破脑袋也想不通，想不到地质学家一转眼就办到了。说来他们的办法很简单，只要知道地球的平均密度和体积，二者相乘，就是地球的大致质量了。

首先得要知道地球的半径[1]，套用一个中学生也懂得的公式[2]，地球体积很容易就算出来，大约是 1.0832×10^{27} 立方厘米。

麻烦的是，组成地球的各种物质不一样，它们的密度也是形形色色的，要求得统一的平均密度有些伤脑筋。覆盖地球表面 3/4 的水，密度是 1 克/立方厘米左右。花岗岩的密度值是 2.7，玄武岩的密度值是 2.8，都不能代表地球的平均密度。

地质学家查明了地球内部各个圈层的情况。地壳下部的密度值是 2.83；地幔上部到下部的密度值，从 3.31 变化到 5.62；地核上部到最深处的地心，密度值从 9.89 变化到 13.0。最后根据各层的实际厚度，算出了整个地球的平均密度是 5.516 克/立方厘米。

掌握了地球体积和平均密度，地球的质量一下子就推算出来了，大约是 5.9742×10^{27} 克[3]。瞧，地球的大致体重岂不就这样算出来了吗？

---

1. 约为 6371 千米。
2. 球体体积 = (4/3) × 圆周率（π）× 球体半径（R）^{3}
3. 质量 = 体积 × 密度

这种不用秤计算出来的办法，是一个脑筋急转弯，难道不是吗？往昔曹冲称象，不也没有用一杆大秤。

[补 充 知 识]

因为每一天都会有陨石、大气灰尘和彗星星尘落到地球上，所以地球的质量一直都在增加。据说每年地球的质量都会增加 1 万 ~10 万吨。

一颗流星划过位于智利安第斯山脉的 ALMA 望远镜阵上空，它像一杆标枪般耀眼
室女座的最亮星角宿一（蓝色）和我们的邻居火星（红色）正好位于照片中间，是整个夜空中最明亮的两颗星星

地球的体温：地球的温度

喂，地球，你冷吗？发烧吗？你是冷血动物，还是热血动物？

不管你冷血、不管你热血，不管你发烧不发烧，有病没有病，来到医院第一关，护士阿姨不客气，先在你的胳肢窝里塞一根温度计，量一量体温再说吧。

地球啊，地球，真是估摸不透。想不到冷冰冰的地球，竟有一颗火热的心。

温泉和火山，透露了它的这个秘密。原来地下有一团火呢。我们都在地下"火炉"上面，只不过地壳太厚，感觉不到热度。如果热力能够穿透地壳，就像躺在炕上了。

人们有兴趣了，渴望知道地球内部的温度到底有多高？就得给地球量体温。要给这样大的地球量体温不容易，可不像用一根体温计塞进嘴巴，就能一下子测量出人的体温这样简单。再说，也没有那样长的温度计呀。

人们想问，地下多深才有火，是不是越往地心，地下的岩浆越沸腾，那儿的温度越高？

是啊，从科学家的研究里，我们知道地下温度随着深度增加而升高，这叫作地温梯度。可是由于岩石导热率和距离地热源远近不同，不同地区的地温梯度也不一样。不消说，在火山和地震活动频繁的地方，地温梯度比别处大些，所以火山旁边常常冒出温泉。

云南省腾冲市热海风景区的热海大滚锅
这是一处天然火山温泉。
腾冲地处亚欧板块与印度洋板块交界处，
曾经频繁的地壳活动引发了剧烈的地震与
火山爆发，造就了它多火山热泉的地貌

日本长野县地狱谷野猿公苑的猴子在泡温泉
长野县温泉众多，是日本著名的温泉度假胜地，这里的温泉多是由于火山活动形成的

是不是越往地下深处，地温增加得越快？

这可不一定。在地下 400 千米范围内，地温增加得很快。在 400 千米深的上地幔内部，有一个软流层，地温接近岩石熔点，已经增加得很高了。

再往下到 2900 千米处的下地幔底部，地温增加速率就明显变慢了。下地幔的物质是非结晶固体，可以推知它的温度应该小于岩石熔点。

继续向下到液态的外核，这里的主要成分是铁，压力大约为 150 万大气压。在这种情况下，铁的熔点是 2480℃，所以外核的地温一定大于这个温度值。

内核的温度最高，在 5000℃ 以上，这儿才是地球真正的火热的心。

话说到这里，人们好奇会问，为什么地心这样热，是不是一个熊熊燃烧的大锅炉？

不是的，这是地球内部一些含放射性物质衰变，产生了大量热能造成的。地球内部的热源和太阳辐射一样，都是地球的重要热源。据估计，每年地球内部向地面输送的热能大约有 61×10^{20} 千焦，真不少呀！

地热能的利用

西藏自治区的羊八井地热电站，这是我国第一座，也是目前最大的地热电站

　　地热能是被封存在地球深处的可再生能源，来源于地球内部的岩浆活动（占比20%）和矿物质的放射性衰变（占比80%），而且多集中分布在构造板块的边缘地带，同时这里也是火山喷发和地震的频发区域。

　　地热能的利用主要有直接利用和地热发电两大类。直接利用最为简单和经济，像用地热能取暖和水产养殖、利用温泉沐浴和医疗等。比如，冰岛首都雷克雅未克几乎所有的住宅和商业楼房的取暖都是依靠地热能。

　　不过，地热能相对其他能源来说分布较为分散，开发难度很大，利用技术也不够成熟。所以，如何更加清洁、便捷和经济地利用地热能对于我们来说依然是个挑战。

地理七巧板："大陆漂移"学说

奇怪，真奇怪，甭管什么新大陆、旧大陆，统统好像是积木。可以一块块拆开，又一个个拼凑起来。

稀奇，真稀奇，坐地漂流几万里，大陆居然像船一样漂移。

不是笑话，不是哑谜，并非出自醉酒司机。这是严肃的科学，一个特殊的七巧板游戏，信不信由你。

长胡子的科学家，也喜欢做游戏吗？

有呀！有一个叫阿尔弗雷德·魏格纳（Alfred Lothar Wegener，1880—1930）的德国科学家，就做过一个有趣的地理七巧板游戏，震惊了整个世界。

1910 年的一天，他打开世界地图，忽然觉得大西洋两岸的地形轮廓非常相似，不由产生了浓厚的兴趣。

1912—1913年，魏格纳在格陵兰探险途中的冬季基地

瞧，弯弯的大西洋，好像一个巨大的"S"形，两边的陆地轮廓相互对应，似乎可以拼合在一起。

南美洲这边凸出的巴西海角，正好可以放进非洲的几内亚湾。不仅大轮廓相似，细微部分也惊人地相仿。这边有一小海湾，那边必定有一个形状相似的小海角。这边有一个小海角，那边就必定有一个可以对应的小海湾。这是天造地设，像是掰开成两半的一块大饼。

北美洲伸出去的纽芬兰，正好可以塞进大洋对岸；法国和西班牙之间的比斯开湾。西欧的大不列颠群岛，又可以放到北美洲的拉布拉多海湾里。

那边和这边，好像原本是一个统一的大陆，后来才分裂开了似的。S 形的大西洋，就是中间的裂缝。

他灵机一动，立刻把地图上的每个大洲都剪下来，玩了一个特殊的"地理七巧板"游戏。不玩不知道，一玩吓一跳。想不到地球上所有的大陆，都可以拼凑在一起。

只是这样还不能说服别人。他又到现场去收集了很多材料，发现巴西和非洲不仅地形轮廓相同，地质构造和古生物也非常相似。于是他更加坚定了信心，认为这两地原本是一个统一的大陆，后来才分裂开的。

巨大的陆块是怎么移动的？他设想是一个个板块，漂浮在地壳下面的硅镁层上，在地球本身的内营力作用下逐渐漂移的。

1912年，他正式提出了"大陆漂移"学说，并用一幅幅假想的图景，展示出大陆漂移的整个过程。

依照他的研究和设想，最初世界上所有的大陆是一个整体，叫作联合古陆或泛大陆。后来这个巨大的联合古陆发生分裂，一个个碎块漂移到四面八方，最后形成了今天的七大洲。

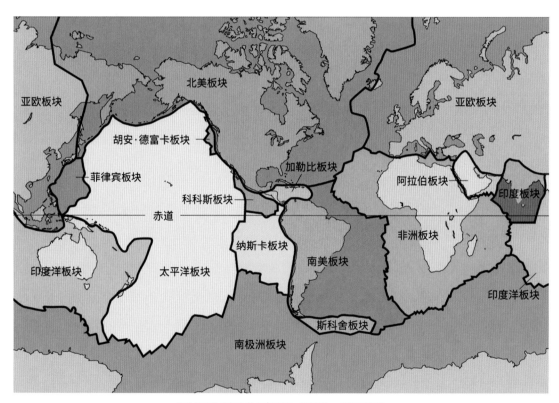

地球主要构造板块的示意地图。绘制于20世纪下半叶

由于从前只有一个大陆，所以也没有今天的四大洋。只有一个巨大的海洋围绕着那个统一的联合大陆。后来随着大陆分裂漂移，才逐渐生成了今天的太平洋、大西洋、印度洋和北冰洋。

魏格纳的学说一下子震动了世界。人们难以想象，自古以来心目中安如磐石的大陆，居然像船一样可以漂浮活动。有人赞成，有人反对，还有人讥讽他是疯子，压根儿就不相信他的"邪说"。有人甚至说，这是一个"浪漫诗人的梦"。

别人说也好、骂也好，都不能动摇魏格纳的信念。随着时间的推移，相信这种说法的人越来越多了。经过后来许多学科共同研究，特别是一些深海大洋的钻探，终于证实了这个"大陆漂移"学说。

[补 充 知 识]

1596 年，比利时地图学家和地理学家亚伯拉罕·奥特柳斯（Abraham Ortelius，1527－1598）首次提出了大陆漂移学说的设想。1912 年，德国科学家阿尔弗雷德·魏格纳对此加以阐述。不过，在很长一段时间里，这个大胆的学说一直没有得到学界的重视。直到 1960 年代，海洋扩张说的出现才使得大陆漂移学说得以发展，后来更被人进一步阐述为板块构造理论。这一理论认为，远古时代，地球上只有一块庞大的陆地，称为"泛大陆"或盘古大陆，它被称为"泛大洋"的水域包围。大约在 2 亿年前，"泛大陆"开始破裂。到了大约两三百万年前，漂移的大陆终于形成现在的七大洲和五大洋的基本地貌。

指南针的秘密：地球的磁极

哈哈，坚定不移的指南针，原来自己没主张。总是被人牵着鼻子，叫它怎么转，就得怎么转，活像一只风信鸡。

别盲目，得自信，别被权威迷住了眼。自吹自擂算什么？看来没有什么可以真正指南。人们啊，千万不要受欺骗。

南宋末年，文天祥在危难中表白自己说："臣心一片磁针石，不指南方不肯休。"忠心耿耿的文天祥把自己对国家的一颗忠心比喻为磁针石，永远指着南方不变，真值得千秋万代的人们敬仰。

什么是磁针石？就是人们常常说的指南针。

其实，指南针不仅只是指示南方，另一端还指示北方。说它是指南针，也可以说是指北针。地质工作者干脆就把它叫作罗盘。

指南针是我国古代的四大发明之一，后来才传到世界其他地方，应用在航海和其他许多领域，就是根据它能够指示南北的特性。

指南针

瞧着罗盘上的指针，人们会问，为什么它总是指向南方和北方不变？

这和地球的磁性有关系。原来地球是一个"大磁铁"，一边是磁北极、一边是磁南极，南北两个磁极总要吸住磁针。只消朝着磁针指示的方向前进，就不会迷失方向，似乎可以把我们带到遥远的北极和南极了。

我们住在北半球，对准磁针指示的方向一直往前走，是不是就能够走到北极？

噢，不，按照这样笔直往前走，永远也别想走到真正的北极点。

请问，这是为什么？

说来道理很简单，因为磁北极和地理北极压根儿就不在一个地方，中间有一个磁偏角。必须把磁偏角算进去，才能够走到真正的北极点。

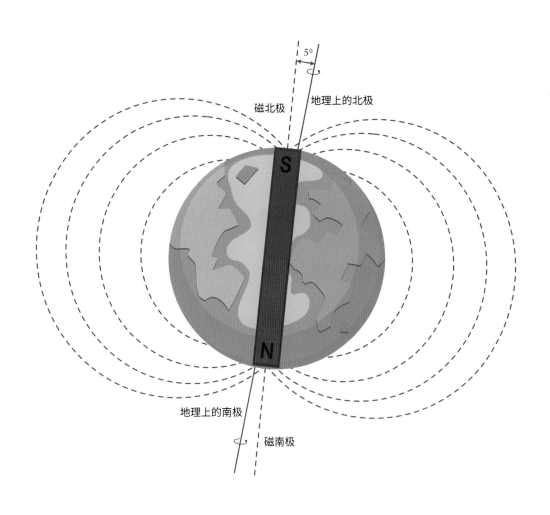

上海市的磁偏角示意图

谁最早发现磁偏角？是不是航海家哥伦布？

不，我国北宋时期的沈括早就发现磁偏角了，比哥伦布还早四个世纪。

除了磁偏角，还有磁针和水平面之间的夹角，叫作磁倾角，也是测定地磁要素的一个内容。

让我们换一个问题来考虑，不说走向地理北极和地理南极，转过头来说地球磁极吧。手里拿着罗盘，对准地球磁极走，是不是可以走到磁北极和磁南极？

这得要看走路耗费多少时间。从理论上来讲，应该走得到目的地。可是如果在路上耽误的时间长了，照样不能到达目的地。

咦，这是怎么一回事？

原来地球磁极是在不停迁移的。地球磁极迁移，是地磁轴变化的结果。地质学家认为这是地球内部深处物质运动引起的。这种深处物质总在不停运动，所以地磁轴和地球磁极也跟随着不停变化，只不过这种变化非常缓慢，一时不容易发现罢了。

许多岩石都含有磁性矿物成分，记录了过去地质历史时期里的地球磁极方向。研究不同地质时代的岩石，就可以恢复当时的地球磁极位置。例如在福建沙县至上杭一带，采集 6500 万年前上白垩纪的岩石样品分析，可以确定当时的磁北极在北纬 79.4°、东经 102.3°，和现在有很大不同。利用这种方法，还测定出现在的赤道地方也曾经接近地理北极呢。

人们更加想不到的是，在漫长的地质历史中，地球磁极还会发生倒转。原来的磁北极变成了磁南极，磁南极又变成了磁北极，科学家经过详细研究，发现仅仅在最近的 450 万年里，地球磁极就曾经倒转了四次之多。分别是 450 万年前开始的吉尔伯特倒转极性世、332 万年前开始的高斯正极性世、243 万年前开始的松山倒转极性世和 69 万年前开始的布伦赫斯正极性世。

地球磁极倒转是天翻地覆的大变化。这时候，会对环境演变、生物发展产生重大影响，地球历史里的一些重大事件和它都有关系呢。

"落雁山"传说：磁铁矿

一群迷路的大雁，围绕着山峰旋转。一个奇异的想象，唤醒了沉睡的铁矿。

这是虚幻的神话，还是真实的故事，请你细细思量。

请听，这是一个有趣的故事。来自青藏高原深处，带着几分真实，几分神秘。

据说，南来北往的大雁经过一座山峰，往往会一下子改变飞行的方向，绕着山头不停地兜着圈子。直到用尽力气，再也没法举起翅膀，从天上纷纷掉落下来，葬身在这个荒凉的地方。于是人们就给这里取了一个名字，叫作"落雁山"。

这个故事不知流传了多少年头，也不知是不是有人给它加油添酱，改变了原来的样子。反正就是一个民间故事，信不信由你。

你说说，他说说，大家哈哈一笑，谁也没有当成是真的。

是呀！是呀！茶余酒后的闲话，谁还会当成是真的。

地质学家听见了，不由产生了兴趣。传说不一定荒诞，没准儿藏着一些儿真实的影子。如果这是真的，会不会那里有一个磁铁矿？强大的磁力干扰了大雁的飞行，才造成了这种奇怪的现象。如果能够找到这个巨大的矿山，该有多好啊！可是这个故事没根没影儿，谁也不知道这个落雁山在什么地方，只好带着遗憾的心情不了了之。

这个故事真的就不可靠吗？那也不见得。世界上有许多类似的传说，可不一定都是虚假的。传说是荒谬的，可有时荒谬也会成为真理。

俄罗斯库尔斯克磁异常区域的磁铁矿。这是地球上磁异常最显著的地区，也是世界上铁矿石储量最丰富的区域之一

请看几个真实的例子吧。

从前在俄罗斯平原南部、库尔斯克城附近游历的旅行者，发现了一个奇怪的现象。所有的罗盘在那儿都像着了魔似的，指针不再指向真正的南北，发生了很大的偏移。

科学家们猜测，地下必定有一个巨大的磁铁矿。要不，怎么会发生这种怪事呢？经过仔细摸索，有人悄悄画了一张铁矿分布的草图，藏在保险柜里面，打算找机会开发，成为百万富翁。想不到十月革命来了，这里成了刀光闪闪的战场。人们逃难都来不及，开矿自然就无从谈起了。

十月革命胜利后，眼看发财的计划成为泡影。有一个德国资本家提出来，希望以800万金卢布的价格，把这儿的一张铁矿分布图，卖给新建立的苏维埃政权。列宁拒绝了德国人的条件，立刻派了一支小小的红色地质队，到这个硝烟尚未完全消散的地方去勘察。没有多久，一张精确的地质图就测绘出来了，地质队开始筹备在这儿进一步开发。

1923年4月，人们终于在162米深的地下钻孔里，找到了含有磁铁矿石的石英岩。这一来，库尔斯克草原上的磁力异常现象再也不神秘了。根据计算，这里的铁矿石储量，相当于当时全世界已知储量的总和。这块面积不算太大的土地，立刻就使当时全球铁矿的储量几乎增加了一倍。

匈牙利一个铁矿的发现，也是一个同样离奇的故事。据说，有人骑马来到一个地方，马吃力得几乎提不起蹄子。这是什么原因？从来也没有人认真想过。

莫非是地下有一个磁铁矿，吸住了马蹄铁？

猜对了！这儿也发现了一个不大不小的磁铁矿。

随着科学进步，寻找磁铁矿的办法越来越多，已经用不着这些离奇故事的启发了。人们借助于仪器，甚至坐在飞机上也能精确测出隐藏在地下的磁力。一个又一个大大小小的磁铁矿，就这样从地下深处出露人间了。

[补 充 知 识]

磁铁矿的主要成分为 Fe_3O_4，具有强磁性，能被永久磁铁吸引，中国古籍中称之为磁石。古代的指南针——司南——就是利用磁铁矿的强磁性特点制成的。

磁铁矿含铁量为 72.4%，是冶炼钢铁的主要矿物原料，而且分布十分广泛，北美洲、俄罗斯、巴西、澳大利亚和中国的辽宁鞍山、四川、河北等多个省份都有大量磁铁矿。其中，四川攀枝花拥有全球最大的钒钛磁铁矿，被称为"世界钒钛之都"。

远眺四川省攀枝花市的攀钢集团有限公司（简称"攀钢"）主厂区。攀钢依托当地丰富的钒钛磁铁矿成立和发展

地球的"隐形衣"：地球的大气

人人穿衣服遮羞，地球也有一件遮羞的"衣服"呢。

哈哈！地球有什么好遮羞的？

有啊！信不信由你，地球真有一件看不见、摸不着的"衣服"，赛过许多法国、意大利名牌，爱美的姑娘想要也没有。

地球有一件空气外套，把它遮蔽得严严密密，这就是包裹在地球外面的大气圈。它不仅为地球遮羞，还是世间万物的庇护衣。

地球上的空气，不是一开始就有的。

从前地球像月球一样，光裸裸的身子，没有大气圈保护，是陨星冲撞的活靶子，实在狼狈极了，得要有一件铠甲保护自己才行。

被大大小小的陨星打得无处躲藏的地球，终于有了一件空气铠甲。后来经过了三次换"衣服"，才有了今天的大气圈。

地球的第一件空气外套，是从外面抢来的宇宙牌。

这是地球依靠本身的引力，把宇宙太空中一些游离的气体吸引来的。这个大气圈很薄很薄、很稀很稀，完全不能和现在的大气圈相比，实在太可怜了。

这个原始大气圈最主要的成分是氢，还有一些氦、甲烷和一些惰性气体，完全没有维持我们生存的最必需的氧。如果让我们待在这种原始大气下面，连一分钟也活不成。

请别小看了这个原始大气圈，它可不是一下子就生成的。不知经过了多少岁月，

气体	按容积百分比
氮	78.084
氧	20.948
氩	0.934
二氧化碳	0.033

地球干洁大气的主要成分示意图

地球才从近于真空的太空里吸引过来这些气体。"万事开头难"这句话，也适合于地球原始大气圈的形成。

地球的第二件空气外套，是自己制造的火山牌。

地球生成以后，好像是一个漏气的皮球，不停地朝外面冒气。那时候，火山是最重要的冒气眼儿。一次次火山喷发，都会喷出大量气体，给原始大气圈增添了新的成分。

可别小看了这件事。一次火山冒气虽然不多，但经过漫长的地质时代，大量冒出的地下气体就使大气圈的成分发生了根本的变化。二氧化碳、一氧化碳、甲烷和氨，逐渐代替了氢和氦，成为主要的成分，给生命出现带来了希望。

为什么说它给生命带来了希望，我们可以呼吸这种气体吗？

不，这仍旧是毒气。如果让我们呼吸这种大气，也必死无疑。

在这一团大气里，甲烷是生成复杂碳水化合物的重要原料。有了它，地球上的生命开始慢慢萌芽了，打破了死气沉沉的景象。不消说，最初出现的生物和现在完全不一样，不用呼吸氧气也能勉强生存。后来随着大气成分的改变，才一步步从低等生物到高等生物，逐渐发展成生气勃勃的大千世界，最后出现了万物之灵的人类。

地球的第三件空气外套，是生命自己制造的绿色植物牌。

随着地球上的生命从低级到高级慢慢发展，绿色植物逐渐出现了。绿色植物进行光合作用，吸进二氧化碳，源源不绝吐出大量的氧气，给大气输入了最重要的新成分。

感谢你，可爱的绿色植物。

感谢你，伟大的光合作用。

没有绿色植物的光合作用，哪有适合人类生存的新鲜空气，哪有我们的今天？

地球还会换衣服吗？

是呀！愚蠢的人类正在自己给自己换空气外套。瞧吧，一排排绿色的大树被砍倒了，一个个山头变得光秃秃的。想一想，这些都是制造氧气的绿色"活机器"呀！

瞧吧，许许多多高高低低的烟囱，冒出滚滚黑烟，甚至是黄烟和发红的烟雾，似乎不把洁净的空气外套弄得乌烟瘴气不罢休。

瞧吧，一个个未经改造的电冰箱，把破坏臭氧层的氟利昂送上了天。臭氧层很薄很薄，是抵御紫外线的盾牌。过多的紫外线照射会引起皮肤癌。臭氧层很薄很薄，薄得像纸一样，已经在南极大陆上空被撕开了一个大窟窿。接着不停地被撕碎，大

台湾加里山的稀子蕨
稀子蕨为碗蕨科稀子蕨属植物，
分布于喜马拉雅山东部一带和台湾，
这些地方是冰河期全球最大的避难所，
所以稀子蕨可能是冰河时期遗留下来的物种

江苏扬州的银杏树
银杏科银杏属植物，是裸子植物银杏门唯一现存物种，
与它同门的其他物种都已灭绝。
银杏门植物在距今2.7亿年前的二叠纪时就已存在，
在侏罗纪和白垩纪达到鼎盛时期

家就等着得可怕的皮肤癌吧。

啊，不看不知道，一看吓一跳。我们赖以活命的新鲜氧气一天天减少。到了把最后一棵树砍倒，人们把空中储存的氧气吸光之后，就只好集体窒息死亡了。

从前有的人不爱惜森林，不管三七二十一拿着大斧头乱砍树，实在不像话。

从前有的人十分简单幼稚地理解工业化，把树林一样的烟囱当成是最好的美景。甚至幻想把整个城市也烟囱化，以为那才是现代化的大都市，简直该打屁股。

人们啊，赶快停止愚蠢的行动吧！要知道，我们像生活在小水潭里的鱼儿一样，潭里的水干涸了，鱼就会死掉。地球的空气外套，不过像是一层浅浅的水皮似的。

如果把空气弄得乌烟瘴气的，人类自己还能生存吗？

人们，警惕啊！别把第四代大气变成消灭自己的毒气。我们拒绝自杀，请爱护空气，保护洁净的天空吧！

地球大气的主要成分为氮、氧、氩、二氧化碳、水蒸气和极少量的微量气体。由于地心引力的作用，几乎所有气体都集中在地面以上 100 千米的高度范围之内，跟随地球一起旋转。我们把这个气体圈层叫作大气圈。

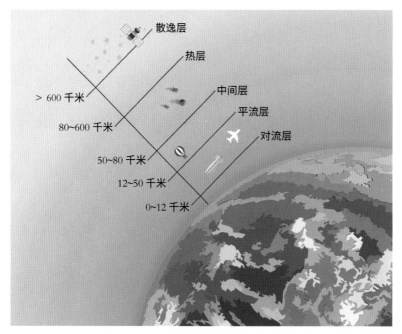

大气圈结构示意图

根据垂直温度变化的特点，大气圈自上而下分为散逸层、热层、中间层、平流层和对流层。其中大约 75% 的大气都集中在地面以上大约 10 千米高度范围内的对流层，这也是与我们关系最密切的一个大气层。我们生活在这里，呼吸这里的空气。对流层的空气对流活动非常显著，所以打雷、闪电、下雨、冰雹等天气现象也都发生在这里。它还承受着我们产生的大气污染。高度每升高 100 米，对流层的气温就会降低大约 0.65℃。

平流层在对流层顶到 55 千米左右的范围内。这里的水汽和尘埃很少，气流以水平运动为主，而且相当平稳，所以叫作平流层。臭氧层也位于这一层，它在地面以上 10~50 千米的高空，在 22~25 千米浓度最高，吸收了绝大部分的太阳紫外线辐射，只有一小部分紫外线能到达地球，保护了地球上的生物。平流层下部，气温随高度增加而上升的幅度很小。到 25 千米以上，由于臭氧的含量增多，吸收了大量紫外线，所以升温很快。

中间层在平流层顶到 85 千米左右的范围内。因为太阳辐射已被上层大气吸收，所以这一层无法接收到多少太阳辐射，气温随着高度的增加而下降。

热层在中间层顶到 500 千米的高空，它直接吸收太阳辐射获得能量，所以气温随高度增加而急剧上升，在 300 千米以上的高空，温度能达到 1000℃以上。由于宇宙高能射线和太阳辐射的作用，热层大气处于高度电离的状态，能反射电磁波，所以又称为电离层，它对我们的通信有着重要的意义。

逸散层是热层以上的大气层，是大气圈和星际空间之间的过渡地带。因为这里空气稀薄，受到地球的引力作用较小，所以一些高速运动的大气就会散逸到星际空间中去。在这一层，气温也是随着高度的增加而升高。

玩"呼啦圈"的地球：地球的尘埃环

哈哈，地球身边也有一个环，不亚土星也好看。

呵呵呵，地球也是舞蹈明星呀，喜欢跳呼啦圈。

跳呀跳、转呀转，你看它转着圈子跳得欢。

从前有一段时间，人们跳呼啦圈跳得欢。地球的行星兄弟也喜欢跳呼啦圈，几乎每个行星都有一个呼啦圈。其中最神气的是土星，外面套着一连串美丽的光环，活像是一个个呼啦圈。有的窄、有的宽，拼凑在一起真好看！

这真是呼啦圈吗？当然不是的。

这是光线的幻影吗？也不是的，这是实实在在的东西。

原来这是数不清的碎石块和冰晶聚集在土星周围形成的奇异环带，人们给它取了一个名字叫作土星环。

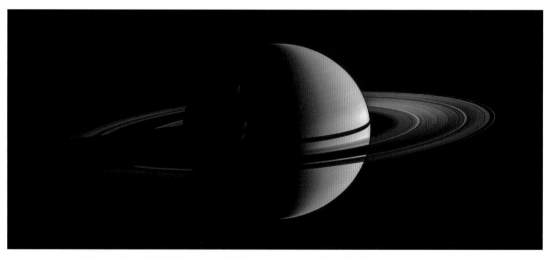

美国卡西尼号土星探测器于2010年拍摄的照片。巨大的土星带着它纤细的光环轻盈地飘浮在太空中

土星环是怎么形成的？

有人猜，可能是它的一颗卫星，因为距离土星太近，被巨大的引力撕成了碎块。但是更多的人相信是土星的引力，把弥漫在空中的物质吸引过来而生成环带的。

土星并不是唯一有环的行星。从 1977 年以来，我们发现天王星、木星、海王星周围也有同样的环存在。这些行星个儿大，引力也大，离太阳比较远，冰晶不会蒸发，它们可以在周围吸引住一些物质生成一个个环。

这些行星兄弟有环，地球也有环。

1964 年，苏联发射了一颗卫星，上面装有探测陨石粒子的仪器，它带回一个有趣的消息，在地球周围上空，分布着一些较稠密的尘埃物质。可惜这个消息当时没有引起人们注意。

到了 20 世纪 80 年代，有人开始重新研究这个问题，十分惊奇地发现了一个从未知晓的太空的秘密。想不到地球周围居然有好几个尘埃环，好像土星光环似的，沿着稳定的轨道，围绕着地球像走马灯一样团团转。这些尘埃环分布在离地球 23.5 万～40 万千米的高空中。离地球越远，尘埃物质越稀薄。

可惜尘埃环太稀薄了。要不，我们除了瞧见太阳、月亮东升西落，还可以看见好几个光环横亘在天空，真是一幅罕见的美景呀。

真正的"水星"：地球上的海洋

君知否，地球也是"水"的。使劲捏一下这个石蛋蛋，可以挤出几多水分？啊哈哈！原来这是一个注水的星球。

啊，地球是名副其实的"水星"。

这话说错了吧？谁不知道，水星是太阳妈妈最疼爱的小女儿。在八大行星排列中，紧紧挨靠在太阳身边，怎么会是地球呢？

不，没有错。名不副实的水星上，找不到一滴水。咱们这个地球，才是宇宙中真正的"水星"。

有谁不信吗？

请怀疑派看一看眼前的景象吧。大海茫茫，江水滔滔，加上泉水一眼眼、湖泊一汪汪，脚踩着沼泽地里的积水，也不住嘎吱嘎吱响。活生生一个水世界，岂有无水，或者水少之理？

请陆地中心论的怀疑派，仔细看一下地球仪也行呀！只凭睁开眼睛粗略一看，也能看得出这个球儿上，水比陆地多得多。

不信，再细细算一笔账。在地球表面，陆地只占29%的面积，海洋却占了71%。七分水、三分地，海洋占了全球面积的三分之二还多呢！

地球上的水何止面积宽阔，还极其渊深。大海深极了，所以有情人才海誓山盟，说什么海枯石烂不变心。海那样深，怎么可能枯呢？把号称"世界之巅"的珠穆朗玛峰放进最深的海沟，再加一座"西岳"华山，还冒不出水面。

如果地球是一个光溜溜的大圆球，海水会淹没所有的地方，平均2700米深。几乎无处不可以没过一座华山，连山尖儿也瞧不见。从太空里看，就是完完全全的水星了。

地球上的水岂仅在大海。河水、湖水、瀑布不用多说了。冻结在南、北极和高山上的冰川和雪层里的，藏在地下深处的暗河和泉眼里的，难道不是水吗？把咱们这个水汪汪的地球，和别的光秃秃的行星兄弟相比，难道还不算是真正的"水星"吗？天文学家弄错了，怎么把闪光的水星的名字送给太阳旁边那个无水的行星，应该给地球加冕才对。

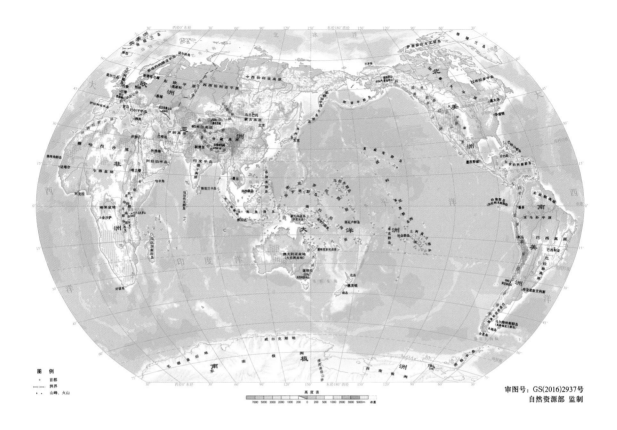

世界地形图。海洋占了地球表面积的71%，陆地只占29%

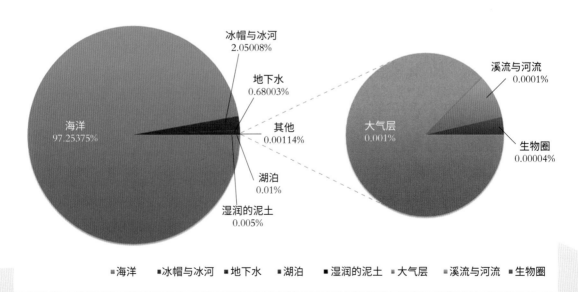

地表水的分布示意图

啊，地球，忍不住再问你。你的水是什么时候，从哪儿来的？

其实地球刚诞生的时候，也和它的行星兄弟一样，几乎没有一滴水。水不是原生，而是后天生成的。

有人说，地球表面的水是从它自身内部来的。

凡人只知水克火，不知水火相克还相生，还有更加深奥的道理。君不见，熊熊火山喷发，喷火，也喷出许多水蒸气。在那遥远的洪荒时代，地球犹如刚出炉的火炭团，到处火山喷发，不知有多少水蒸气凝结成雨，蒸腾上天成云又成雨。尽管一次为数不多，可是加上漫长时间因素就不得了。稀里哗啦落到地面上，逐渐积水为泉、为潭、为湖、为河，最终归结为大海了。

君不知，顽石其实也含水。岩石矿物里原本就含有结晶水，也会沿着一些岩矿孔隙和岩层断裂缝隙，涓涓滴滴分化出来。

还有人说，地上之水来自宇宙太空里。

君不见，横过夜空的彗星，好像一把亮光闪闪的大扫帚，其中就含有许多微细的冰晶。一颗颗彗星掠过地球，特别是一脑袋撞到地面时，就像洒水车一样，把许多水分洒落在大地上。浩瀚无边的海洋，是天空送给地球的礼物。

这两种说法，谁对，谁错？

没准儿都有一些道理。地球上的水，有各种各样的来源吧！

话说到这里，有人会问，是不是冥冥中有什么大神偏心眼儿，只照顾地球，不管别的星球。

这话不对！其实有的星球从前也有水，只是后来蒸发变干的。地球上的水，全靠大气层这件外衣保护着，才不被蒸发掉。稀薄的大气层非常脆弱，要好好爱护它。别捅破了大气层，蒸发干了地球上的水，使地球也变成光秃秃的石蛋蛋，失去了"水星"的荣誉。

人们啊，得要警惕呀！

"地心说"和"日心说"

哈哈！地球、地球，原来是一个球，

是球，就得咕噜噜滚，不踢一脚也会滚。

要说地球不会滚的"圣人"，请你自己赶快滚。别坐在神坛上吓唬人，板着面孔假装神圣。

庄子在《天运》里提出一个疑问："天其运乎？地其处乎？"说得简单明白些，就是天地会不会运动？把这个问题继续说下去，又牵扯出"地心说"和"日心说"的争论。

何谓"地心说"？说的是地不动，日月星辰环绕地而旋转。

何谓"日心说"？乃是地球围绕太阳旋转。

唉，别瞧这个问题这样简单，咱们这些万物之灵弄清楚，可走了一个大弯。

古时候一些学者头脑发达，生活时代的科学不发达。包括公元前4世纪的古希腊大学问家亚里士多德、公元2世纪的大地理学家托勒密在内也搞不清，聪明的脑袋也白搭。他们受了时代的局限，认为地球是宇宙中心，周围依次排列着九重天。按照距离地球远近依次是：

月亮天

水星天

金星天

太阳天

火星天

木星天

土星天

恒星天

原动力天

地球安居宇宙中心，日月星辰围绕旋转。古时候的人用这个划分方法弄清了太阳、月亮和行星、恒星和地球的距离远近，有一定的积极意义。不料竟被封建帝王和宗教利用，作为"上帝创造世界"的证据，以及"上帝的仆人"——教皇、大主教与"真命天子"——独裁国王代天行道的至高无上地位合法性的证据。包括尼古拉·哥白尼（Nikołaj Kopernik，1473—1543）、乔尔丹诺·布鲁诺（Giordano Bruno，1548—1600）、伽利略·伽利雷（Galileo Galilei，1564—1642）在内的一些欧洲中世纪科学家都受到了残酷迫害。

那个时候，那些妄自尊大的神学家都说地不动，日月星辰东升西落，围绕地而动。把"地心说"当作理论根据。谁敢说半个不字，不把你送上火刑架，也会打进十八层地狱，永世不得翻身。

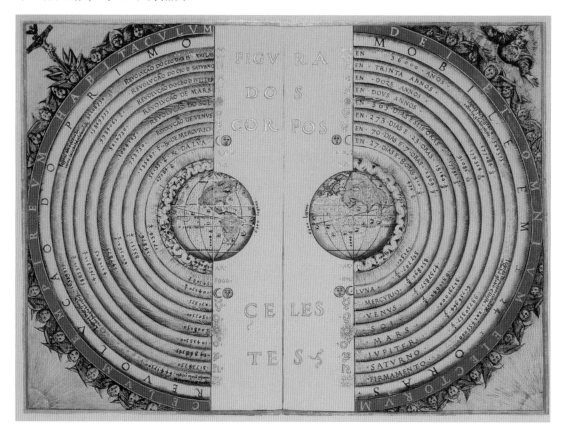

葡萄牙宇宙学家和制图师巴尔托洛梅乌·维利乌（Bartolomeu Velho，？—1568）
绘制的地心说宇宙模型，现藏于巴黎的法国国家图书馆。
图左半边描绘的是各个天体到地球中心的距离，图右半边描绘的是这些天体绕地球公转的时间（以年为单位），
图的最外圈上的文字写着"天上的帝国是上帝和所有选民的居所"

是啊，在那些人眼中，我们脚下之神圣"后土"怎么可能动？要动仅仅是天动。如此说来，咱们这个小小的球儿岂不傲视十万个太阳、百万银河系。岂不是宇宙之

核心？而大地之最尊者，什么自命不凡的真命天子、教皇、大主教，自然也就是核心之核心，神圣而庄严，不容人仰视一眼，只有俯伏在地，高呼万寿无疆的份儿了。

这样的"伟人"自然全都主张"地心说"。却不料人间自有明白者，看出了地球运动的秘密，揭露了那些主张"地心说"者的鬼把戏，大胆主张地球围绕太阳旋转，提出了被认为"反动透顶"的"日心说"。于是欧洲中世纪一个个科学家被绑上火刑架，投入黑暗的牢狱。殊不知黑手不能永远遮天，真理终于深入人心。叫那些自命核心之核心的真命天子见鬼去吧，没有一个真正万寿无疆。

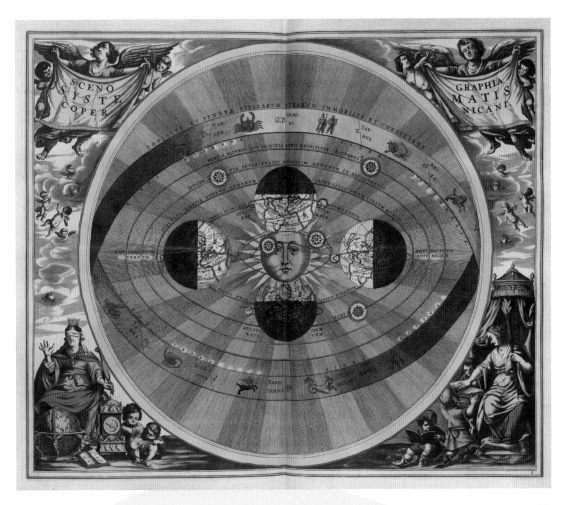

荷兰裔德国制图师、宇宙学家安德烈亚斯·塞拉里乌斯（Andreas Cellarius，1596—1665）
绘制的日心说天图，选自他所绘制并于 1660 年出版的《和谐大宇宙》天图集，这本书常被认为是史上最美天图集

事实总是胜于雄辩。让我们抛开"地心说"和"日心说"的纷争，看一幅熟悉的景象吧。

一天又一天，太阳和月亮从东方升起，往西边落下去。一夜又一夜，头顶的灿烂星空总是不停地悄悄旋转。

日月东升西落，星辰斗转星移，这是多么熟悉的景象，就看站在什么角度看了。戴着"地心说"有色眼镜的封建时代老学究们，自然以为是日月星辰绕地旋转，犹如普天下臣民围绕君王一般，不知自己脚下的地球就在运动。

地球运动十分复杂。不仅有自己滴溜溜旋转的自转，自转一圈是一天。还像驴推磨似地围绕太阳公转，公转一圈为一年。

地球和它的行星兄弟们围绕太阳公转，太阳就不动了吗？

才不是呢！不要把太阳也神话了，吹捧为又一个不动的宇宙核心。其实它也不过是一颗平凡的星星而已，带领着包括地球在内的孩子们，朝武仙座方向运动，围绕着银河系缓缓旋转。这样转一圈的周期，我们给它取一个名字叫作"宇宙年"。事实上整个宇宙都在旋转运动，没有什么不动的东西。

明白了这个道理就好办，让我们回过头来，再分别说说地球的自转和公转吧。

[补 充 知 识]

日心说，也称地动说，与地心说相对立，认为太阳才是宇宙的中心，地球围绕太阳转动。

公元前 300 多年，古希腊哲学家赫拉克利特和古希腊著名天文学家阿里斯塔克斯就曾提过太阳是宇宙的中心，地球围绕太阳运动。不过，人们通常认为，1543 年，波兰天文学家哥白尼在其发表的《天体运行论》一书中正式创立了"日心说"。

当时，人们普遍接受地心说，认为地球是宇宙的中心，它是静止不动的。所以日心说提出的"大地是在运动的"这一点非常令人难以接受。再加上，古希腊天文学家托勒密论述的地心说体系与当时的观测数据吻合，因此在《天体运行论》出版后的半个多世纪里，日心说依然很少受到关注，更是鲜有支持者。

哥白尼肖像

直到 1609 年，意大利天文学家伽利略听闻了日心说，还制作了天文望远镜，并发现了一些可以支持日心说的新的天文现象，日心说才开始引起人们的关注。

然而，由于哥白尼根据日心说所得的数据和托勒密地心说体系的数据都无法与丹麦天文学家第谷的观测相吻合，因此当时日心说与地心说相比仍不具备优势。直到德国天文学家约翰尼斯·开普勒（Johannes Kepler，1571—1630）推断出行星运行的轨道是椭圆的，而非圆形轨道，修正了日心说之后，日心说才在与地心说的竞争中取得了真正的胜利，并大约在 17 世纪传到了中国。

虽然日心说引起了人类对宇宙认识的变革，但它也有局限性。比如它认为太阳是宇宙的中心。我们现在知道太阳只是太阳系的中心，而太阳系也只是宇宙中的一个微不足道的小小星系罢了。

开普勒肖像，柏林摄影协会影印出版

意大利佛罗伦萨乌菲兹美术馆外手持望远镜的
伽利略雕像

量一量，一天有多长：地球自转和公转

请问你，一天有多长？谁不知一天24小时。如果进一步追究，问老夫子不知道，问乡学究全然不晓。

得啦，别问张三李四了。拿一把尺子量一量，就知道在这地球上，一天到底有多长，多少小时、多少分秒。一个地球日，到底是多少？

愁闷的人说，度日如年。快活的人说，光阴如箭。一天到底是长还是短似乎和人们的心情有关。

不，话不能这样说。一天长短是固定的，不能因人而异，随着心情变化而跟着变。

请问，一天到底有多长？

哈哈！谁不知道这样简单的问题。一天24小时，这是幼儿园孩子也知道的事情。提出这个问题的是开玩笑，还是傻瓜？

不，这是严肃的科学问题。你不信，就请让我慢慢分析。

说一天只有24小时，既对也不对。因为按照不同的计算标准，一天可不一定都是24小时。

这是真的吗？戏台上的粉脸曹操可以翻案，受委屈的武训可以翻案，难道一天24小时这个铁案也可以翻？这样一来，岂不急坏了钟表工厂，所有的产品全都成了废品？

别性急，请听我慢慢道来。

试问，一天整整24小时是怎么确定的？

这是以太阳为标准而确定的。天文学家观察太阳中心，连续两次通过同一观测点的时间，正好是24小时。这样的一天，叫作"太阳日"。我们在生活中使用这个标准，计算简单明了，大家都方便。

可是用月亮和星星做标准就不同了。

请你试一试，仔细测量月亮两次经过地面同一个观测点的时间，就不是24小时整了，而是24小时52分，比"太阳日"长些，叫作"太阴日"。

再用天空中一颗恒星做标准，一天的长度只有23小时56分4.09秒，比"太阳日"短些，叫作"恒星日"。

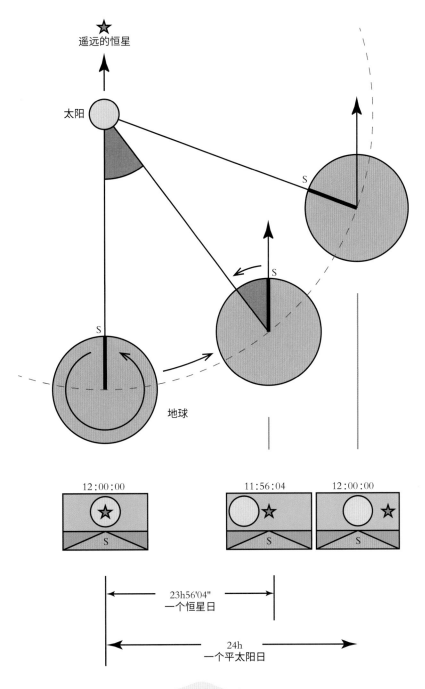

恒星日与平太阳日示意图

左图: 在地球上的S地看, 一颗遥远的恒星 (橙色五角星) 和太阳的初始位置

中图: 一个恒星日后, 恒星回到了初始位置, 而太阳还没有

右图: 几分钟之后太阳才回到初始位置, 完成一个平太阳日

注: 太阳日分真太阳日和平太阳日。

实际观测到的一个太阳日为真太阳日, 长期观测到的真太阳日时长的平均值为平太阳日

放心吧，我们在生活中用的是"太阳日"，不会推行别的方案，把手表、闹钟、火车时刻表，全都整得乱了套。"太阴日"和"恒星日"只是在特殊情况下，天文学家才使用。要不，每天24小时之外，还要计算多少分秒，岂不太麻烦了。

既然地球自转一周要用24小时，它的自转速度就很容易算出来了。24小时转过一个圆圈360°，每小时旋转15°。这种旋转速度，叫作"角速度"。除了自转轴通过的南、北极角速度等于零，其他地方的角速度都是相同的。

有趣的是，当地球自转的时候，地球上不同的地方实际发生的位移不一样，产生的速度也不一样。这种旋转速度，叫作"线速度"。

赤道是地球鼓起的大肚皮。地球赤道上的地方比地球上的其他地方转得更快，每秒的线速度可以达到464米。纬度越高，线速度越小。在纬度60°的地方，每秒旋转的线速度只有232米。到了南北极，只在原点旋转，线速度和角速度一样，都等于0了。

地球自转的"学问"真多，可不像咱们想得那样简单。

古今不同北极星

地球喜欢开玩笑，牵着北极星转圈跑。

说来北极星并不神圣，没有地球转，哪能造你这个星？

人间岂不也是一样的吗？"明星"有什么臭美的，还不都是人们造的星。我不造你这个"星"，你就不可能是臭美的"明星"。这个颠扑不破的道理，怎么圣人一下子就糊涂了？

南北朝时代一首抒发爱情的《子夜歌》吟唱道："侬作北辰星，千年无转移。"

北辰星就是我们熟悉的北极星，学名叫小熊座 α，中国古代除了叫北辰，又叫勾陈一。

为什么这首诗里说它"千年无转移"？

因为它坐落在北方天空的中心，不管斗转星移，它的位置始终不变。所以人们用它作为指示北方的标志，取名叫作北极星。

要说这个问题，先得说清楚北极星为什么成为北极星。换一句话说，为什么随着地球自转，夜空中不住斗转星移？在我们的眼睛里，所有的星座都在悄悄移动。只有北极星在星空里的位置不变？

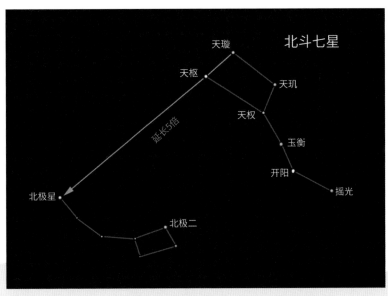

将北斗七星勺口上的两颗星天璇与天枢之间的连线向着天枢方向延长5倍，
我们就能找到一颗星星，比周围的其他星星都亮，它就是北极星

这和地球自转有关系。

地球自转的时候，通过南极、地心和北极的地球自转轴，在空中画一条直线延伸出去，正好对准了它，似乎它也被牢牢套在这条轴线上。所以从地球上看去，似乎它动也不动地位于北方的天空。

北极星真的永远也不会动吗？那才不见得。谁也没有想到，从堆满灰尘的古埃及历史资料里，传来一个消息，动摇了人们头脑里的这个牢固观念。

4700年前，古埃及人的北极星根本就不是我们现在瞧见的这一颗，而是天龙座α，中国名字叫右枢，是有名的紫微右垣七星之一。

埃及人弄错了吗？他们才没有错呢！古代埃及的天文学非常发达，决不会把自己头顶上的北极星也弄错了。结论只有一个，必定是"北极星"自己出了什么"毛病"。

再一看，从咱们中国自己的古书中，也发现了问题。

3000年前的西周初期，当时的北极星是小熊座α。它的中国名字叫帝星，是紫微垣中的一颗亮星。从隋、唐到明朝的北极星最晦气，是鹿豹座中一颗光线黯淡的小星星，中国名字叫天枢。

扳着手指数一下，在人类已知的历史中，我们现在看见的北极星，该算老四了。谁知道它的地位还能维持多久呢？

天文学家说话了。他们说，往后的北极星，都可以预先推算出来。

到了公元7000年，北极星会变成仙王座α。它的中国名字叫天钩五。

公元10000年的北极星是天鹅座α，中国古代星图上的天津四。这是星空中有名的"北天十字架"上最灿亮的明星，比以前所有的北极星都神气得多。

好戏还在后面呢！

公元14000年的北极星更加神气。那时候的北极星将会轮到天琴座α，就是鼎鼎大名的织女星。织女星更亮，整个星空都围绕着它慢慢旋转，牛郎星也不例外。在天空舞台上，牛郎围绕着织女旋转，是一幅多么动人的场面呀！

公元14000年的人们真有福气，要是我们也能看一眼，那该多好啊！

说到这里，人们不禁要问，为什么北极星会走马灯似地换个不停？

这和地球自转有关系。原来，地球的自转轴并不是不动的。在外力影响下，它总在不停地摆动着。它的延伸线在空中画着一个大圈子，指着谁，谁就是北极星。这种现象叫作地轴进动，又叫岁差。

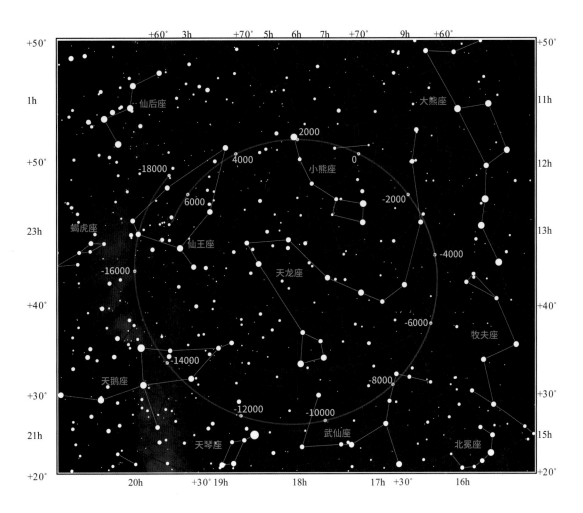

从 18000 年前到公元 6000 年的北天极岁差示意图
红线为北天极的岁差变化，黄色的点即不同时期的北极星
天极就是地球自转轴所指的方向，而北天极就是地球自转轴朝北所指的方向，
如果这个方向上刚好有一颗恒星，那么它就会被当作北极星

　　这样说，似乎太抽象，让我们举一个例子来说明吧。

　　你玩过陀螺吗？用鞭子一抽，它就晃里晃荡转了起来。它晃了一圈又一圈，摇摇摆摆的轴线在空中画了一个大圆圈。地球自转也是这个样子。不同的是陀螺转一圈，只消一眨眼的工夫。地球的自转轴在空中转一圈，周期却是 25 800 年。

　　现在你也可以当预言家，预报未来的北极星了。

珊瑚虫的"日纹"：一年有多少天

啊，想不到地球像陀螺，自古到今越转越慢。

我倒想问一问，到了转得最慢的时候，一年能有多少天？

噢，弄不好一年只有一天，到头来天天都过年。那是幻想、还是梦？谁能给我说清楚。

请问，一年有多少天？

嘻，这样简单的问题谁不知道，一年 365 天嘛！

这样的回答，既对，也不太对。

说这是对的，因为这是一个最基本的常识。翻开日历，除了闰年之外，每年都是 365 天。打从有记载以来，从来都是这个样子。

可人类从诞生到现在，才不过几百万年。与地球的历史相比不过是一瞬间，简直算不了啥。

人类出现以前，一年有多少天呢？这个刁钻的问题，古代的书上从来也没有写过。谁能说得清？

没有想到，小小的珊瑚虫吐露了秘密。珊瑚虫不懂科学，也不会说话，是科学家从它们的身上，找到了这个问题的答案。

原来，珊瑚虫每天都要分泌出一些碳酸钙，生长出一道道细密的"日纹"。白天，分泌的碳酸钙多，"日纹"宽；晚上，分泌的碳酸钙少，"日纹"窄。不同的季节也多少有些差别。加在一起，汇成了一年年的生长带，就像树木的年轮。

中国澎湖列岛头巾屿的蓝珊瑚

在遥远的古生代，大海里就有珊瑚生长，它们死后变成化石，一直保存到现在。只消耐心数一下它们每年的"日纹"，就可以弄清楚从前一年有多少天。

这真是个好办法！科学家仔细数了一下不同地质时代珊瑚化石的"日纹"，得出了使人惊奇得几乎不敢相信的结论。

5 亿多年前的古生代初期，1 年有 410 多天。

3 亿 1000 万年前的古生代泥盆纪中期，1 年 400 天。

2 亿 8000 万年前的古生代石炭纪，1 年 395 天。

6500 万前的中生代白垩纪末期，1 年 376 天，已经和现在差不多了。

咦！这是怎么一回事？地球上的日子，怎么会一年年变短了呢？

原因找到了。原来，由于太阳和月亮的引力，产生了潮汐作用。潮汐摩擦地球，使它的转动越来越慢。这种影响一下子看不出来，但上千万年、上亿年地累积起来，影响就很明显了。

明白啦！在漫长的地质时代中，每年的日子之所以越来越少，是因为太阳和月亮的引力减慢了地球自转的速度。

太阳和月亮的潮汐作用有一定的规律。太阳潮汐半年变化一次，月亮潮汐半个月、一个月变化一次，除了太阳和月亮，还有大海里的洋流、天上的气团等许多因素，都可以周期性地影响地球自转的速度。严格地说，它每天转动的速度总有一些儿差别，只不过人们很难发现罢了。

此外，一些突然性的因素，例如地震、火山喷发等，也能影响地球自转的速度。

地球旋转这样一代代慢下去，等到地老天荒，不知会慢到什么样子？会不会一年只有一星期，一年只有一天？那时候天天都过年，是好，还是坏，有谁说得清？

昼夜和季节的秘密

问地球，昼夜变幻一天天，春去秋来一年年，是不是和你有关联？

冥冥中一只时间变幻风云手，不是"圣"，不是"贤"。想不到竟是你自己，脚下这个默不作声的老地球！

《古诗十九首》里有句道："昼短苦夜长，何不秉烛游！"唐代诗人刘长卿说："荷香随坐卧，湖色映晨昏。"晨昏昼夜交替是常见的现象，不仅是诗人吟咏的对象，也是平常人们关心的话题。日夜怎么产生，自然引起人们的兴趣。

南宋词人蒋捷在《一剪梅·舟过吴江》里感叹说："流光容易把人抛，红了樱桃，绿了芭蕉。"东坡先生也曾经叹息："但屈指西风几时来，又不道流年暗中偷换。"京剧《让徐州》里一段唱词更加唱道："叹人生如花草春夏茂盛，待等那秋风起日渐凋零。"

是啊，季节不住变换，的确会使人感觉时光流逝太快，产生种种感慨。

听了这些感慨，人们不由会提出两个问题：日夜如何交替？春、夏、秋、冬四个季节是怎么轮回变换的？

难道真是太阳神驾着金马车，月亮女神划着弯弯的银船在空中巡行，四季不同仙子轮流登上人间舞台表演吗？

不，所有的神话都是虚妄的，真实原因是地球自己的转动。由于地球自转，才使我们在一天里，有一半时间朝着太阳，一半时间背着它，造成了昼夜交替。当我们这儿阳光灿烂的时候，地球另一面的美洲大陆却笼罩在黑夜中，大家轮流起床睡觉。

请你想一下，如果地球不转动，要不头顶上整天挂着亮堂堂的太阳，晃得人没法合上眼皮、打一下瞌睡，要不就永远一派黑沉沉，度着过不完的长夜，那该多么糟糕啊！

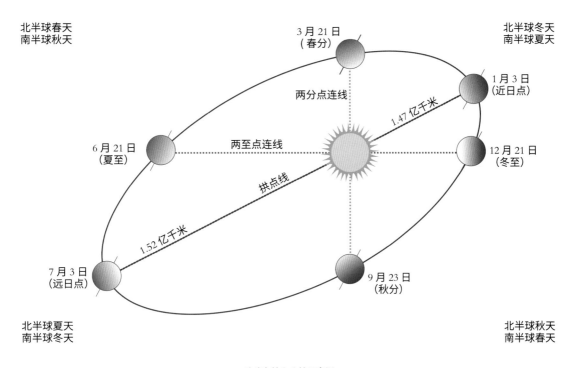

北半球春天
南半球秋天

3 月 21 日
（春分）

北半球冬天
南半球夏天

两分点连线

1.47 亿千米

1 月 3 日
（近日点）

6 月 21 日
（夏至）

两至点连线

12 月 21 日
（冬至）

拱点线

1.52 亿千米

7 月 3 日
（远日点）

9 月 23 日
（秋分）

北半球夏天
南半球冬天

北半球秋天
南半球春天

地球自转和公转示意图

有趣的是，因为空气的折射作用，当太阳还没有在地平线上升起的时候，天空中已经有一些灰蒙蒙的亮光了。所以昼夜并不是完全平分的，沐浴着阳光的昼半球，实际上比夜半球稍微大一些儿。这就是为什么我们在清晨和黄昏，可以瞧见天空中美丽霞光的原因——都是空气折射玩的把戏。

季节交替，既和地球自转有关，也和地球公转有关。

地球在围绕太阳旋转的轨道上，不是直着身子，而是斜着身子打圈子。由于它的自转轴歪斜，造成了太阳直射点在地球表面变化不定。

夏至的时候，太阳直射北回归线，北半球进入了阳光灿烂的夏天。北极圈里的地方，太阳总是挂在天边不落下去，造成特殊的"极昼"现象。南回归线以南的地方正好相反，过着寒冷的"冬天"，南极圈里则是一片黑咕隆咚的"极夜"。

冬至的时候，太阳直射南回归线，情况正好相反。北半球是冬天，北极圈里是漫漫的"极夜"，南半球却是夏天，南极圈里开始了长明的"极昼"。

春分和秋分的时候，太阳直射赤道，就是春天和秋天了。

地球自转和公转与人们的生活有非常密切的关系，人们早就意识到一年之中有不同的季节的现象了。3000多年前的殷商和西周时期，为了农业生产和生活的需要，我国古代的人们就划分了四季。

古人的天文学知识很丰富，巧妙地把星宿一、心宿二、虚宿和俗称 "七姐妹" 的昴星团在南方天空正中出现的日子，分别定为春分、夏至、秋分和冬至，作为春、夏、秋、冬四个季节的象征。[1]

---

1. 源自《尚书·尧典》中的记载："日中，星鸟，以殷仲春……日永，星火，以正仲夏……宵中，星虚，以殷仲秋……日短，星昴，以正仲冬。"

　　后来，由于岁差的影响，春分、夏至、秋分、冬至对应的星空位置发生了漂移，星宿一、心宿二、虚宿和昴星团与两分两至的对应关系不再。现在，我们一般通过春季大三角（五帝座一、角宿一、大角星）、夏季大三角（牛郎星、织女星、天津四）、秋季飞马四边形（壁宿二、室宿一、室宿二、壁宿一）、冬季大三角（天狼星、南河三、参宿四）在天空中的位置来辨别春、夏、秋、冬四季。

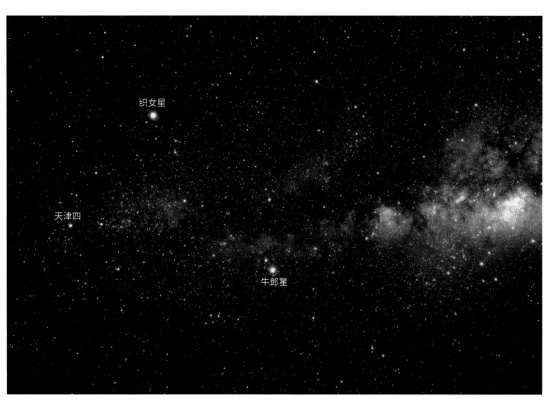

在这张照片中，我们可以看到夏季星空的标志——"夏季大三角"，
这是由天琴座的织女星（上）、天鹰座的牛郎星（右下）和天鹅座的天津四（左）三颗亮星组成的巨大三角形，
银河就从它们中间穿过

掉队的标志塔：回归线的变化

地球摇摇摆摆，回归线摆摆摇。苦了南北半球分界线，跟着摇摇摆摆慢慢跑。

且慢，且慢，别急着笑话什么骑墙派，议论什么墙头草。要说摇摆宗师，还算咱们的老地球了。

翻开地图，有一条黑色虚线横贯我国南方的几个省份。从东到西，穿过了台湾省、广东省、广西壮族自治区和云南省，在我国境内，有2000多千米长。这就是大名鼎鼎的北回归线，也就是太阳直射和侧射地球的分界线。

这条线的南边，整年都沐浴着金灿灿的太阳光辉，从天空直射头顶，得到的热量最多，这里是热带。北边，只能分到太阳侧射的光和热，那里是温带。

现在人们该明白，这条投影在大地上的虚线并非毫无意义，它有多么重要。可惜这是一条看不见的直线。怎么给它做一个记号，让人们知道它的位置呢？

人们想出一个办法。在它经过的地方，修建一座北回归线标志塔，塔尖就是北回归线通过当地的位置。

我国从东到西，修起了台湾的花莲、嘉义，广东的汕头、从化、封开，云南的墨江和广西的桂平七座北回归线标志塔。每年不知有多少游客到那些地方去参观。一个个兴致勃勃地脚跨热带和温带，咔嚓拍一张照片留念，心里真是美极了。

想不到后来有些麻烦了。原来，北回归线像是一个顽皮的孩子，悄悄地偏离了原来的位置。修建在当地的标志塔尖，所指示的已经不是真正的北回归线了。外来的游客依旧兴致勃勃地站在塔前摄影留念，自我陶醉在激动的心情里，却不知道自己并不是脚跨热带和温带的"巨人"。

看不见、摸不着的北回归线悄悄移动了，用砖石、钢筋和水泥砌成的标志塔却不能动，怎样才能赶得上北回归线移动的脚步呢？

噢，原来是标志塔和北回归线分了家，变得名不副实了，真是无法解除的苦恼。

人们知道了内情，不禁会问：好端端的北回归线，为什么要悄悄偏离位置？难道是太阳改变了直射、侧射分配热量的主意？或者是顽皮的北回归线厌倦了这个地方，不喜欢老是挂在标志塔尖上？

其实，问题还是出在地球的身上。地球在围绕太阳运动的黄道上，并不是直着身子转的。地球本身的赤道面和黄道面有一个大约23°26'的夹角，即黄赤交角。所以太阳不能均匀地直射地球表面，而是在南北纬23°26'，形成了南北两条回归线。

台湾省花莲市的北回归线标志塔

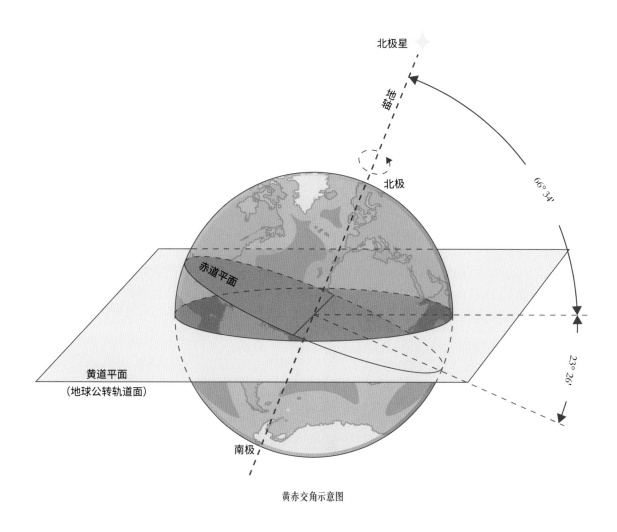

北极星

地轴

北极

赤道平面

66° 34'

黄道平面
（地球公转轨道面）

23° 26'

南极

黄赤交角示意图

如果老是这样也好。可是由于黄道和赤道平面受到太阳、月亮和别的星星的摄动，黄赤交角也随着不断发生轻微的变化，这样一来，投影在地球表面的回归线也就跟着微微移动了。

人们测量出，现在北回归线大约每年向南移动 14 米。1907 年首先建立的台湾省嘉义县北回归线标志塔，已经被不停移动的北回归线远远抛在后面，足足有 1179 米了。

[补 充 知 识]

黄赤交角的变化范围为 22° 00′~24° 30′，变化周期约为 $4.1×10^4$ 年。

陡峭的基辅河岸：地转偏向力

脾气古怪的地球，如果成为拳击手，必定叫人防不胜防，只有甘拜下风称臣了。请问，它到底有什么诀窍？

稀奇，真稀奇！为什么北半球是右撇子，南半球变成了左撇子？这个右撇子、左撇子，驱动流水浮云大手笔，古今拳坛无人可比拟。

第二次世界大战时期，苏联军队反攻时，遇着一个小小的麻烦。原来德军占领的伏尔加河、顿河、第聂伯河的西岸，总比东岸高些。敌人在居高临下的高地上构筑阵地，当然易守难攻。苏军在敌前强渡，遇着很大的困难。

乌克兰首都基辅的地形就是这样的。它高高坐落在地势陡峭的丘冈上，俯瞰着脚下第聂伯河静静的水流，对面无边无际的大草原，视野极其宽广，自古以来就是一座险要的城堡。后来成为基辅大公国的首都，直到今天还非常重要。

仅仅这些河流西岸比东岸高吗？

不，世界上北半球所有从北向南流的河流，几乎全都是一样的。

人们不禁会问，为什么这些河流常常是东岸低、西岸高？

这是地球自转造成的。当地球从西向东转动的时候，所有沿着地面运动的物体受了影响，都会发生偏向。在北半球向右偏、南半球向左偏。

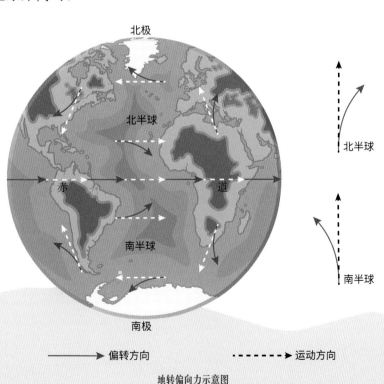

地转偏向力示意图

第聂伯河和它的河流姊妹们，都是从北向南流进辽阔的俄罗斯和乌克兰大平原。河流不断向右偏转，日夜不停地冲刷着右边的西岸，便会在一些地方侵蚀形成陡峭的岸坡。如果岸边有一座座小丘陵，这种现象就更加明显。基辅就是因为坐落在这种地形上，才被历代重视，修筑为坚固的城堡。

由于西岸侵蚀强烈，泥沙就被水流带到对面的东岸堆积起来。随着西岸慢慢后退，东岸渐渐伸长，就变成一片又低又平的浅滩，造成两岸不对称的现象了。

地球自转生成的偏转力，叫作科里奥利力，是法国物理学家古斯塔夫·科里奥利（Gustave Coriolis，1792—1843）在1835年发现的。它不仅决定了河流的作用，对天空中的气流、海上的洋流也有同样的结果。不消说，空中的飞机、海上的船只在航行中也会受到它的影响，驾驶员必须充分注意。

注意呀！人生变化无常，时不时也会冒出一股偏转力？是好是坏，可得要留意。

古斯塔夫·科里奥利肖像版画

　　在地球上（赤道除外）作水平运动的物体都会发生偏向：北半球向右偏，南半球向左偏。这是因为它们受到了地球自转偏向力的影响。

　　地转偏向力是由于地球自转产生的。当一个物体运动时，由于自身具有惯性，所以总是试图保持初始的运动方向和运动速度，而地转偏向力的方向与物体的运动方向垂直，就会影响到物体的运动方向，使它向右或向左偏转。

　　赤道上的自转偏向力为零，所以赤道上的物体作水平运动时不会偏向。物体静止时，也不受地转偏向力的作用。

地球的"王朝史"：地球的历史

休说大地无历史，地球也有自己的"朝代"。没有"帝"，没有"王"，更加没有"后妃"和"将相"。有的只是无知的三叶虫、珊瑚和恐龙，演绎了一段段历史，诉说地老天荒。看得人晕晕忽忽，原来往昔的地球"朝代"，不过是虫和龙的历史，哪有自诩万物之灵者半点地位。

家有家谱，人有年谱，历史有朝代，先后顺序分得清清楚楚。请问，地球的历史怎么划分？

古老的地质时期没有人类，更加没有王朝，不能按照历史书上一个朝代接一个朝代的办法来划分。如果研究它的历史，应该怎么办才好？

是啊，古老的地质时期没有人，只有顽愚不化的古生物。如何记载它的历史篇章？

这还不好办吗，就用一本古生物演变的"王朝史"吧。

35亿年前，地球上没有一丁点儿生命的痕迹，那是地球的蒙昧时代。

25亿年前的沉积岩里，发现了有生命活力的化学遗迹和最早的有机物遗体，生命开始苏醒了，叫作太古代。

5.7亿年前，细菌和藻类开始繁盛。别小看了这些简单的原核细胞有机体，它们有非常微弱的呼吸作用和光合作用，是后来所有的动植物的祖先呢！这个时期叫作元古代。

太古代和元古代的生命现象还不明显，所以人们把它们合在一起，叫作隐生代。

距今5亿年前后，直到2.3亿年前，原来冷冷清清的海洋发生了一场"生命大爆炸"。各种各样的海洋无脊椎动物大量出现，达到空前繁荣的阶段，这是古生代。这个时期的古生物代表是三叶虫，可以算是"三叶虫王朝"。

其中，4亿年前的下古生代阶段，除了三叶虫，还有笔石、珊瑚虫等，也有最早的甲胄鱼出现，冒出了"甲胄鱼王朝"。4亿年后的上古生代阶段，有的鱼儿开始爬上岸，慢慢生成了两栖类和爬行类的陆地动物。陆地上的植物也出现了，揭开了陆地生命历史的篇章。

6500万年前的中生代，是最巨大的爬行动物恐龙称王称霸的时代，最早的鸟儿也飞进了寂静的天空，属于鼎鼎有名的"恐龙王朝"。

6500万年前，一颗巨大的陨星撞击地球，使中生代的大霸王恐龙消失得干干净

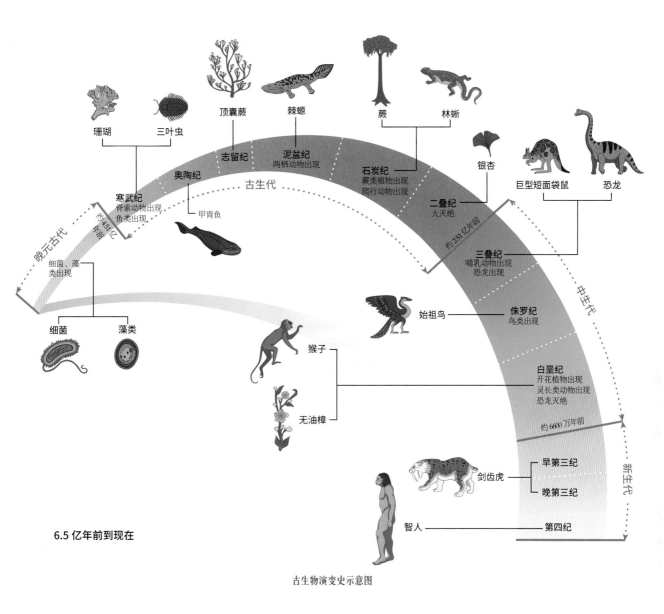

珊瑚　三叶虫　顶囊蕨　棘螈　蕨　林蜥　银杏　巨型短面袋鼠　恐龙

志留纪　泥盆纪　　石炭纪　　二叠纪　　三叠纪
　　　　两栖动物出现　　蕨类植物出现　大灭绝　　哺乳动物出现
奥陶纪　　　　　　　爬行动物出现　　　　　　恐龙出现

古生代

寒武纪
脊索动物出现
鱼类出现

甲胄鱼

晚元古代

细菌、藻
类出现

细菌　藻类

约2.51亿年前

中生代

始祖鸟　侏罗纪
　　　　鸟类出现

猴子

无油樟

白垩纪
开花植物出现
灵长类动物出现
恐龙灭绝

约6600万年前

剑齿虎　早第三纪

晚第三纪

智人　　第四纪

新生代

6.5亿年前到现在

古生物演变史示意图

净。灵巧的哺乳动物走上舞台，地质历史进入了更加丰富多彩的新生代。

大约600万年前，人类的祖先地栖猿出现，400万年前出现南方古猿，250万年前出现能人，200万年前出现直立人，20万年前出现智人，这才慢慢有了文明的历史。

听一听，几十亿、几亿、几千万年，那是多么大部头的厚重历史。想一想，会吓死自己。

是呀！渺小的人类算什么？从猿到人也不过短短一瞬间，有什么好炫耀的？记住从前"三叶虫王朝""甲胄鱼王朝""恐龙王朝"的辉煌，也不过是昙花一现而已。好好珍惜自己，爱护生存的环境，保持人类这个难得的"王朝"。不要像前者一样成为过眼云烟，消逝在不断演变的地球历史里，被后世什么新生物当成化石随便抛弃。在未来的新生物面前，咱们都变成了悲怆的"前朝"。

山野篇

Mountain

　　举目看山野，高高低低、起起伏伏，连连绵绵一片无尽头。高者是山，阔者是野，一派大好疆域秀。走马百日阅不尽，举翼冲天看不全，只觉眼前无边无垠，地形变化无限。谁能识此秘密？须得一一盘点。

　　我爱你，青青的山；我爱你，土黄的原。我爱青山黄土地，无比深深眷恋。难诉青山情，难解黄土意，谁能对我仔细说，了却平生愿。

在西藏自治区看到的喜马拉雅山，摄于 2012 年

高山仰止：高山的形成

山高高，高可破云摩天，令人无限惊叹。不知何以为高，试请细细相告。是地壳隆起"抬轿"；是岩体坚硬，经得住严酷考验。方能拔地而起，脚下众山低头览。

高山排成队，个个都冒尖。总不能都是一字并肩王，各自倨傲互不相让。谁高谁低，总得有一个顺序。科学面前一律平等，地理学家有办法。拿出一个尺度，制约各路神仙。"五岳"仙山也须规规矩矩，不能妄自尊大。

李白老夫子叹息："噫吁嚱，危乎高哉！蜀道之难，难于上青天！"蜀道何以难？因为"连峰去天不盈尺，枯松倒挂倚绝壁"。一句话，这里既高又险。

高山，高山，果然不一般。

杜甫老夫子也说："会当凌绝顶，一览众山小。"攀登到高山顶上，俯瞰脚下群山，所谓人立为峰，当然就高于脚下的山顶，也"一览众山小"了。

高山是怎么生成的？

说起来很有趣，似乎也和大人物"出人头地"有一些儿相似呢。

一是"抬轿"。

大人物冒尖，需要旁人抬轿。想不到自然界中的高山出世，也有一个"抬轿"的问题。只不过这样的"抬轿"不是吹吹捧捧，而是实实在在的地壳运动。由于地球内营力作用，通过褶皱挤压，以及其他种种过程，推动地壳不断抬升，就能形成高大雄伟的山脉，高耸入云的山峰了。从某种意义来说，这岂不也是一个"抬轿"的过程吗？

纵观今日世界许多最高山脉，包括喜马拉雅、阿尔卑斯、安第斯等，无一不是新生代第三纪的喜马拉雅造山运动、地壳积压隆起的产物。其之所以能够傲然俯视世界者，就是至今还在不断抬升的结果。反过来，如果处在地壳运动下降，或者长期宁静的阶段，过去不管多高的山，也会逐渐降低，或者由于外力剥蚀而降低了。地质历史中，曾经有过多次活跃的地壳运动。古生代的加里东运动、海西运动，也曾经造成过一些高山。地壳运动逐渐平静后，或者转为沉降，往昔的高山也逐渐被抹平，甚至沦为低矮的丘陵。

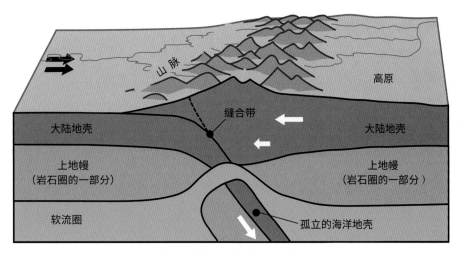

两个大陆板块交汇处的高山形成示意图

二是自我的"风骨"。

山之"骨"就是岩石嘛。倘若一座山统统都是由软弱岩层构成的，很容易风化变形，自然没有一个"骨"字可言。但是一座由坚硬岩层构成的大山，能够抵御风化剥蚀，就好像有一副硬骨头了。这样的山自然容易形成高山，任凭风吹雨打岿然不动。

说高山，还有一个标准问题。怎么才算高山？

唉，这话就看怎么说了。在浪漫的诗人笔下，想怎么说山高，就可以怎么说，谁也不能限制。可是在科学家的面前，总得还要有一个硬的尺度标准吧。

不同国家和地区的山地高度分类标准不一样，我国的划分标准如下：

极高山：海拔超过 5000 米。

高山：海拔 3500～5000 米。

中山：海拔 1000～3500 米。

低山：海拔 500～1000 米。

丘陵：海拔低于 500 米。

为什么用这些数值？有一定的依据。

5000 米大致相当于我国西部一些高山的雪线高度，超过雪线的山地，具有冰雪剥蚀作用，可能生成冰川，面貌自然不同。

3500 米大致相当于我国西部一些山地的森林上界。1000 米大致相当于我国东部山地的平均高度，都含有不同的自然地理因素，可以作为山地高度分类的参照资料。

除了海拔高程，有时还需要参照从当地山麓地面到山顶的相对高程，划分出更加复杂的类型。

从这个分类标准，著名的"五岳"中，最低的南岳衡山不过1300.2米，最高的西岳华山2154.9米。"一览众山小"的东岳泰山只有1532.7米。另外两个响当当的北岳恒山、中岳嵩山分别不过2016.1米、1491.7米，都只不过是中山而已（注：以上高程数据在2007年4月27日，经国务院批准并授权，国家测绘局与住房和城乡建设部联合发布）。秦岭山脉最高峰太白山，海拔3767米，可以算是高山。喜马拉雅山脉中有许多海拔超过7000米的冰峰，连同海拔8848.86米的世界第一高峰珠穆朗玛峰，当然都是极高山。

位于山西省中北部的北岳恒山，其主峰天峰岭海拔约2016.1米，为中山

秦岭山脉主峰太白山北麓的太白山国家森林公园。太白山为秦岭最高峰，海拔3767米，属于高山

平凡的小丘：丘陵的形成

山不在高，有仙则灵。庙不在大，有神就成。谁云土丘不能登大雅之堂，谁说片石不能显灵。

丘，丘，丘，孔老夫子也叫丘。难道丘陵就会亵渎神圣，比不上高山峻岭？君不见有的山虽高，品却不算高。有的岭虽险，却上不了台面。就像有的位高品不高，及不上村夫野叟。

不能居高临下，傲视天地唯我独尊。不能鼻孔朝天，看不起平平凡凡人。

不平！不平！不平则鸣。

世界上名不副实的东西很多，武汉的龟山和蛇山就是一个例子。没有来过这儿的人，听着这个名字，会把它们想象成两座真正的山，不知道它们有多高、多么雄伟。走到跟前一看，原来是两个小不点儿的石头山包。如果把它们放进山区和别的山头相比，说什么也排不上号。只不过这里周围是一片地势低洼的平原，才显得有些傲气。

严格说，龟山和蛇山不能算是真正的山，只能叫作丘陵。苏州有一座很有名气的小山叫作虎丘，自称"丘"而不称"山"，显得非常谦虚，这就摆对了自身的位置。

休说闲话，言归正传。说到这里，人们会问，"山"和"丘"，到底有什么区别标准？

说有标准，就有标准。说没有标准，就没有什么严格标准。

以一个专业的标准来说，相对高程不足500米的是丘陵。按照这个标准，我国东南沿海许多山地只能算是丘陵。面积广阔的江南丘陵的名称来历，就是这样得来的。可是在一般人的心目中，很矮很矮的才是丘陵。到底低矮到什么程度，也没有固定的标准。

通常人们认为，相对高程100～200米的才是丘陵。如果按照这样理解，丘陵就低矮得多了。不管使用什么标准，龟山、蛇山和虎丘都只能叫丘陵，不能算是山。

江西省婺源县官坑村绵延起伏的丘陵地貌

丘陵是怎么生成的？它和山一样，都是经过造山运动地壳隆起形成的吗？

那可不一定。丘陵生成的原因多种多样，常常和山的成因不一样。

像龟山、蛇山和虎丘一样的岩石丘陵，大多是经过长期风化剥蚀后残留的山的遗迹，生成在地壳相对长期稳定或沉降的地方。如果地壳不断上升，就会成山，而很少生成低矮的丘陵了。

特殊情况下，包括河流、冰川、风沙等各种各样外力堆积作用，也可以生成不同的丘陵。黄土丘、沙丘，以及其他种种类似的丘陵就是例子。

丘陵虽然不高，耸立在平原上也是一道风景线，有的还是兵家必争之地。《三国演义》中，"义薄云天"的关云长，兵败被困在一个土丘上，岂不也据以为险守，和势不两立的"汉贼"曹公讲投降的条件，"暂时"不忠义一次吗？所以丘陵的重要性一点也不比真正的山差，就看处在什么地方了。喜马拉雅山中倘有一丘，算不了什么。如果放在平原战场上，例如所谓"四战之地"的徐州周围那些小丘陵，又如曾经发生在锦州外围的黑山、塔山阻击战，那就威风八面了。

其实，在古人眼中，小小的丘陵并不比山地的地位低。我国最早的一部词典《尔雅》，就把地形分为三大类，分别列出"释山""释丘""释地"三部分就是明证。

为什么古时候丘陵地位这样高，可以和山地并驾齐驱？东汉应劭《风俗通义》记述了一段史实："尧遭洪水，万民皆山栖巢居，以避其害。禹决江疏河，民乃下丘营度爽垲之堤，而邑落之。"当时从事原始农业的先民大多居住在平原上，洪水一来无处可躲避，只好就近爬上一些小丘躲避，洪水消退后才下来。对人口集中的平原地区来说，丘陵之重要，由此可见一般。

让我们抛开龟山、蛇山不说，以一篇名垂古今的《醉翁亭记》来说吧。

欧阳修老先生，开始一句就说："环滁皆山也。"接着又说"其西南诸峰，林壑尤美"。我这个地质汉子来到这里一看，哪有什么"山"呀"峰"的，不过都是些低矮的丘陵而已。不过慢慢陶冶其中，摩挲木石，诵读文章，感怀前贤旧事，许多情愫就不由涌起。例如在那纪念他和曾经来此一游的苏东坡，二贤堂前的廊柱上一副对联：

谪往黄冈，执周易焚香默坐，岂消遣乎；

贬来滁上，辟丰山酌酒述文，非独乐也。

联系当时的时代风云和他们的遭遇，忽然觉得这二位先贤的形象朴实又十分高大，顿生敬仰之意。转身看周围这琅琊山的小小丘陵，仿佛也真的是"山"而非"丘"了。

"山""丘"之辨，可以认真，也不必太认真。

[补 充 知 识]

中国的丘陵面积约有 100 万平方千米，约占全国总面积的十分之一。其中，黄土高原上有黄土丘陵；长江与淮河之间有江淮丘陵，它也是两条河的分界线；长江中下游以南有江南丘陵；辽宁和山东半岛上则有辽东丘陵和山东丘陵。

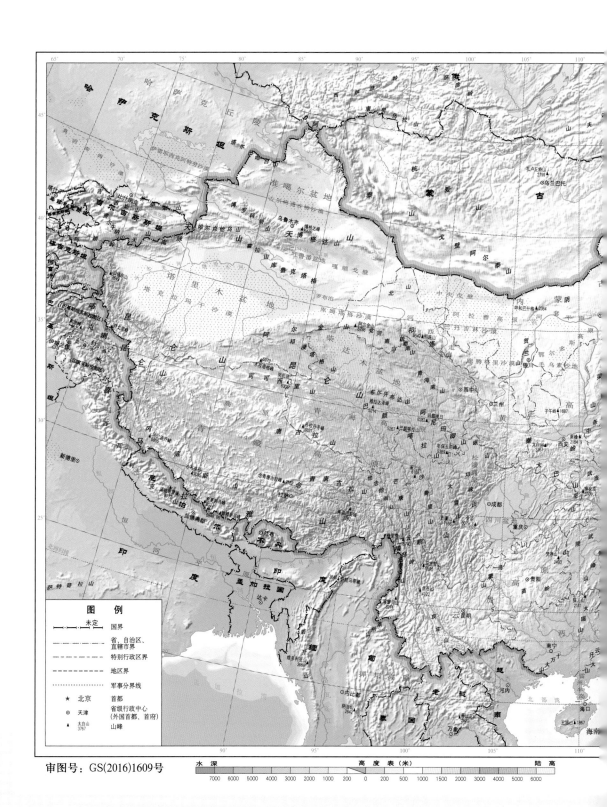

审图号：GS(2016)1609号

水深　　　　　　　高度表（米）　　　　陆高

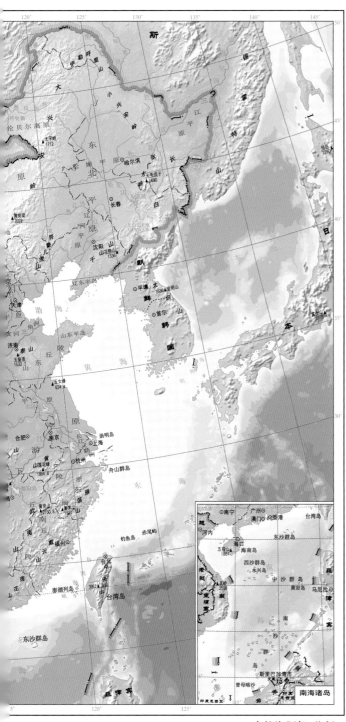

自然资源部 监制

中国地势图，可以看到我国的丘陵多分布在东部地区

改变世界命运的小山：方山地形

蒙古旋风势不可当，横扫欧亚大陆，降服多少名王，威名远扬八方。不料一个小小的山冈，竟敢把蒙古铁骑阻挡，一炮结果了蒙古大王。

13世纪刮起了一股可怕的蒙古旋风。黑压压一群群蒙古骑兵，挥舞着亮闪闪的马刀，从东方地平线冲杀过来，冲破一个个城堡，打垮一支支仓促组织起来的联军，一下子就席卷了欧亚大陆，一直闯进了西方的欧洲。人们说，13世纪是蒙古的世纪，这话有几分道理。

蒙古铁骑冲击了中亚和西方。不消说，他们首先就把矛头对准了身边的南宋，消灭了挡路的金国，发起了对南宋的进攻。

南宋末年，蒙古大军南下，镇守四川的宋军大将余玠十分发愁。蒙古铁骑所向无敌，横扫了半壁山河，怎么才能抵挡住他们，确保自己防区的安全呢？兵对兵，将对将，排开阵势厮杀，宋军显然不是蒙古兵的对手，必须开动脑筋，想出一套新办法才行。

俗话说，集思广益。一个人的脑袋不够用，他就敞开大门，悬赏欢迎大家出主意。消息传开，从四面八方赶来了许多人，一个个都自称是贤人智者，住进客栈大吃大喝，聚集在一起高谈阔论，各自陈述自己的高见。不消说，其中有一些骗吃骗喝的，是不折不扣的滥竽充数的南郭先生。余玠却一点也不介意，只要能够找到抵御强敌的办法，多花一点伙食费又算什么呢？

众多食客中，有两位名叫冉琎、冉璞。这两位来自今天贵州的兄弟与众不同。他们每天都把自己关在屋内，不知倒腾什么，常常连饭也忘记吃了。余玠感到奇怪，悄悄到窗外去看。不看不知道，一看吃了一惊。原来他们正趴在地上，忙着堆造逼真的山丘地形，不知在悄声议论着什么。余玠明白二人不凡，连忙推门进去请教。冉氏兄弟俩这才一五一十地说出了他们的秘密计划。

他们看出蒙古骑兵势不可挡，宋军主要是步兵。如果按常规在平地决战，宋军必不是对手。可是四川境内有的是山丘，如果在要害处选择一些特殊地形，筑起山寨死守，加上宋军拥有的大炮，蒙古骑兵再厉害也没法发挥长处了。

这个办法知己知彼，真是扬长避短的好主意！

余玠立刻采纳了他们的意见，下令在全川选择地形，修建了 20 多座要塞。把官府和老百姓都迁移进去，囤积粮草，准备和敌人打持久战。这些要塞的地形都易守难攻，一个个都是难啃的硬骨头。

川南的神臂寨，是长江边的一个岬角，只有一面通往陆路。把泸州城迁进来，比原来的城池安全得多。川西的云顶寨，高踞在今天金堂县附近，沱江峡谷边的山顶，把成都官府搬来，蒙古骑兵只能下马爬山仰攻，就不是他们的长处了。川中的青居寨，修造在今天的南充市附近，嘉陵江曲流环绕的山冈上。只消在狭窄的曲流颈修一道短短的城墙，就可以高枕无忧了。

在重庆大本营附近，合川的嘉陵江边有一座天生的钓鱼城。它不仅三面环江，不易受到攻击，而且地形十分奇特。这种山地是水平岩层形成的，山顶平坦宽阔，好像是一个巨大的石头桌子。平坦的山顶可以种粮食，驻扎千军万马。四周陡峰围绕，像是天生的石墙，别说是骑兵，即使是动作灵活的步兵也别想顺顺当当地攀登上来。

这是什么地形，为什么像平顶的桌子？

这是水平岩层构成的特殊山地。地貌学有一个专门名字叫作方山，或者干脆就叫作桌山。非洲最南端好望角有一座著名的桌山，也是同样的地质构造。

从南非开普敦的开普敦湾看桌山

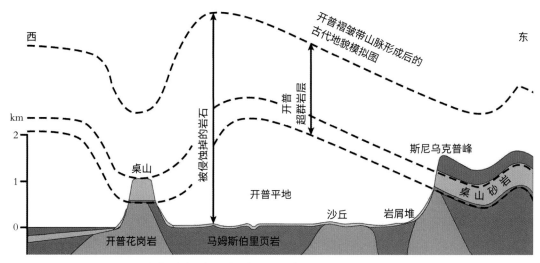

西   开普褶皱带山脉形成后的   东
古代地貌模拟图

km
2
1
0

桌山   开普平地   沙丘   岩屑堆   斯尼乌克普峰   桌山砂岩

开普花岗岩   马姆斯伯里页岩

一组自西向东（从左到右）的地质剖面穿过开普半岛上的桌山、
开普平原（连接开普半岛和非洲大陆的地峡）和大陆上的霍屯都—霍兰德山脉。
这张示意图展示了这一地区的开普褶皱带是如何被侵蚀的，
曾经的谷底遗留下来，形成了如今具有平坦桌面结构的桌山

　　四川境内岩层大多是水平的，这种方山很多。在现在重庆的万州附近，用来镇守三峡的天子城，以及大巴山口，防备敌人入侵的巴中得汉城，也是这种地形。

　　宋军建立起一系列山丘要塞防御网，果然取得了很好的效果。当蒙古大军打进四川，企图寻找宋军决战的时候，宋军主力早就掩护官府和老百姓，退进这些要塞了。蒙古兵拼命攻打，也没讨到多大的便宜。其中的钓鱼城保卫战，打了整整 36 年。守军的大炮大显威风，带兵攻打的都元帅汪德臣被活活打死在城下，蒙古皇帝蒙哥大汗也吃了宋军的石头炮弹，受重伤后不幸阵亡。

　　啊呀呀，这可了不得。蒙古铁骑扫荡四方，只有别国君王和大将被打死或者俘虏，还没有自己的国王和元帅被打死的例子。消息立刻就传遍四方，一直传送到各条前线。这时候，蒙古西征大军正打到今天的叙利亚，和埃及、阿拉伯联军对阵，第二天就要展开决战。联军一个个心慌意乱，已经感到绝望。蒙古人打进埃及和非洲，似乎已经是铁板钉钉的事情了。他们做梦也想不到，对面的蒙古大军竟像一阵风似的卷起帐篷，消失得无踪无影。

　　咦，这是怎么一回事？原来蒙哥大汗被打死的消息传到前线，军队无心恋战，

连忙撤退了回去。

勇敢的宋军和奇特的方山地形，无意中帮助了西方的阿拉伯人，改变了非洲和西亚的命运，难道不是这样吗？

── [补 充 知 识] ──

方山又叫桌状山，指山顶像桌面一样平坦，四周都是陡崖的方形山体。方山通常发育在几乎水平或倾斜度平缓的软硬相间的岩层分布区。顶部的岩层质地坚硬，受到流水强烈的侵蚀切割作用之后，就会形成顶部平坦、四周陡峭的方山。

四川省眉山市的瓦屋山和山下清澈的雅女湖

瓦屋山与距其直线距离不到40千米的大瓦山（四川省乐山市）是中国为数不多的典型的桌状山

一夫当关的剑门天险：单面山

——钟会气势汹汹，姜维胸有成竹，两军大战剑门关。这山一边斜、一边陡，好像是偏心眼。气坏了钟会，别想迈步往前。

读过《三国演义》的人，谁不知道大名鼎鼎的剑门关？

诸葛亮死后，摇摇欲坠的蜀汉王朝越来越衰弱，无法抵抗强大的敌人。魏军终于突破了重重山岭，打进了四川盆地。领兵大将钟会心高气傲，自以为不费吹灰之力就可以扫荡残余的蜀军，攻破成都，活捉刘备那个不争气的儿子阿斗，建立曹操和司马懿也没有完成的不朽功业。

这时候的蜀汉已经风雨飘摇，早已不是诸葛亮六出祁山，以攻代守威胁曹魏、震动关中的时代。四川盆地险要的外围也好似阳关大道，魏军一下子就突破了大巴山防线，笔直杀到剑门关前。只消突破蜀军这一道最后的防线，他们背后就再也无险可守了。可是钟会做梦也没有想到，大军竟被剑门关阻挡，不管怎么拼命攻打，也不能再前进半步。

守关的是蜀军主帅姜维。他是诸葛亮的接班人，也不是好对付的对手。

蜀军比敌人多么？

不，蜀汉的残兵败将已经没有多少了，远不能和声势浩大的魏军相比。姜维手中只有一个法宝，就是剑门关天险。

好一个剑门关，位于一道刀削也似的绝壁中间。起伏的峰峦像是天生的石墙，连绵上百千米，横亘在来犯者的面前。这道山墙并不高，山势却很险。要想强行翻过去，比攀爬城墙还难。要想绕过去，也不是那么容易。真是一座飞鸟也难过的雄关。除了眼前这个狭窄的隘口，休想找到一条石缝钻过去。

唐代诗人杜甫称赞这里"惟天有设险，剑门天下壮"，还说这里"两崖崇墉倚，刻画城郭状。一夫怒临关，百万未可傍"。姜维紧闭关门，激励手下将士拼命抵抗，魏军插上翅膀也别想过去。聪明的姜维会利用地形，这个险要的关口就等于十万大军。

然而，关后的地形和关前却大不一样。杜甫在诗中说："连山抱西南，石角皆北向。"诗人的慧眼注意到关前、关后地形的不同。锋利陡峭的石棱袒露在北面关前的绝壁上，关后的西南坡地势缓和，蜀军可以自由来往。天生的这种不对称的地形，挡住了自北向南进犯的强大魏军。

四川省剑门关风光，从这张照片中能明显看出剑门关两边不对称的地形

啊，原来这是一个两边不对称的山地。

为什么两边地形不对称？这是特殊的地质构造形成的。仔细看，原来这里的岩层统统都向西南倾斜，东北面是岩层切开的地方，自然十分陡峭。这种地形有一个专门的名字，在地质学里叫作单面山。

在自然界里，绝对水平的岩层很少。岩层形成以后，受到后来地壳运动的影响，多多少少总有些倾斜。所以说，单面山并不稀罕。

稀罕的是，这儿的岩石特别坚硬，关前地势又特别陡峭。加上整座山十分高大完整，只在中间有一条狭窄的裂隙，修筑起关楼挡住去路，就成为"一夫当关，万夫莫开"的雄关了。

唉，想不到姜维在前面死死抵住钟会，却被邓艾偷渡阴平抄了后路。阿斗吓得开门投降，还命令前线将士也放下武器。姜维和死守剑门关的全军将士痛哭流涕，举刀砍碎山石。有这样窝囊的皇帝，剑门天险和忠勇将士也毫无作用了。这样的历史教训，能不牢牢记住吗？

[补 充 知 识]

　　单面山是指一边倾斜度很大，一边坡度相对缓和的山。单面山通常的形成原因是，原本岩层呈倾斜排列，上层岩石较硬，下层岩石较软，受到风或水的侵蚀之后，较软一边的地层受到的侵蚀情况更为严重，因此形成的坡度就比另一边陡。

　　倾斜坡角度为 40°～45° 的单面山，我们一般叫作猪背岭或猪背脊、猪背山。

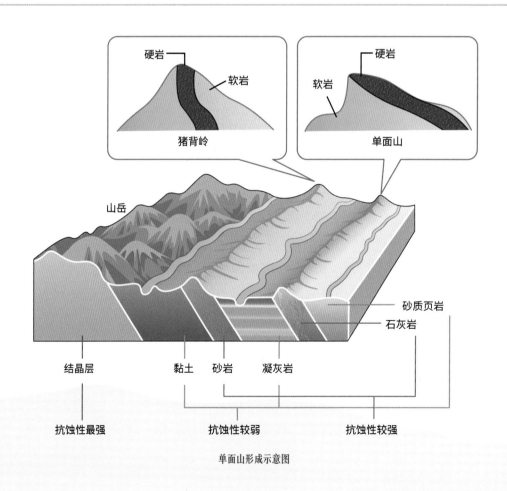

单面山形成示意图

大地的"烟囱"：火山

啊，地球肚皮里窝了一团火。四面火光、八方冒烟，成就了一座座神奇的火山。

山是山，人是人，不能相提并论。人可别做火山，动不动就冒火爆发，使人不能亲近。

《易经》说："观乎天文以察时变，观乎人文以化成天下。……《象》曰：'山下有火'"。

喔，这书说得太玄了，怎么卜卦就知道地下火？请问，这是真的吗？

当然是真的，谁还骗你不成。

一本书是孤证，再搬几个古人，翻几本古书看一看。

有一本罕见的古书《津逮秘书》，引用另一本更加罕见的古书《京氏易传》说："地有火，明于内，暗于外。"瞧，这九个字说得多么简明扼要。说的是地下有火，外面看不见。岂不和《易经》说得一模一样。

只是地下火，不会冒出来吗？

那可不一定。《山海经·西山经》里说："南望昆仑，其光熊熊。"在这本书的《大荒西经》中又说："昆仑之丘……其外有炎火之山，投物辄燃。"汉武帝时期，东方朔写的《神异经》里也说："南荒外有火山……昼夜火燃，得暴风不猛，猛雨不灭。"

噢，明白了。几段古书上的话拼凑起来，把情况说得清清楚楚。原来地下火可以冒出来，成为地上的火山。

世界上的火山很多，掰着指头数，数也数不完。

意大利有名的维苏威火山就算一个。"维苏威"这个名字，就是"冒烟"的意思。它原本是那不勒斯海湾里的一座小岛，因为火山喷发，喷出的堆积物和陆地连成一片，才成为大陆的一部分。公元79年8月24日，这座火山突然喷发。火红滚烫的岩浆顺着山坡淌流下来，好像是地狱之火，摧毁了沿途一切障碍物。成千上万吨燃烧的石块和火山灰密如雨点，一下子就掩没了山下的庞贝和赫库兰尼姆两座小城。城内无路可逃的人们全都成为牺牲品。这两座古城连同城内无数遇难者的遗体，成为特殊的化石。

百年之家的家庭小教堂中的一幅壁画对维苏威火山的描绘，该火山位于画面正中，
画面左边是狄俄尼索斯，他的身上挂着一串葡萄，是古希腊神话中的葡萄酒之神。
这幅壁画现藏于意大利的那不勒斯国家考古博物馆。
百年之家是庞贝古城中一户富庶人家的房屋，公元79年维苏威火山爆发时被掩埋，直到1879年才被发掘出来

俯拍维苏威火山的火山锥

火山喷发是怎么一回事？原来是地下岩浆活动的结果。难怪《易经》说"山下有火"。地下岩浆活动平时看不见，难怪《京氏易传》说"地有火，明于内，暗于外"。

你看古人说得一点也不错。

地下火可不会老是窝在下面。沸腾的岩浆激烈翻腾着，被坚硬的地壳紧紧包裹住，积聚了巨大的压力，总想找一个缺口喷发出来。火山，就是地下岩浆的"出气口"。当地下的能量积累到一定程度时，就会沿着火山通道喷发出来，造成可怕的火山爆发。

如果火山通道通畅，岩浆黏稠度不大，可以非常方便地经常流出岩浆，使能量不断释放，就不会发生大爆发。但如果情况相反，火山通道狭窄，岩浆黏稠度很大，容易产生堵塞，地下的能量就会越聚越大，一旦憋不住，就会猛烈爆发。

啊哈！火山原来和高压锅一模一样。如果不让锅盖上的排气孔通畅，闷在锅里的蒸汽就会把沉重的锅盖冲上天花板啦！

火山构造示意图

火山可怕吗？

不，其实并不太可怕。就以维苏威火山和印度尼西亚的火山来说，周围还有许多城镇，还有许多人生活在山坡下，甚至居住在坡上呢。

是什么力量吸引住他们，是为了观赏特殊的火山景观吗？当然不是的。原来火山土壤非常肥沃，是种植作物的好地方。正因如此，人们才像"扑灯蛾"似的，宁死也不愿意离开这个看来似乎很危险的地方。随着科学技术的进步，人们已经可以成功地预报火山活动，当然就更加不怕火山，可以放心大胆地在火山周围生活了。

中国也有火山，《徐霞客游记》里记载的腾冲火山就是至今还在活动的活火山。昆仑山中和台湾岛，也有几座还在活动的火山。好在中国的活火山不多，都在边远地方，不是人口稠密地区，不会造成危害，反倒是一个个难得的旅游景点。

吉林长白山天池火山，也是一座活火山

中国的火山就多了，有名的长白山的天池就是一个火山口湖，大同火山群、五大连池也全都是。蒙古高原、雷州半岛、海南岛有火山。信不信由你，南京和天津附近也有死火山呢。

为什么意大利、印度尼西亚、日本和智利等国家的火山多？因为那都是地壳不稳定的地方呀！中国大陆的地壳很稳定，火山主要集中在环绕太平洋、青藏高原、蒙古高原的一些地方。广大内地很安全，压根儿就不用担心这种地下火会从脚底冒出来。

地球上的火山大多分布在板块交界处，主要的火山带包括：

1. 环太平洋火山带

这个火山带的火山数量约占全世界火山总数的 75% 以上，而且火山活动相当频繁。这里的地震活动也很剧烈，地球上 90% 的地震以及 81% 最强烈的地震都发生在这里。

环太平洋火山带从南美洲西海岸的安第斯山脉开始，经过中美洲、墨西哥、美国西海岸、加拿大西海岸到阿拉斯加，然后一直延伸到阿留申群岛、堪察加半岛、太平洋西岸的花彩列岛，包括千岛群岛、日本、琉球群岛、中国台湾岛及其附属岛屿、菲律宾群岛，连接印度尼西亚、巴布亚新几内亚、所罗门群岛，直到新西兰，全长 4 万多千米。

2. 大洋中脊火山带

总长度约 8 万千米，包括太平洋、大西洋和印度洋的洋中脊，大致呈 W 形分布。大洋中脊上的火山分布并不平均，主要集中于大西洋的洋中脊上，有 60 余座。太平洋和印度洋的洋中脊上的火山相对较少。洋中脊的火山以海底火山为主，也有一小部分火山岛，如塞舌尔岛、冰岛。

3. 东非大裂谷火山带

东非大裂谷是由非洲板块的地壳运动形成，地质学家预测几百万年后，东非可能会分裂成两个不同的板块，至今地质活动依然频繁。较著名的例子有：肯尼亚的乞力马扎罗山、刚果民主共和国的尼拉贡戈火山，埃塞俄比亚的尔塔阿雷火山等。

4. 地中海—喜马拉雅火山带

也叫阿尔卑斯带，西从欧洲的比利牛斯山始，一直延伸到亚洲的喜马拉雅山，全长约 10 万千米。

这个火山带上的火山分布不太均匀。欧洲部分的火山多分布在意大利，例如维苏威火山、埃特纳火山。爱琴海上也有好几座火山岛，其中圣托里尼岛在公元前 1500 年曾经发生过火山大爆发。中段几乎没有火山。而亚洲部分的若干个火山则分布在印澳板块和欧亚板块的交界处。

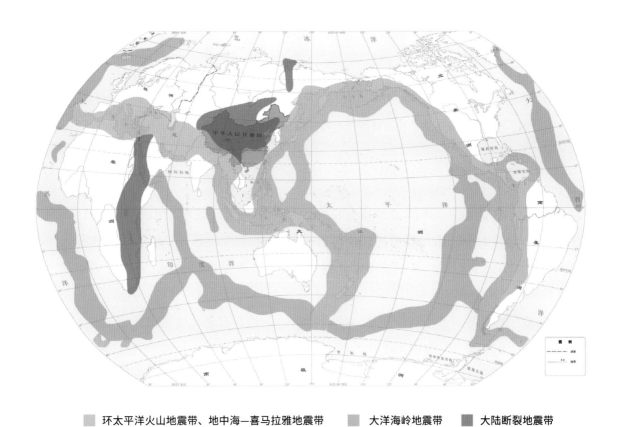

■ 环太平洋火山地震带、地中海—喜马拉雅地震带　　■ 大洋海岭地震带　　■ 大陆断裂地震带

地球上的火山地震带。板块交界地带地壳活动活跃，经常引发火山与地震，
所以一般来说，地球上的火山带和地震带是重合的

真假飞来峰

西湖边，一座山，传说来自海那边。啊哈哈，是不是济公活佛扇着破芭蕉扇，信口开河说着玩？

龙门山，紧靠青藏高原边。山前许多飞来峰，来自地壳运动。这才是一座座真正移动的小山，货真价实没法推翻。

杭州灵隐寺前的飞来峰十分富有传奇色彩。抬头看，这座小山的崖壁上，布满了奇形怪状的大小洞窟，好像是江南园林里一块玲珑的太湖石，和周围的山丘大不一样。传说在东晋时候，有一位印度高僧经过这里，瞧见这座小山，不由非常惊诧，说："咦！这不是印度灵鹫山前的那座小山吗？怎飞到这儿来了？"经他这么一说，"飞来峰"的名字一下子就传开了，成为西湖边一处很有名气的景点。

除了这儿，浙江、安徽、山东、陕西、河南等许多地方，也有"飞来峰"。

黄山飞来石

东汉赵晔所著的《吴越春秋》上记载，浙江绍兴城里有一座"怪山[1]"，是在一个风雨交加的夜晚，从山东"飞"来的。唐代段成式的《酉阳杂俎》上说，山东海边有一座山[2]，本来是一座小岛。山神总喜欢东游西逛，于是海神爷就用一把锁把它锁在海心里。谁知，一日锁链被挣断，它就飞到了岸边。它的身上，还缠着一条大铁链呢！

还有一本书上说，有一天晚上，长安城里的人听见响声如雷。天亮后一看，原来天上落下了许多黄土和石块，堆成一座小山包，大家叫它"飞来峰"。又一本书《元和郡县图志》上说，西汉成帝在位的时候，有一颗星星从天上落下来，掉在河南延津县境内，成为一座小石头山，取名叫石丘。

浙江和山东的那两座怪山不过是神话传说，而河南延津县的那座小山，似乎真是从天上飞来的。可是科学家跑去一看，完全不是那么一回事，这也是一个离奇的神话，原来是块陨石。

科学家又检查了杭州的飞来峰，发现这是一个侵蚀残余的石灰岩小山，和周围山地的岩性不同，造成了格格不入的景观，给人以从远方飞来的假象。常言道，外来的和尚会念经。那个印度和尚随便说一句，人们就信以为真了。

只有长安城外那座"飞来峰"，像是山崩造成的，有一丁点儿从头顶上"飞来"的意味，可以勉强叫这个名字。

人们失望了，问道："难道世界上真的没有飞来峰吗？"

地质学家回答说："有的，在四川彭州和什邡西边的龙门山前，就有许多飞来峰。"

原来，这儿是一个巨大的断裂带。在漫长的地质时代中，巨大的压力推动着西边的断块向前挤压，有一些破碎的岩体顺着又低又平缓的断层面滑移，慢慢移动到很远的地方才停下来，生成一座小山头，这就是"飞来峰"了。

龙门山的飞来峰世界闻名。许多外国地质学家从四面八方远远跑来，看了以后大开眼界，竖起大拇指说："这才是真正的飞来峰啊！"

---

1. 即现在的塔山。
2. 即现在山东济南的千佛山。

话说"花岗岩脑袋"：花岗岩地形

哼，你的脑袋硬，能够硬过花岗岩？唉，你的脑袋不开窍，简直就像花岗岩。花岗岩呀，花岗岩，顽固不化的活标本！

哦哦哦，休把花岗岩这样戏说。一旦彻底风化了，也能灵活变通，换了一个脑壳。

奉告"花岗岩"君子，得改须改，得变须变。有道是，识时务者为俊杰，这个道理须明白。

吥，你这个花岗岩脑袋。

花岗岩脑袋是什么意思？就是顽固不化呀！想一想，花岗岩多么坚硬，岂不就是思想僵硬的象征吗？

是啊，石头硬。在坚硬的石头里，花岗岩又最硬，当然是顽固不化的标志啰。说谁是"花岗岩脑袋"，可不是好事情。和这样的人打交道，可得要特别耐心。

为什么这样比喻？用别的岩石比喻不行吗？

不，叫"花岗岩脑袋"最恰当，因为花岗岩特别坚硬，是世界上最坚固的东西之一。如果谁长了一个花岗岩的脑袋，一定顽固不化，很难和他说清道理。

"花岗岩脑袋"特别坚硬，花岗岩山地必定也很硬。

这话说对了，天下的名山几乎一大半都是花岗岩构成的。

西岳华山就是最好的例子。《水经注》描述它："其高五千仞，削成而四方，远而望之，又若华状。"这段话不仅形容它很高，而且还指出它的四面都是笔直的峭壁，外貌好像是一朵盛开的石头花朵。你看它，一道道直立的峭壁，几乎紧紧贴着面孔拔地而起，好像是被一把锋利的斧头劈开的。

西岳华山位于陕西省渭南市，属于典型的花岗岩地貌断块山

古来传说这是孝子沉香劈开的。据说他的母亲三圣母犯了天条，玉皇大帝派二郎神把她压在华山下面，永世不得翻身。二郎神是沉香的舅舅。他为了搭救母亲，一天天长大，学会了武艺，终于打败了自己的舅舅二郎神，抡起斧头一下劈开华山，救出了受苦的母亲。人们说，华山为什么这样陡峭，就是他这一斧头砍下去，才把华山劈成这个样子的。

神话故事当然不可靠，这是特殊的岩石和地质构造影响的结果。原来构成它的是特别坚硬的花岗岩。花岗岩具有很强的抵抗风化的能力，不怕风雪冰霜、日晒雨淋，能够保持轮廓分明的外形，看起来非常雄伟。

在花岗岩里，常常有几组互相交叉的裂隙，很容易风化劈裂，生成种种奇峭的形状。如果其中有一组裂隙是直立的，顺着它劈裂，就能生成陡峭如削的崖壁了，怎么会是斧头劈开的？

加上这里正好是一条巨大的断裂带经过的地方。纵横交错的断层裂隙，把地块切割得七零八落。整个山体正好处在一个向上抬升的地块上，顺着周边一道道刀切斧砍似的断层崖升起，成为一座典型的断块山。自然就形成这个外表四四方方、周边都是万丈悬崖、奇特无比的山形了。

除了华山是花岗岩地形，在中国名山里，黄山、武夷山等都是同样的花岗岩山地，各自具有特殊的风景。坚硬的花岗岩，给自然界增添了壮丽的风景。

我们可以不要"花岗岩脑袋"，却万万不能没有花岗岩山冈。大自然里若是失去了花岗岩的阳刚之气，还有什么值得景仰的山魂和石魄！

难道这是一成不变的模式？花岗岩到处都形成悬崖绝壁，没有一丁点儿变化吗？

当然不是。另一幅风景，就完全不一样啦！

让我们来看看香港特别行政区的山丘[1]，地形起伏缓和，非常低矮，和华山、黄山、武夷山的风光大不一样。不了解内情的人，还会以为这儿是别的松软的岩石呢！

为什么花岗岩到了香港就变了样，完全失去了它固有的坚硬强劲的风格？

这也要从它内部的矿物成分说起。花岗岩的矿物成分很复杂，虽然最主要的是石英，却还有松软的长石和云母。在气候干燥、物理风化强烈的地方，各种矿物紧

---

1. 香港的地质主要由火成岩、沉积岩和花岗岩构成，其中约三分之一的陆地被花岗岩覆盖。

密结合在一起，坚硬的石英带头抵抗住风化。岩体只能沿着裂隙崩坍，生成棱角分明的外形，造就雄伟陡峻的山冈。

在化学风化强烈的湿热地区，虽然岩石里的石英还能抵抗风化，但是同在一起的长石、云母却很快就风化成为黏土，随着雨水冲刷，一股脑儿流失了。单粒的石英无处生根，也被一起冲走，成为一颗颗沙粒。整块花岗岩土崩瓦解了，表面盖了一层厚厚的风化壳，再也挺立不起，只好变成一座座貌不惊人的圆浑的小山包了。

事物不是一成不变的，坚硬的花岗岩也不例外。华山、黄山、武夷山和香港的花岗岩地形相比，岂不是最好的证明么？噢，这样说起来花岗岩脑袋并非绝对顽固不化，也有变化的时候呢。我们从中悟得一个道理，世间万物没绝对不变化的，连坚硬无比的花岗岩也会自我演变。

石头舞蹈家：花岗岩球状风化

扭呀扭、摆呀摆，一块石头跳起来。

啊呀呀，是不是有鬼，是不是狐狸精？

不是的，就是一个古里古怪的石头跳舞迷。参加小区老奶奶舞蹈队，准是一位大明星。

请跟我到福建东山岛的海边去看看，那里有这么一件《聊斋志异》里的故事似的怪事。

这不是狐狸精，是一个不会说话却会跳舞的"石头精"，可奇怪呢！这事传说了上千年，民间编造的故事越说越稀奇。

说也奇怪，就是一个这样的大石蛋，周身竟长满了"艺术细胞"。每当海上一阵疾风吹来，它就会随风微微晃荡，仿佛听懂了风的乐曲，正合着节拍扭动身子，跳起好看的摇摆舞似的。人们给它取了一个名字，叫作"风动石"，是"东山八景"之一。海边不是天天刮大风。性急的游客等不及了，用手轻轻一推，石头也会晃晃荡荡，左右摇摆。因为无风也能"跳舞"，所以它又有了一个名字，叫作"摇摆石"。

说起它的跳舞，有一段有趣的传说。

据说在明朝万历年间，有一个进士老爷邀约了几位文人墨客，专程到东山岛来看风动石。这位进士老爷别出心裁，在风动石下摆开宴席，请大家一边慢慢喝酒，一边慢慢吟诗，要把风动石看个够。

谁知，刚有两位诗人摇头晃脑吟完诗，第三个端起酒杯，站起身，正要开口吟出一句妙诗，忽然一阵海风吹来，巨大的风动石摇摇晃晃，好像立刻要倒下来。吓得诗人们胆战心惊回头就跑，不吟诗，也不敢饮酒吃饭了，让人笑破了肚皮。从此，这里就留下了"石下难设宴，吟唱不出三"的趣谈。

瞧着它，人们忍不住会问：石头怎么会跳摇摆舞？

奥妙在于它的特殊形状。

这块石头下大上小，身体重心比较低。加上特殊的圆弧形底部，活像是天然的不倒翁。任大风吹刮，它只在微微有些下凹的石座上轻轻摇摆几下，决不会歪倒下去、叽里咕噜滚下大海，也不会砸着人。

啊哈，原来这是一个天生的不倒翁呀！

仔细看这块"风动石"，人们不禁又会提出一个疑问：这样大一块不生根的石头，是怎么放上石台的？如果没有神仙法力，难道古时候也有起重机把它搬上去？

原来这是一个花岗岩块，沿着几道交叉的裂隙风化破裂开，和下面的石座分开了，慢慢变成这个样子。地质学家把这种现象叫作球状风化。球状风化生成的圆石头，有一个非常形象化的名字叫作石蛋。

福建省漳州市东山县铜陵镇风动石景区的风动石

福建沿海的花岗岩球状风化很常见，生成的各种各样的石蛋很多。在厦门附近的漳浦县海边，也有许多同样的风动石，等待着人们去发现呢。

别的地方也有同样会"跳舞"的大石头。

辽宁省朝阳市西边的山区里，有一块风动石，它屹立在100多米高的峭壁上，人们老远就能望见它的身影。

这儿是偏僻的山乡，什么好玩的东西都没有。人们寂寞了，就爬上山去，推这块晃里晃荡的大石头玩。它的"脾气"很好，不管是谁轻轻推它一下，它都高高兴兴地"跳舞"。天真的小孩推它，尽管力气很小，它也照"跳"不误，没准儿它也很寂寞，巴不得有人陪它玩，时不时地"跳"一个"舞"，才能消磨难挨的时光啊！

有趣的是，人们从外乡娶回来新媳妇，也要带到这儿来，让新媳妇尽情地推一阵子，以便使她在咯咯的笑声中，忘记这是偏僻穷困的地方，安心留下来过日子。

噢，会"跳舞"的大石头，还有一些儿温馨的人情味呢！

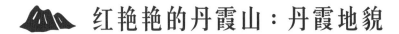 # 红艳艳的丹霞山：丹霞地貌

一片山坡红艳艳，不是山花灿烂，不是朝霞晚霞点染。唯有红的岩石，方能生成这样红的山。

呵呵呵，原来骨子里都红透了，无须外表装扮。这才是真正的自来红，不是一场虚情假意的蹩脚表演，不会使人上当受骗。

太阳落坡了，红艳艳的霞光染红了重重叠叠的山冈。随着夜色渐渐升起，霞光慢慢消散，眼前的山冈就会变得一片黑沉沉，再也不是红的了。先前看见的一片通红，只不过是快要沉沦的太阳，用尽一天最后的气力，把满腔的热情喷洒出来，暂时染红即将转入黑暗的大地。

然而，广东的金鸡岭和丹霞山可不是这样。无论清晨、傍晚，还是太阳当顶的正午时分，永远都是红彤彤的。

你看，红彤彤的崖壁上，高高站立着一只石头大公鸡。红色的山头，红色的公鸡，十分引人注目。这里就是号称"广东八景"之一的金鸡岭。

你看，一眼望不尽的层层叠叠山峦，全都袒露出坚固山石构成的胸膛。一道道陡峭的悬崖绝壁，好像刀削斧劈般似的，组成了一幅石头城堡的图画。高高低低的烽火台，起伏不平的雉堞，看得清清楚楚的。

这是红艳艳的丹霞山呀。满山上下一片通红，仿佛经历了一场古代恶战，无数战士的鲜血浸透了山石，永远也冲洗不了，才变成这个样子的。

广东省韶关市乐昌市坪石镇金鸡岭，属于典型的丹霞地貌

瞧着红色的金鸡岭和丹霞山，没准儿人们会有些不明白了，为什么它们这样鲜红？为什么和晚霞映红的山冈不一样，永远也不褪色呢？

这是红色岩层生成的特殊丹霞地貌。这些红色岩层生成在遥远的地质时代，主要发育于侏罗纪至第三纪期间，生成在水平或缓倾的红色地层中。在干燥的气候环境条件下，沉积的泥沙中含有的许多铁质使整个岩层都变成红的了。以丹霞山来说，它的山岩里含有丰富的氢氧化铁和石膏，当然就是红的了。再加上钙质胶结得特别紧密，使山的"骨头"变得坚硬无比，就形成一种又红又硬的特殊地貌。地质学家给它取了一个富于诗意的名字，就叫作丹霞地貌。

啊，丹霞地貌，只有红色的元素完全散布在整个岩层里，而不是霞光的一时映照，才会成为这个样子的呀。

金鸡岭、丹霞山一带的岩层主要是红色的砂岩和砾岩，能够抵御风化剥蚀，所以地形特别陡峻，形成了红色的金鸡那样各种各样的天然造型。

丹霞地貌在世界上分布普遍，这里仅仅是一个代表罢了。

[补 充 知 识]

丹霞地貌主要分布在中国、美国西部、中欧和澳大利亚等地，其中在中国的分布最为广泛。我国目前已查明的丹霞地貌有 1000 多处，分布在全国 28 个省（自治区、直辖市、特别行政区），相对集中分布在东南、西南和西北地区。

中国的丹霞地貌除了金鸡岭、丹霞山之外，还有湖南崀山、贵州赤水、福建泰宁、江西龙虎山、浙江衢州江郎山等地。

浙江省衢州市江郎山，属于典型的丹霞地貌，山形主体为三爿巨石——
朗峰（左）、亚峰（中）、灵峰（右），它们自北向南呈"川"字形排列

"卵石山"：砾岩

呵呵呵，世间怪事真正多。信不信由你，"鸡蛋"也能堆成山。这不是魔术师的表演，是大自然老人的杰作。

喂，朋友，给你一大堆鸡蛋，你能堆成一座小山吗？

噢，那怎么行，要把圆溜溜的鸡蛋堆起来谈何容易。别说堆成一座山，就是堆到一尺高，也使人提心吊胆。

你不信吗？让魔术师表演一个节目看看吧。

他在一道陡峭的崖壁面前蒙一块巨大的幕布，挡住了观众的视线，喊一声："一、二、三！"只见幕布拉开，背后露出了光裸裸的崖壁。这崖壁居然不是一层层岩石，而是无数圆溜溜的"鸡蛋"堆积起来的。

这真是鸡蛋吗？

魔术师笑嘻嘻解开了谜。他取出一个真正的鸡蛋，对着崖壁上的"鸡蛋"一碰，立刻就碰破了壳，流出了蛋黄和蛋清。

啊，原来这是以卵击石呀！崖壁上不是真正的鸡蛋，而是鸡蛋一样圆溜溜的鹅卵石。

这又奇怪了，鹅卵石在河边，怎么会跑到崖壁上，是谁堆起来的？和鸡蛋一样圆溜溜的鹅卵石，也没法堆成一座山呀！

这不是一般的鹅卵石，而是胶结坚硬的砾岩。砾岩是遥远地质时期的鹅卵石，经过自然胶结作用，变成了铁板一块，就可以抵抗风雨侵蚀，高高耸立不会垮塌了。

好奇的人们再问，河边的鹅卵石怎么会跑到崖壁上？

原来，这里是河流出山的地方。河流从山里冲出来的鹅卵石，在这儿越堆越多。随着山地上升，山脚下的平原下沉，这些鹅卵石一层层堆起来，生成了厚厚的卵石层。后来随着地壳上升，埋藏在地下的卵石层逐渐出露，逐渐越升越高，终于形成了一座山。

四川省广元市剑门关风景区鸟道旁的山体中砾岩清晰可见

砾岩形成的山很多。号称"一夫当关，万夫莫开"的剑门关崖壁，就是砾岩形成的。走到跟前仔细看，崖壁上布满了密密麻麻的鹅卵石。

道教起源的圣地，号称"青城天下幽"的四川省都江堰市的青城山，也是一座砾岩堆砌的山峰。它比山脚下的平原高 1100 多米，气势非常巍峨。难怪当年道教的创始人张道陵看中了这儿，在这里隐居传道。

"桥梁大师"的杰作：天生桥

咚咚锵、咚咚锵，"质量信得过"的人间大桥通车了。耗费资金亿万元，振振有词保质期二十年，没准儿不过二十天。面对千年赵州桥，该不该红了脸？

哼哼哼，大自然老人说话了。我的质量才是真正信得过，不用吹嘘、不用宣传，好话说不完。休道什么区区几百年、几千年。已经风吹雨打几万年，谁曾见它把腰闪？天生一座座大石桥，矗立在山中或水畔，面对纷扰人间微微讪笑，总是默默无言。

大自然是天下最奇妙的桥梁工程师，它造出了藏在山野里成千上万的天生桥，这些才是货真价实的天下第一桥。

请看它的一些杰作吧！

贵州安顺县龙潭洞前，有一座天生的大石桥。《名胜志》里描写它："潭溪司南，一水清澄可鉴者潭溪也，巨石跨其上。广二丈许，长十倍之，名天生桥。"这样宽的天生桥，可以并排开两辆汽车。不怕风吹雨打，多好！另《府志》上说它："石壁千仞，环绕如城。水经其下，惊涛急流，乃天设之险也。"瞧，它的地势多么险要。天然的桥身，配上陡峭的石壁，桥下波涛汹涌，组成了一幅多么壮丽险峻的图画。

云南大理县南边的下关，也有一座非常有名的天生桥。《钦定大清一统志》描写它："天桥下断上连，凭虚凌空，可渡一人，故名天桥。桥边激水溅珠，宛如梅树，谓之不谢梅。"这座天生桥高高横跨在激流上，狭窄得像是一座独木桥。桥下的波涛激起无数水花，发出震耳的响声。没有胆量的人，怎敢过这座桥！

为什么云南、贵州的天生桥特别惊险，特别多？

原来，这儿是一片石灰岩高原，地下有许多暗河。暗河顶部的岩石坍塌，只留下一丁点儿还连接着两边的洞壁，就生成了上述两个例子里的天生桥。

在石灰岩地区，溶蚀作用也能生成天生桥。广西阳朔县的月亮山，有个拱门式的天生桥，就是溶蚀生成的。游客从山边经过，由于观看的角度不同，会看到一个从满月到一弯新月似的，奇妙无比的圆缺变幻的月相。据说美国前总统尼克松瞧见它，不相信是天然生成的。他爬上山去，考察之后，赞叹道："这个'月亮'真好！"

广西壮族自治区桂林市阳朔县月亮山

　　没有石灰岩的地方，也能生成天生桥。湖南张家界风景区内，有一座高达 354 米的天生桥，比 100 层楼的摩天大厦还高。桥面只有 2 米宽，却有 50 多米长。这座特别高的天生桥，是当地的石英砂岩顺着裂隙逐渐崩坍造成的，但愿它不再继续崩坍才好。

　　长江边的重庆万州区、湖北宜都县的荆门附近，也有两座有名的天生桥，那是砂岩崩坍，加上水流冲刷生成的。

　　山东泰山的瞻鲁台附近，有一座天生桥更加奇特。这是几块巨大的石块，坠落在狭窄的岩缝里，互相挨靠，搭起来的一座"桥"。瞧它摇摇欲坠的样子，除了天不怕，地不怕的猴子，谁敢在上面挪一下脚步呢！

　　天生桥生成的原因多种多样。海浪冲刷、冰川融化、沙漠里的岩石风化剥落，都能生成天生桥。大自然变化奥妙无穷，人工不如天工，真让人惊叹啊！

　　重庆市武隆区仙女山镇的武隆天生三桥——天龙桥、青龙桥、黑龙桥都位于乌江支流羊水河畔，是全世界唯一一处在同一条河流上连续出现如此宏伟的三座天生桥的景观，也是世界上规模最大的喀斯特天生桥群。

武隆天生三桥

韩愈说桂林山水：峰林

桂林山水甲天下，青山绿水看不尽。醉倒了四海游客，五洲友人。纷纷竖起大拇指，交口称赞说不停。

这方山水到底什么样？休问导游小姐。请教古代大诗人，自然说得清清楚楚，得知真精神。

人人都说，桂林山水甲天下。到过桂林的人，没有一个不说美。

桂林山水怎么甲天下？桂林山水到底怎么美？来看过的游客都留下了美好的记忆。有的写诗，有的写游记，各有各的赞美词。

让我们看唐代大文学家韩愈的赞美词吧。他在一首诗中描写桂林山水说：

江作青罗带，

山如碧玉簪。

请看，寥寥几个字，就把美丽的桂林山水描写得活灵活现，真不愧是千古绝唱。把这两句诗仔细分析一下，可以找出桂林山水美丽迷人的秘密。那就是清清亮亮的水，造型奇特的山。

让我们来看一下它的山和水，为什么会是这个样子。

先看它的山。这儿的山虽然不高，却与众不同。山形奇怪极了，似乎都有一段离奇的故事。瞧，有的像趴在地上休息的骆驼，有的像在江边戏水的大象，有的像对着江水梳妆的美女，有的像放下书箱休息的书童。还有一座山，好像是一道有图画的屏风，里面藏着九匹神马。真是越看越像，看花了游客的眼睛。

再放眼一看，这些小不点儿的山重重叠叠，到处都是奇峰异石，几乎望不见边。真是藏龙卧虎，不知还有多少没有开发的风景点。

这种地形叫"峰林"。峰林者，石头山峰之林也。地质学家选用这个名词来给它命名，真是再恰当不过的了。

漓江在桂林阳朔的峰林之中蜿蜒流淌

　　峰林，是一种生成在高温多雨的热带、亚热带地区的特殊的"老年期"石灰岩地貌。这一片厚厚的石灰岩分布的地方，整年天气都很热，在雨水不停浇泼洗刷的作用下，很容易地被溶蚀。经过长期发展，最后就剩下一些有起有伏的低矮丘陵了。它们有的还互相连接着，有的已经分离开了，成为耸立在平地上的一座座孤峰。

　　由于岩层里纵横交错的裂隙和岩石成分不均匀的影响，这些石灰岩孤峰的外貌各自不同，就生成桂林山水中形形色色，像各种人物、怪兽的奇异山峰了。

　　这些山峰虽然都是光秃秃的岩石，可是在这样热、雨水这样多的气候环境下，哪怕是石缝里掉下一粒种子，也可以生根发芽。高高的山顶上，陡峭的岩壁间，生长出一枝枝、一丛丛茂密的草木，就像戴在妇女头上的美丽的碧玉簪了。

　　再看这儿的水。桂林的漓江水清亮亮的，真像是一条薄薄的轻纱罗带，映着两岸一排排青山翠峦，好像镜子似的。透过清澈透明的水波，可以看见水底上下游动的鱼儿和一颗颗彩色小石子，几乎和玻璃没有两样。

清澈的漓江倒映着蓝天白云与峰林

为什么会有这样清亮透明的江水？

这也是石灰岩地区特有的现象。原来，石灰岩的主要成分是碳酸钙；被水溶蚀分解以后，几乎没有一丁点儿泥沙留下来。没有泥沙的河水，当然比别的河流清亮得多。

漓江水到底有多么清亮？清代著名诗人袁枚乘船从桂林到兴安途中，有一首诗描写说：

江到兴安水最清，青山簇簇水中生。

分明看见青山顶，船在青山顶上行。

看吧，漓江水多么清亮，水中的两岸青山倒影看得清清楚楚的。低头瞧见水里的青山，船儿好像在山顶上驶过似的，这是多么迷人的一幅江上风景画。

在石灰岩分布的地区，主要进行溶蚀作用，很少形成泥沙。加上环境保护得好，两岸都是"青山"，而不是光秃秃的山头，江水里的含沙量自然就很少，透明度很

好，好像"青罗带"，
仿佛"船在青山顶上
行"啰。

万峰林与下方天然形成的八卦田，
位于贵州省黔西南布依族苗族自治州兴义市，
明代旅行家徐霞客赞其"天下山峰何其多，唯有此处峰成林"

尽管在 20 世纪 70 年代，地理学家乔治·A. 布鲁克等人发现亚北极气候地区也有峰林的分布痕迹，但峰林主要发育在湿润热带和亚热带地区，是热带喀斯特地貌的代表。

中国是世界上峰林地貌最为典型、面积也最大的国家。我国的峰林主要分布于广西、贵州、云南、湖南南部和广东北部等地。

2005 年，《中国国家地理》评选出了中国最美的五大峰林，分别为广西桂林阳朔、湖南武陵源、贵州兴义万峰林、江西三清山和云南罗平峰林。

神秘的石头棋盘：溶沟和石芽

世事如棋局，人生似博弈。一番笑谈过，收子归隐去。管他输输赢赢，高高低低。留下一个空空棋盘，一个千年万年不解谜。

此处一片荒野里，石面纵横交错如刀切。似乎曾经对弈过，宛若棋盘格式。是不是烂柯故事，仙人遗迹？难道还会是春秋战国兵车战，是秦是晋，或齐或楚。旌旗如云，甲马冲突，进进退退反复冲杀，留下的深深浅浅，相互交错车轮轨迹？奇！奇！奇！真的非常稀奇。

传说宋太祖和陈抟老祖[1]在华山下棋，赌输了这座名山。

南朝梁代任昉的《述异记》记述，晋时一个樵夫，走进信安郡石室山深处，遇见两个仙人下棋。看得出神，不知不觉过了许多年。棋局散了，仙人走了。低头一看，落在地上的斧头木柄已经腐烂了。不由大吃一惊，想不到一盘棋竟过了许多年头，留下了烂柯人的故事。真是天上一日，地上十年呀！

宋太祖赌华山也好，烂柯人也好，全都涉及一盘棋的仙话。信不信由你，在许多荒野里，还真的留下了一个个神秘的迹印，活像就是废弃的古棋盘。

这是真的吗？

没准儿真有这么一回事呢。

你看，在一些石灰岩原野里，横七竖八布满了切割深深的沟壑，像是车轨，也像是巨大的棋盘。

说这是车轨，有些太离谱。车总是朝着一定的方向，轨迹怎么可能相互交叉呢？

说这是棋盘，似乎有一些儿靠谱。可是象棋盘很小很小，围棋盘纵横也只有各十九条平行线，形成 361 个交叉点。石灰岩旷野里的这些天然"棋盘"可大得多，遍布整个原野，似乎无边无涯，世界上哪有这么巨大的"棋盘"？

仔细一看，这不是平面的"棋盘"。在一条条狭窄的沟与沟之间，高高凸起一列列奇形怪状的石头，哪会是什么"棋盘"呢？

---

1. 即陈抟 (871—989)，字图南，北宋著名道学家。

不，这不是神仙对弈的"棋盘"。原来是一种特殊的喀斯特微地貌，叫作溶沟和石芽。凹下似沟者是溶沟，凸起如墙者就是石芽了。这是水流沿着暴露在外面的石灰岩裂隙不断溶蚀生成的沟壑，残留在溶沟之间的就是凸起的石芽了。

宋太祖和谁在华山下过一盘棋，没准儿有这么一回事，烂柯人的故事就未免太荒唐了。《述异记》毕竟就是"述异"嘛，谁信以为真就是自己骗自己了。

[补 充 知 识]

溶沟和石芽是喀斯特地形的一种，是地表水沿着灰岩内的节理面或者裂隙面发生溶蚀后产生的现象。地表水顺着岩石的坡面流动，刻画溶蚀而成的沟槽叫作溶沟。溶沟之间突起的石脊被称为石芽。溶沟深度一般从数厘米到数米不等，最深的甚至可达十米以上。

溶沟多成片分布在碳酸盐岩坡面上，因岩石节理裂隙而呈现为平行状、树枝状和格状的交叉系统。石芽和溶沟成片出现的区域被称为溶沟原野，我国俗称石海。

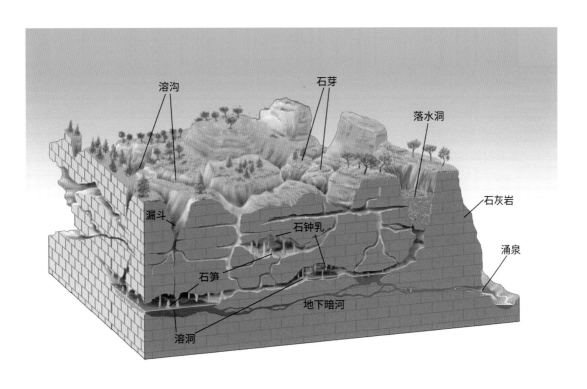

喀斯特地貌中水流对石灰岩的作用

石林的传说：石灰岩地形

这不是诸葛八阵图，不是神仙摆的迷魂阵，不是自诩大师的设计，而是一个货真价实的天然园林。入内似迷宫，外视幽深深。一声呼唤阿诗玛，四面八方传回音，好一处顽石打造的风景。

树木可以成林，叫作树林。竹子可以成林，叫作竹林。在世界上有的地方，甚至一片比人还高的草也可以成林，姑且叫作"草林"吧。

请问，石头是不是也能够成林？

当然可以呀！这就是石林。这个名字取得很贴切，顾名思义就是石头的森林。

有名的云南路南石林，是一座特殊的"石头森林"。

位于云南省昆明市石林彝族自治县的路南石林

在这儿，广阔的原野上到处矗立着尖牙利剑般的高大石头柱子，密密匝匝排列着，一眼望不见边。有的像宝塔，有的像华表，有的像鸟，有的像兽。其中有造型优美的"孔雀梳翅"和栩栩如生的"双鸟渡食"，是这个石头园林里有名的景点。

在这个"石头森林"里，还有一个身材苗条的石头少女的影子。人们说，它是一位叫阿诗玛的美丽姑娘的化身。阿诗玛为了追求爱情，被黑良心的土司活活害死了。每年的火把节，人们都要聚集在她的面前举行歌舞晚会，纪念这个不幸的姐妹。

在这些造型生动的石头柱子之间，散布着一排排巍峨的石墙和石堡，组成一个巨大的石头迷宫，比诸葛亮摆的八阵图还复杂，充满了神秘气息。如果不熟悉里面的道路，甭想顺顺当当地走出来。

这座天然石林是怎么生成的，流传着一个神话传说。

据说，从前这儿有一个名叫阿斯阿伯的恶神，喜欢拿起鞭子赶着石头玩。如果石头不老老实实走，他就挥起鞭子使劲抽打，没有一块石头不被打得遍体鳞伤。阿斯阿伯像赶羊似的，赶着黑压压的一大片石头，到处游来荡去。沉重的石头压坏了田里的庄稼，老百姓辛辛苦苦的一年劳动就泡了汤，没有一个人不恨死了他。

有一次，他赶着许多石头，来到路南的一条河边，想干脆堵塞整条河，淹没两岸的田野和村庄。正在危急的时候，一位勇敢的撒尼族青年赶来，和他从晚上打到天亮。第二天早晨，太阳露出万道金光，照得阿斯阿伯睁不开眼睛，只好扔掉石头逃跑了。这些石头留下来，就变成了一片奇异的石林。

这个神话故事在当地流传很广，被说得活灵活现，使人觉得好像真有这回事似的。

神话当然不能当成真。原来这是一种特殊的石灰岩地形。

这里有一片厚厚的石灰岩，岩层平平整整的，其中有许多交叉分布的垂直裂隙。这就为石林的诞生提供了必要的条件。

后来随着地壳慢慢抬升，这一大片水平石灰岩层，形成了一座高地。在高温多雨的气候环境下，水沿着裂隙向下逐渐溶蚀发展，使这些密集分布的裂隙不断扩大，形成一根根千姿百态的石柱，一道道形状奇特的石墙。奇妙的岩石"园林"，就这样落成了。

水流不仅沿着它的垂直裂隙溶蚀发展，还顺着它的水平岩层进行溶蚀，于是就在一根根石柱表面留下许多横向的凹槽，被人们当成是传说中皮鞭抽打的痕迹了。这就是路南石林生成的真实原因。

当然，路南石林并不是天下唯一的"岩石园林"。在气候条件相同的环境条件下，有厚层水平石灰岩分布的地方，都可以生成同样的石林风景。四川兴文县和广西都安县境内，也有可以和路南石林媲美的天然石林分布。

[补 充 知 识]

石林是由密集林立的锥柱状、锥状、塔状石灰岩体组合成的地貌景观，一般认为是地表水溶蚀石灰岩表面及其节理裂隙，上部又有雨水作用的结果。以云南的路南石林最为典型。石林之间多为溶蚀的裂隙。裂隙坡直立，坡壁的上部有平行的溶沟。石林的相对高度一般在 20 米左右，高的可达 50 米。

俯瞰路南石林，能清晰看出石灰岩的锥柱状结构

"打酱油"的漏斗：石灰岩地形中的溶蚀作用

这里漏斗灌酱油，那里漏斗漏光水。贪官、地主、漏斗"三害"，统统吸血不眨眼。地下渴龙喂不饱，田中禾苗半枯焦。恨！恨！恨！恨死了。

地质队员有慧眼，一手抓住了孽龙。什么"龙"？原来是深藏不露的地下水龙王。牵着鼻子出来，乖乖低头灌溉。妙！妙！妙！这个办法实在妙！

从前买酱油不是一瓶瓶拿走，而是自己带一个瓶子，在杂货铺里买散装酱油。店老板取一个漏斗放进瓶口，另一只手舀一勺酱油，咕噜噜便灌进去了。所以后来才有"打酱油"一说。这样的漏斗很管用，大家都喜欢，不仅灌酱油，灌菜油、烧酒都成。于是漏斗便成了大店小店和家庭常用的器皿。今天的现代生活里，谁家还有漏斗呢？说起来已经成为一个记忆。

漏斗真的那么讨人喜欢吗？那可不一定。就以从前来说吧，许多地方的人们就不喜欢漏斗。生活在石灰岩地区，种庄稼过日子的人们，就不喜欢一种特殊的漏斗。

这是石灰岩地区溶蚀生成的天然漏斗（见第131页插图"喀斯特地貌中水流对石灰岩的作用"）。地面上一个个大大小小的漏斗，张开朝天的嘴巴，把雨水、地面流水统统吸进肚皮。庄稼没有水浇灌，真的像是《水浒传》里"智取生辰纲"一节中，挑着酒桶上山的"白日鼠"白胜嘴里唱的："赤日炎炎似火烧，野田禾稻半枯焦。农夫心内如汤煮，公子王孙把扇摇。"靠天吃饭的农民，得不到一滴水浇灌庄稼，眼看着田中禾苗一株株枯死，心中的苦恼可想而知。

请到广西西部的大瑶山中去看看吧。写书的老头儿曾经带队到那儿去找过水，深深体会这样的滋味。别瞧不起"打酱油"的，这些"打酱油"的漏斗可害死了人。

大瑶山地处亚热带，和青山绿水的桂林相距不远。在亚热带特殊的气候环境里，降雨非常丰富，怎么会有这种事情？

我以一个地质队员的名义起誓，这绝对是真的。首先那里不是肥沃的平原，而是漫山遍野布满了大大小小溶蚀洼地，洼地里又布满了密密麻麻漏斗。地面没有一条河，一个池塘，种庄稼只能依靠老天爷下雨。可是一场场暴雨后，所有的雨水都咕噜噜灌进了遍地分布的漏斗，哪还有剩余的水流供给农业生产和生活用水？生活在这里的人们不能种水稻，吃不了白米饭，只能成年累月啃苞米。好不容易积下一点水，洗菜、洗脸后，还得喂牲口，过着"一水三用"的艰苦日子。如果不是身临其地，真是难以想象其中的艰辛。

想一想，当地人不恨透了这些与人争水的漏斗吗？从前人们把漏斗和贪官、地主当成是一路货色，全都是吸血的魔鬼。

对着这样的情景，这儿流传着一个民间传说。地下藏着一条条永远也喝不饱的渴龙，张开大嘴巴把所有的水统统吸得一干二净。遍布地面的漏斗，就是渴龙的嘴巴。

石灰岩地方的漏斗是怎么生成的？这和特殊的溶蚀作用有关系。水流沿着暴露在地表的岩石裂隙渗透到地下，随着漫长岁月的作用，就逐渐溶蚀扩大了这些缝隙，形成了一个个直通地下的管道。加上由于地面溶蚀作用生成的集水凹坑，就形成一个个特殊的漏斗了。

重庆市奉节县境内的小寨天坑，是世界上最大的天坑。天坑是人们对喀斯特地貌中岩溶漏斗的俗称

瞧着这些吸水的漏斗，人们不由会好奇提问：它们把水吸引到什么地方去了，难道地下真的有一条喝不饱的渴龙？

不，现实生活里哪有什么龙不龙的怪物。原来所有的水全都通过漏斗，流进了地下暗河。大瑶山中虽然地面缺水，却有非常丰富的地下水资源。

人们经过仔细研究，发现了它们的秘密。

瞧呀！一排排漏斗总是沿着一条条地面的岩体裂隙分布，下面的地下暗河也沿着同样的裂隙伸展。

猛一看，地面成排成列分布的漏斗群，活像是一个个笔直排列的箫孔和笛孔。这是不能吹响的笛子和箫，似乎是摆样子的。可是在找水的地质队员眼中，这一串串漏斗却仿佛传出了美妙的音乐。道理非常简单，在成排成列的漏斗下面，必定有相应的潜伏暗河。只消测量准确岩层倾斜的方向，计算好地下水面的埋深深度，就能顺利抓住暗河的尾巴了。

广西壮族自治区桂林漓江上的一处喀斯特山体表面的暗河入口

广西境内共有593条长度大于2千米、独立存在的地下河，地下河总长度超过1万千米，是我国地下河分布最集中的地区

不信吗？我们曾经做过实验。把许多糠壳倒进吸水的漏斗里，不用多久，它们就会从附近山下的暗河口里流出来，证明二者完全相通。

啊哈！石灰岩山中害人的漏斗，居然也成了最好的找水标志。

是呀！是呀！漏斗吸水漏水，造成一些不便利，可也是一个特殊的找水标志呀。所以我编了一个顺口溜："地上漏斗排成串，暗河必定在下面。"

聪明的地质队员用这不能吹出调子的"笛子"和"箫"，吹奏出一曲胜利的找水战歌。

世外桃源在人间：石灰岩地区的坡立谷

惹不起，躲得起，一代暴君秦始皇，老百姓总有办法逃避你。休道上天无路，下地无门，大自然也会庇护善良人民，营造一个世外桃源，与世无争好天地。

天理昭昭，天理昭昭，暴政终归一旦消。岂还有指鹿为马，一手遮天。留下千古罪名，权位何在？世间暴君须记。

说逍遥、道逍遥，桃花源，真正好。无视权力，不知汉晋，坡立谷里自逍遥。

啊，桃花源，谁不向往这样美好的地方。

是呀！是呀！人们心目中的这个地方，就是抛弃一切烦恼，远离纷扰的尘世，像神仙一样生活的人间天堂，所以叫作世外桃源。或许人间桃花深处尚不足道，加上世外二字就倍加珍贵了。

广西七百弄国家地质公园千山万弄景区的喀斯特地貌

桃花源，从何来？请去叩问陶渊明。

陶老夫子在《桃花源记》里记述说，东晋太元年间，湘西武陵地方，有一个渔夫顺着一条小溪往前走，无意中闯进一个从来也没有到过的桃花林，越走越深入，忘记了路的远近。忽然"林尽水源，便得一山，山有小口，仿佛若有光。便舍船，从口入。初极狭，才通人。复行数十步，豁然开朗。土地平旷，屋舍俨然，有良田美池桑竹之属。阡陌交通，鸡犬相闻。其中往来种作，男女衣着，悉如外人。黄发垂髫，并怡然自乐。"想不到这里的居民竟是当年躲避秦朝暴政，进入这个角落的一些"亡民"。他们不知现在外面是什么朝代，压根儿就不知道什么汉呀晋的，过得逍遥自在，简直就是一个活脱脱的乌托邦。

啊呵呵，天高皇帝远，这里根本就没有人管，真好呀！

人们读了这篇文章，忍不住会问："这是真的吗？难道世界上真有这样和外面隔开的世外桃源？是不是陶渊明编造的神话故事？"

请相信，诚实的陶渊明没有骗人，世界上真有这样的地方。这里且不说湖南、

江西、重庆一些地点，打破脑袋争取"真正的桃花源""最最真正的桃花源"，开发旅游大大创收，只从地质学家的眼光，说一说这样的世外桃源。

桃花源，何处寻？也还得借助陶渊明。

从陶老夫子的描述来看，武陵人穿过一个山洞，或者狭窄的裂隙，一下子就进入一个新天地，感到非常稀奇。一群逃亡的老百姓钻进这个偏僻的角落，自然就与世隔绝了。

其实，这样的地貌在石灰岩地区多的是，一点也不稀罕。往往穿过一个洞穴和溶蚀裂隙，就能进入另一个神秘的天地。

这是什么地方？原来是一些大大小小不等的溶蚀洼地。其中有的超过上百平方千米，小的也有好几平方千米。里面有肥沃的原野，清清的河流，住在里面和喧嚣的外界完全隔绝，过着神仙一样的快乐日子。

这是什么地貌？就是石灰岩地区特有的坡立谷呀！是水流长期溶蚀发展的结果。

在石灰岩地区，有各种各样的溶蚀洼地，可是并不一个样。有的底部起伏不平，几乎没有一丁点儿水流出。大大小小，深深浅浅不同，一个紧紧挨靠着一个密密麻麻排列。如果从空中看，简直就像是马蜂窝。生活在当地的壮族人民，把这种地貌叫作"峏"。在广西大化县北部，有一个地方叫七百弄，就是这种地貌最典型的代表。

坡立谷就不一样了，里面常常有一些小河流过，有的甚至还有水塘呢。四周围绕着一圈屏风似的山墙，把这儿和外面的世界隔开，可以养鸭养鱼，耕种田地。没准儿陶渊明曾经闯进过一个这样的坡立谷，才写出了流传千古的《桃花源记》吧。

话说到这儿，让我说一个有趣的事情。

1976 年，笔者所在的成都地质学院（现成都理工大学），派出一支队伍在广西都安地区进行地质考察。年终收队前往检查工作，发现所采集的标本中，有两件旧石器时代晚期的打制石器。既然这里有石器，必定有原始人居住。但是这里大面积石灰岩分布，触目所见遍布山丘，每座山都有多个洞穴。在这一片茫茫石灰岩山野里，哪儿才有石器的主人呢？

为了解决这个问题，第二年大队伍重新来工作时，我就亲自带领一支洞穴小分队前往寻找。终于在一个有河有湖的坡立谷内发现了居住的遗址。原来原始人也喜欢环境优良的坡立谷，岂止是桃花源里逃避暴秦的遗民。

广西壮族自治区崇左市大新县堪圩镇的明仕田园，属于石灰岩地区典型的岩溶平原

[补 充 知 识]

　　坡立谷又称岩溶盆地或岩溶平原，指喀斯特地区宽阔而平坦的谷地。谷地两侧多为峰林，坡度陡峭，谷底平坦。谷地内常有河流穿过，由谷地一端流出，在另一端潜入地下。

虚怀若山多洞府：石灰岩地区的溶洞

虚怀若谷也若山，虚虚实实难判断。若问此山何以空？请君去做一个化学实验。看一看碳酸钙加水，将会怎么变。

变！变！变！好好一片石灰岩，经过万年、十万年，千疮万孔成空山。洞中钟乳似雕塑，你说好看不好看。

咦，坚实如山者，也能虚怀容人。引来四方游客，纷纷交口称赞。山如此，人如此，虚怀方能众人羡。

人说虚怀若谷。我说，虚怀也若山。

前一句话是公认的，谷者，山间之洼地也。里面除了林木流水，就统统都是空气。与两旁山的实体相应，当然是"虚"的。《道德经》曰："旷兮其若谷"，将"谷"和"旷"相提并论。这"虚怀若谷"的事实是不可动摇了。

"虚怀若山"呢？山由石头构成，托在手里沉甸甸，斧头锯子也劈不开。世间还有什么比石头更加实在？难道实实在在的石头也会是空的，与弥漫着风和云雾的山谷一个样？

不！不！不！那当然不是一回事。可是虚中有实，实中也有虚，早有古时先哲论证。石头也并非铁板一块，孙悟空从石头里蹦出来固然是神话，有的石头里藏着气孔、结核之类的东西，也是事实。一句话，坚硬如石头，也不免有缝隙。其实世间哪有绝对的坚固物体。

以石头而言。且不说电子显微镜下可见之细微孔隙，在岩层之间就存在着许许多多肉眼可见的孔洞和裂缝。用地质科学的术语而言，最显著的就是层面裂隙和种种原因生成的节理。经过进一步风化逐渐扩大，成为地下水的通道。《孙子兵法·虚实篇》曰："夫兵形象水。水之形避高而趋下，兵之形避实而击虚；水因地而制流，兵因敌而制胜。故兵无常势，水无常形。"虽然说的是用兵，其实也言及了流水规律。石头有了缝，就成了无孔不入的水流通道。无论地表水、地下水，只要有可以穿行的缝隙，就能顺利通过了。

水流必有侵蚀作用。倘若是石灰岩，再加上特殊的溶蚀作用，岂不就能加倍扩大裂隙，生成大大小小的溶洞了。在石灰岩地区，往往一座山包含层层叠叠的洞穴，成为名副其实的"空山"。所以"虚怀若山"并不是离奇的神话。

我说的"虚怀若山"，就是拥有无数洞穴的石灰岩山丘。古时原始人，后世真真假假隐士，许多都选择这样的天然洞穴。前者躲避风雪猛兽，后者故作清高弄玄虚，看中这条终南捷径，等待"明主"下顾。

湖北省恩施土家族苗族自治州利川市腾龙洞内景。腾龙洞是中国已探明的最大的溶洞，世界上最大的单体溶洞，清江干流从洞中流过。它的形成是地下水溶蚀与地质变化岩石塌陷共同作用的结果

话说到这里，大家就明白了。所谓溶洞者，就是地下水溶蚀作用，所生成的石灰岩洞穴。溶洞这个词儿很妙，一下子就说清楚了这是地下水溶蚀所生成的洞穴。

仔细再分析，一个地方溶洞的大小、多少，和影响溶蚀作用强弱的好几个因素有关联。

第一个是岩石本身。

岩石可溶性高，溶蚀作用也强。可溶性岩石主要说的是碳酸盐类的岩石。其中，由碳酸钙组成的纯净石灰岩，大大超过由碳酸镁构成的白云岩。虽然都是碳酸盐，钙、镁成分以及含量不同，结果也大不相同。

岩石透水性强，溶蚀作用也强。裂隙又多又大的可溶性岩石，自然溶蚀作用比较强烈，能够生成规模宏伟的洞穴。

第二是水的溶蚀能力。

水流中游离的二氧化碳丰富，可以和碳酸盐类岩石起作用，溶蚀能力当然强。水的流动性强，能够不断补充新鲜的侵蚀性二氧化碳，促进溶蚀作用不断进行，当然更加有利于溶洞的生成啰。

除了岩石和水的因素，一个地方的岩溶发育程度，也取决于当地的气候环境。温湿多雨的热带、亚热带，岩溶发育当然比干旱的沙漠，寒冷的寒带有利得多。这也是广西、贵州、云南的石灰岩洞穴发育得比西北、华北、东北的好，巨大的溶洞也多得多的根本原因吧。

顺着这个话题再说下去，还有许多东西可说的呢。

先说岩溶和溶洞的这个"溶"字吧。猛一听，就会产生一个错觉，认为所有的石灰岩洞穴都是溶蚀作用生成的。

那才不见得！

溶蚀作用固然很重要，可是一个巨大的洞穴单纯依靠地下水的溶蚀，得要多少时间？

其实，地下水溶蚀作用仅仅是一个方面。当地下水溶蚀扩大了裂隙后，使洞顶一块块岩石失去支持，就会接二连三崩落下来。想一想，这样崩塌生成的空间，是不是不知比千年万年慢慢溶蚀的裂缝大多少倍？

有人会问了。洞顶岩石垮塌下来，堵塞了下面，只不过是物体转移位置而已，空间岂不还是一样的吗？

不，上面的岩石垮塌，必定会破裂为无数碎块。往后逐渐被地下水流，甚至是地下暗河冲带出去，地下的洞穴空间就逐渐扩大了。

噢，明白了。地质作用非常复杂，可以相互影响。溶洞并非都是单一的地下水溶蚀作用所形成的，还和别的许多因素有关系。

走进桂林七星岩、芦笛岩那样美丽的溶洞，面对眼花缭乱的石钟乳、石笋、石柱，好奇的游客还会提问，这是怎么生成的？

　　说来非常简单，这就是地下水在溶蚀作用中所生成的碳酸钙沉淀呀！

广西壮族自治区桂林市芦笛岩岩洞内的风光

　　吊挂在洞顶的是石钟乳，竖立在地下的是石笋。二者连接起来，就是神奇的雕花石柱啦！不信，你仔细观察，石钟乳的尖儿上，还常常有一些半透明的水滴缓慢向下移动，那就是增长自身的过程。啪嗒一下落下来，正好落在一个石笋尖上，也就不断增高它的高度了。大自然的过程就在身边进行，就看你是不是能够领会了。

　　再一看，几乎所有的石钟乳、石笋、石柱都排列成一条条直线。有的紧紧挨靠的石钟乳连片，生成了特殊的石钟乳帘幕，那是什么原因？

　　这就是岩体内部的裂隙方向呀！洞顶裂隙里的渗透出来的含碳酸钙水滴，慢慢沉淀形成了一条条沿着裂隙分布的石钟乳带，岂不泄露了岩体本身的秘密。

又一看，洞内地形千变万化，分布着一个个洞厅，伸展出一条条洞廊，组成一个个地下迷宫。其实，这一切都有严格的规律性。洞廊往往都沿着一条条裂隙伸展，宽阔的洞厅常常就是几条裂隙交会，或者岩性比较纯净的地方。只要掌握这儿岩体裂隙的规律，走进地下迷宫怎么会迷路呢？

最后一个问题。为什么在一座山里，常常有一层层溶洞，好像是地下"摩天大厦"？

这是一次次地壳抬升的产物。每一层溶洞，相当于一个地质时期的地下水水平循环带，也就是当时暗河水流的位置。随着地壳抬升，地下水水平循环带位置不断下降，就形成一层层地下"摩天大厦"般的溶洞了。

山是实体，得到人们敬仰。虚怀如山，更加应该得到尊敬。

天下第一假洞：假喀斯特

这不是溶洞，却活像是"溶洞"。这不是生成钟乳石花的岩石，却布满了钟乳石花。你说奇不奇，算不算"天下第一"？

有一年，写书的老头儿到西南某市远郊一个公园去考察。一番热烈碰杯后，当地旅游部门负责人拿出一个规划，请我多多提出"宝贵意见"。

什么是"宝贵意见"？一般的潜规则就是好好美言几句，竖起大拇指连声叫好，然后合影作为纪念，就可以用某"专家"意见的名义记录在册了。我仔细一看，规划其中有一条，准备在几年时间内，把这个公园里的乳花洞打造成为世界级的溶洞，超过桂林七星岩、芦笛岩，吸引海内外大量游客。

我看了不声不响，笑嘻嘻说："只是世界级还不够，有办法成为世界第一。"

这一说，大家来劲了，立刻举杯敬酒，眼巴巴地盼我说出这个惊世骇俗的"宝贵意见"。

啊呀呀，我这个"宝贵意见"不说还好，一说大家的面孔立刻就"晴转阴"了。

这是怎么一回事？原来我这个不懂事的老头儿完全不照顾大家的情绪，开口就说乳花洞压根儿就不是洞，怎么能够和七星岩、芦笛岩相比，岂不扫了大家的兴，辜负主人一番敬酒的美意吗？没准儿他们正在肚皮里嘀咕，是不是给这个老头儿的酒灌多了，竟说出这样不识相的话来。

不，这是意料中的事。故意这样说，是看看他们的表情，比看戏还带劲。本老头儿还有办法让大家重新"阴转晴"，心中自有安排。我不慌不忙解释说："这个乳花洞哪是什么溶洞，不过是一道裂缝而已，和七星岩、芦笛岩根本就不是一码事。"

我的话有根据。要不，这一辈子的地质饭就白吃了。原来它的"出身"有问题，根本就不是洞穴家族中的一员，是一个冒牌溶洞。这儿是一道面临嘉陵江的崖壁。由于斜坡下部没有支持的东西，产生"重力卸荷作用"，使崖壁裂开，生成了一条沿着江岸伸展的巨大裂隙。有的地方宽，有的地方窄。有的地方裂开了，映射进明亮的天光，有的地方还搭靠着崖壁，没有完全裂开，里面黑咕隆咚的。猛一看，就像真正的山洞一样。人们把它误认成"洞"，就是这个原因。

我转过话头再说："不是真洞没有关系，还有一条妙计，可以成为'世界第一'。"

这一说，来劲了。大家脸色立刻"阴转晴"，又纷纷向我敬酒。

我告诉他们，这个乳花洞有三点可以列为"世界第一"。

第一点，它不是溶洞，而像是真正的溶洞。全靠这道岩石裂隙没有完全裂开，还和背后的山体藕断丝连，所以看起来活像是真正的溶洞。

第二点，它不是石灰岩，而是不能溶解的石英砂岩，却生成了同样的溶洞风光。里面挂满了美丽的石钟乳，岂不是常见的溶洞景色吗？

这是怎么一回事？

原来这是一个褶皱生成的背斜山。在深深的山体内部，也就是背斜轴部，暗藏着厚厚的石灰岩。地下水溶蚀了石灰岩，含碳酸钙的溶液顺着一道道细小的裂隙流进这个空洞，沉淀在这个假洞的洞顶和洞壁上。就像在一间新房子的砖墙上抹了厚厚一层灰浆，遮住了原来的墙面，使人看不清它的真面目。人们只瞧一片琳琅满目的钟乳石花，谁会想到它使用了迷惑人的障眼法呢！

这种不是石灰岩，而有石灰岩溶蚀现象的，地貌学里有一个专门的名词，叫作假喀斯特，或者类岩溶。

第三点，世界上的假喀斯特"洞穴"并不罕见，也有开辟成为旅游景点的。可是这个乳花洞早在南北朝时期就开发利用了。从这个角度来说，当然也是"世界第一"。

我这番话说得大家瞠目结舌，要听我拿出最后的主意。我对大家说："别人怎么知道这是一个石英砂岩的裂缝？请把崖壁上开凿一块地方，剥掉外面的钟乳石花，露出里面石英砂岩的真实面目，题写六个大字'天下第一假洞'，岂不也是世界第一吗？"

　　这番话又说得大家面面相觑，好半晌作声不得。一定在肚皮里暗骂："'假'怎么行？这个老头儿还是喝多了。"当然啰，话不能这样讲，依旧风度翩翩，握手告别道："多谢刘老师宝贵意见，我们一定好好研究研究。"

　　唉，不懂科学，也不懂幽默，还有什么好说的？

[**补 充 知 识**]

　　我们将成因不同、形态与喀斯特类似的地貌现象，统称为假喀斯特。包括黄土和黏土喀斯特、碎屑喀斯特、热融喀斯特和火山岩区的熔岩喀斯特等。

　　我国的假喀斯特地貌有湖南武陵源、浙江大鹿岛、云南元谋物茂土林等，它们都不是由可溶性岩石所构成的，在本质上不同于喀斯特地貌。

湖南省张家界市武陵源风景名胜区黄石寨五峰全景，属于石英砂岩峰林峡谷地貌，
是在水流侵蚀、重力崩坍和其他外力作用下共同形成的

云南省楚雄彝族自治州元谋县的物茂土林，土柱、土锥、土塔等参差排列，远看犹如一片片泥土构筑的森林。
其实这些土林多由沙粒与黏土组成，其中含有丰富的动植物化石，
是距今200万年前的第四纪的河湖沉积物在地表流水的强烈冲刷作用下形成的

"爬"不过乌龟的冰川：冰川与冰川运动

冰河不是河，本来就不是河。冰河银似雪，本来就是雪。河水滚滚流，冰川慢慢"爬"。"爬"呀"爬"，比不上乌龟、蜗牛，好像一动也不动。

冰川能前进，可不是步步前进没有尽头。冰川会后退，可不是后退一步自然安。冰川进进退退，留下许多头疼的环境问题。

冰川又叫冰河。内行叫冰川，外行叫冰河。不管冰川或冰河，统统都是一回事。

冰川尽管带着一个"川"字，却不像河水那样哗哗流，肉眼也能看清楚流动的过程。

学习过物理学的人，或许会问：冰是冰，川是川。一个是固体，一个是流体。冰何以为川，怎么能够和流水的河流相提并论，也能流动呢？

得啦，关于冰川的问题很多。现在我们就以它和河流相比，说一说它是怎么运动的吧。

新疆维吾尔自治区木扎尔特冰川，是汗腾格里峰冰川区的重要组成部分

151

流体的河水是"流"，固体的冰川可是慢慢往前"挪"，好像一个什么东西没有放稳，整体慢慢滑动似的。冰川运动依靠的是本身的重力作用，推动着它在山谷里缓慢移动。除了本身重力，温度也有很大的关系。由于冰面和底部融化，冰川夏天就比冬天运动得快些。以天山和祁连山来说，一些冰川的运动速度就会相差一半左右。请注意，我说的是"移动"，而不是"运动"。后者听着似乎能够瞧见它的动的过程，前者听着就会觉得慢得多了。比蜗牛慢，比乌龟慢，比我们所知道的一切运动物体都慢，慢得根本就不能用肉眼观察。科学家观察冰川运动，得要作好标记，年复一年使用精密仪器定位测量，才能得到确凿的数据。

冰川的运动和它的自重有关，它是在自身重量驱使下，加上地形坡度，缓慢向前移动的。一般的山谷冰川厚度小，最大的山谷冰川每昼夜的移动距离，也不过0.2～0.4米。其中一些特别大的冰川，例如祁连山西段，一条还算是非常"快速"的冰川来说吧，它的末端每昼夜仅仅向前移动1.3厘米。

南极大陆的大陆冰川就不一样了。由于厚度大，自重特别大，有的地方可以达到每昼夜20多米，甚至创造了38米的快速纪录。

让我们再换一个话题，说一说冰川的前进和后退吧。

拜访过某些冰川的游客，如果过了很久再来，没准儿会惊奇得张不开嘴巴。咦，这是怎么一回事？这儿的冰川没有前进，反而后退了。难道它有特异功能，除了往前进，还能向后退么？

可以呀！冰川真的会后退呢。你看，长江源头的冰川后退了，阿尔卑斯的冰川也大大后退了。

这是怎么一回事，难道太阳从西边出，冰川也能倒流吗？

当然不是的。这不是什么"流"不"流"的问题，而是融化的结果。冰川、冰川，就是一块冰嘛，不过是一根巨大无比的冰棍。冰棍离了冰箱会融化，冰川也是一样的。

世界上不管任何冰川，都可以划分出补给区和消融区。寒冷的雪线以上，降雪量大于损耗量，是冰川的补给区。雪线以下，损耗量大于降雪量，就是消融区了。我们在山中看见的大多是雪线以下的冰川，虽然由于消融和蒸发，冰川有一些"减肥"，但是在不算太热的情况下，上游源源不断补给，依旧可以保持原有的状态。补给量多，还能以小于乌龟和蜗牛的速度缓慢前进。可是随着气候环境逐渐变暖，冰面和前缘的冰舌迅速融化，整个冰川体就会大大减轻体重，冰舌不断后退了。

2019 年 6 月的四川海螺沟冰川   2007 年 4 月的四川海螺沟冰川

眼前随着全球性气候变暖，世界上许多地方的冰川都在不断退缩，可不是什么好事情。

想一想，高山上的冰川面积不断缩小，冰雪融化水也不断降低。依靠冰雪融化水维持生命的绿洲怎么办？

想一想，依靠高山冰川调节气候的周围干燥区怎么办？

想一想，那儿的野生动植物怎么办？

想一想……

噢，不敢再接着想下去了。

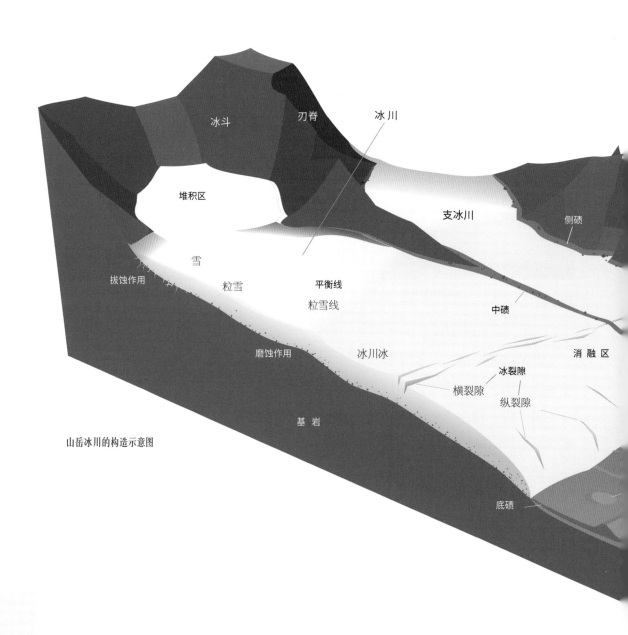

冰斗　　刃脊　　冰川

堆积区

支冰川

侧碛

雪

粒雪

平衡线

拔蚀作用

粒雪线

中碛

磨蚀作用

冰川冰

消融区

冰裂隙

横裂隙

纵裂隙

基岩

底碛

山岳冰川的构造示意图

　　冰川覆盖了地球陆地面积的 11%，七大洲均有分布。其中 96.6% 的冰川是大陆冰川，位于南极洲和格陵兰。而其他地区的冰川只能发育在高山上，称为高山冰川。

　　中国是中、低纬度带（大致在南北纬 60°之间）高山冰川面积最大的国家，是除格陵兰和南极冰盖之外最重要的冰川集结地。

　　据《地理学报》2015 年 1 月第 70 卷第 1 期《基于第二次冰川编目的中国冰川现状》，中国共发育有冰川 48 571 条，面积约 51 766 平方千米，冰储量 4494 立方千米。

　　我国冰川主要分布在西部的 6 个省区，其中西藏自治区是我国冰川面积最大的省区，约为 23 796 平方千米，约占全国冰川总面积的 46%；新疆维吾尔自治区的冰川面积约为 22 624 平方千米，约占全国的 44%；青海省冰川面积约为 3936 平方千米，约占全国的 8%；甘肃、云南和四川三省也有少量冰川分布，共有冰川仅约占全国的 3%。

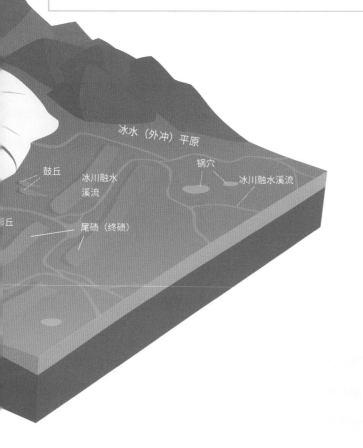

U谷、泥砾、擦痕和一场科学论争：冰川活动

冰川、冰川，好一个山中莽汉。力大无穷，凶狠无比，谁敢把它阻挡。改造地形，搬运巨砾，全靠自己的脾气。

冰川活动有特点，是不是所有同样的现象都是古冰川？一场激烈争论，正热火朝天。

冰川是了不起的雕刻家，能够随心所欲改造地形，留下自己特有的活动痕迹。冰川是有性格的，和它的亲兄弟水流大不一样。常言道，水性至柔。冰川之性格，那就是至刚。

它可不像水流一样，来什么山不转水转。遇着挡路的障碍物，委委屈屈绕过去。山中河谷中，左左右右一个山嘴接一个山嘴，水流就在两边的山嘴中间绕来绕去。

仔细看，山中的河谷基本上都是 V 形。

性格暴躁的冰川可不管这一套。谁敢在前面挡道，就毫不客气地冲撞过去。削平两边的山嘴，按照自己的脾气改造地形。这一来，山中的 V 形河谷就变成 U 形了。于是 U 谷就成为鉴定古冰川的一个重要特征。

力大无穷的冰川不仅能够削平挡道的山嘴，还会在沿途的崖壁上、起伏不平的谷底，甚至在一些砾石身上到处刻画，留下许多特殊的擦痕。冰川擦痕也是它的一个鉴定特征。

冰川是了不起的大力士，能够搬运巨大的石块，运送到很远的地方，形成特殊的漂砾，也是一个重要鉴定特征。当它向前运动的时候，常常不管泥土和石块，统统一股脑儿带走，堆积在下游远处，生成了另一种特殊的泥砾。

为什么冰川有这样巨大的剥蚀和搬运力量？先得从它的自重说起。

要知道，冰川是由经过压实的冰川冰形成的。根据实地测定，1 立方米的冰川冰重 900 千克。以阿尔卑斯地区的山谷冰川来说，往往达到 100 米厚，所以对谷底的静压力就达到了每平方米 90 吨的重量。南极大陆的大陆冰川厚度超过 1000 米，远远超过山谷冰川。想一想，那儿的冰川压力有多大，不管什么东西都会被压扁压碎，绝对不会完整。冰川本身的重量，就是破坏一切的最基本力量。

再说呢，它可不是赤手空拳的。当它肆意撕裂剥蚀破坏沿途的山嘴，以及其他

前往四川省阿坝藏族羌族自治州四姑娘山途中的∪形山谷

四川九寨沟主沟树正沟的秋天，远处的∨形山谷十分明显，近处的湖泊为诺日朗群海

种种障碍物后，就会带着许多锋利的石块，好像尖锐的刻刀似的，沿途肆意刻画，就能生成各种各样的擦痕了。

　　冰川虽然这么厉害，可也有结束时。无论多么霸道，也拗不过冥冥中大气候环境。一旦全球气候变暖，进入了温暖间冰期，许多地方古冰川也就销声匿迹，空自任随凭吊。

　　怎么鉴定古冰川，就成为了一个有趣的问题。

　　有人说，这还不好办吗？只要抓住∪谷、泥砾、擦痕，以及其他一些特征，就能鉴定第四纪古冰川了。20 世纪 30 年代，有一位著名的地质学家来到江西庐山，发现这里就有许多这样的玩意儿，于是就提出了这儿曾经发生过三次古冰川的学说。在他的带动下，进一步扩大到整个中国东部，认为许多地方都曾经有第四纪古冰川活动，留下许多遗迹。他们的根据主要就是 U 谷、泥砾、擦痕，以及其他等，引起人们注意。

2016 年 8 月拍摄的嘎隆拉冰川，冰川消融后留下的痕迹清晰可见。该冰川位于西藏自治区林芝地区墨脱县与波密县的交界地带，属于海洋性冰川，即受海洋性季风气候影响大，冰川累积和消融速度快，容易引发自然灾害

真是这样吗？那也未必就都能成立。许多学者质疑，冰川活动固然有这些现象，但是有这些现象的却不一定都是冰川活动生成的。

以 U 谷来说吧。冰川活动可以生成一些特殊的地质构造，例如向斜谷、单斜谷，也能形成同样的 U 谷。过去被认为最标准的一个 U 谷，其实就是天生 U 形的单斜谷。

以擦痕来说吧。冰川活动可以生成，包括断层、滑坡，以及别的一些地质活动都可以生成。

以大小混杂的泥砾来说吧。冰川堆积是这样，其他包括山洪、泥石流等自然作用的堆积物也都有同样的特点。

此外，有人还把山间河谷谷底常见的壶穴现象，当成是什么"冰臼"。其中一个现象，用那位首先在庐山"发现"第四纪古冰川遗迹的地质学家的名字，命名为一种特有的"环"。

战国时期早就有"白马非马"的辩论。马有白的，但是并不是所有的马都是白的。白的，也并不都是马。这一场关于中国东部是不是到处都有第四纪古冰川活动的争论，应该结合这样的观念，认真好好总结一下才对。科学需要认真全面研究，不能以偏概全。

喝醉了的树和电线杆：冻土

一棵棵树偏偏倒倒，好像喝醉了。这是神话故事里的醉八仙吧？要不，怎么会是这个样子。

若是醉司机，扣分罚款，再进一个铁笼醒一醒，保管他牢牢记住一辈子。

醉汉林、醉汉林，多亏是树，不是人。醉汉林、醉汉林，可惜在远处，城里城外无处寻。

人醉了，人醉了，喝醉的人脚步不稳，身子偏偏倒倒。走路要小心，谨防一骨碌跌倒。

树醉了，树醉了，一个个也站不稳脚跟，同样东摇西晃，偏偏倒倒。

这是真的吗，树也会像醉鬼一样站不稳身子？

当然是真的，骗你是小狗。不信请到北极圈附近去看看吧！一片片小树林全都像喝醉了似的，林子里的大树小树全都东歪西倒，好像站不稳脚跟，立刻就会倒下来。这种歪歪倒倒实在太稀奇，人们给它们取了一个非常恰当的名字，干脆就叫它"醉汉林"。

这还不算呢。想不到这儿还有一种东西，也像喝醉了酒似的，没法直立起身子。

在加拿大北方的荒原上，就能看见这幅奇怪的景观。

瞧，远远有一排排"三只脚"的木头架子，迎着从北冰洋吹来的霜风，屹立在茫茫雪原上，十分引人注目。

外来的人不免会好奇打听：这是什么东西？为什么特意安放在这个荒无人迹的地方？

原来这是北极地区特殊的电线杆。

谁都知道，电线杆是一根光溜溜的杆子。为什么它多长了两只脚呢？原来和"醉汉林"有相同的原因。

外来的客人不明白，这是为了适应北极地区的特殊自然环境，人们绞尽脑汁想出来的一个巧妙办法。

北极地区和别的地方不一样，这里有一片广阔的冻土分布。冬天，整个大地覆盖着冰雪，冻得硬邦邦的。虽然冷一些，却还不会出什么大问题。到了夏天就麻烦了。这时候，地面的泥土解冻了，地下很浅的地方却还冻结着。地下冻土变成隔水层，使储留在地面的水没法渗透下去。到处都是稀泥浆，弄得地上一团糟。有的洼处积了水，变成泥泞的沼泽，使地面完全变了样。

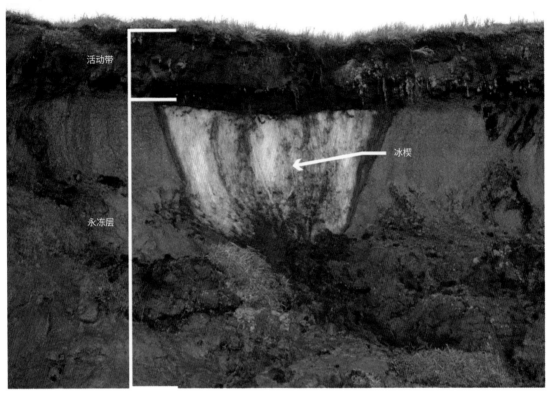

活动带

永冻层

冰楔

冻土示意图

　　在冻土地区，地下冻土还会时而肿胀起来，形成一片坟墓似的小丘，时而融化成为凹地，地形像波浪一样起伏不定。泥浆、沼泽，加上冻土丘，普通的电线杆怎么站得住脚？

　　聪明人想出一个好办法：把电线杆搭成三脚架。这样，就能平平稳稳站住，不用担心它倾倒，使电力中断了。

　　电线杆可以多长两只脚，只有一只脚的树木就吃尽苦头了。由于地面起伏不定，地下冻土有时还会引起滑坡，使有根的树木也站不住脚，一个个歪歪倒倒的，好像喝醉了酒似的，形成了特殊的"醉汉林"。

　　一只脚站不稳，两只脚有时候也站不稳。三只脚，那就站得稳了。

冻土是指土壤温度维持在 0℃以下，并出现冻结现象、具有表土呈现多边形土或石环等冻融蠕动等形态特征的土壤或岩层。全球冻土面积约 590 万平方千米，占陆地总面积的 5.5%。

冻土分布于高纬度和高海拔地区，最集中的地区是北冰洋沿岸，包括欧亚大陆北部、北美大陆北部、北冰洋的一些岛屿，以及南极大陆边缘与附近海域中的岛屿之上。斯堪的纳维亚半岛北部和安第斯山脉（主要是智利、玻利维亚和阿根廷的交界处附近）也有少量冻土分布。

中国的冻土主要分布在东北大小兴安岭山区、西部高山区与青藏高原地区。

大兴安岭根河湿地附近的林场，近 6 万公顷的根河湿地之下都是冻土

风吹来一个大高原：黄土高原的形成

手握一把黄土，心里越想越没谱。这不是大河，也不是大湖的产物。这是哪儿来的，叫人好糊涂。

这不是风筝，也不是柳絮，怎么会是吹来的？就算世间牛皮大王，也吹不了这样一个高原。外带后来许多窑洞，无数陕娃和婆姨。想不通，实在想不通。去问子牙、去问周公，还是想不通。

呼噜噜，呼噜噜，一股又一股风吹来，吹来一个大高原。

什么？什么？你说什么？高原可不是断线风筝，也不是轻飘飘的草帽，怎么能够随风吹上天，一下子落在面前？

信不信由你，这可是真的。我们熟悉的黄土高原，千真万确就是风吹来的，是一个不折不扣的风吹来的大高原。

黄土高原真大啊！东起太行山，西至河西走廊东边的乌鞘岭，北到长城，南达

山西省忻州市的黄土高原

163

秦岭，总面积60多万平方千米，差不多有半个西欧一样大，是我国四大高原之一。

黄土高原上的黄土真厚呀！这儿的黄土一般都有好几十米厚，许多地方超过一二百米，是世界上最大的黄土高原。这样厚、这样多的黄土是从哪儿来的？人们议论纷纷，各有各的说法。

有人说，这是水冲来的。

这样说，有证据。人们在黄土层里发现了一层层流水沉积的层理，还找到一些冲来的砾石。

反对的人说，这不对呀！黄土很细很细，绝大部分地方都看不到流水沉积的层理，砾石更少得像是"稀有动物"，怎么能够用局部现象解释整个高原的生成原因呢？

有人说，黄土是风化生成的。这也不对。黄土层下面的岩石多种多样，怎么会风化生成同样细腻均匀的黄土？

那么，黄土到底是从哪儿来的？

大多数科学家认为是风吹来的。

有人在广阔的中亚荒漠发现了一个有趣的现象：在大沙漠外面，常常分布着一片片黄土。风从沙漠里吹来，卷起一阵阵黄色尘暴，飘到远处沉积下来，就生成了细细的黄土。

中亚地区的黄土和沙漠有密切的关系。我国西北也有许多大沙漠。当风吹过沙漠的时候，会不会也把尘土吹到远方，生成同样的黄土呢？

事实正是这样。

黄土高原上厚厚的黄土，绝大部分正是风从沙漠里吹来的。

风是最好的筛子，把尘土"筛"得非常均匀，沉积下来的黄土颗粒几乎都同样粗细。如果请人来筛选，要耗费多少时间，用多少气力！

风是最了不起的搬运工，它把这样多的黄土从老远的沙漠里搬来了。如果靠人工搬运，要用多少火车、汽车、飞机才行啊！

风是最高明的建筑师，把尘土撒布在经过的地方，填平了起伏不平的山丘和凹地，塑造成巨大的高原。请问，人间有谁能够完成这样宏伟的建筑物？

风吹来的证据，一件件找到了。除了厚厚的土层里颗粒均匀，没有一丁点儿层理，还有许多别的科学证据。

瞧！在扫描电镜下观察，有些黄土中的石英沙粒表面，布满了密密麻麻的细小凹坑。这是风吹扬起来，在天空中互相碰撞的结果。沙漠里的沙粒，也有这种特征。

看，黄土分布总是一样高。在有高山的地方，露出了半截岩石嶙峋的山坡。这是风扬起尘土的最高界线呀！科学家把它叫作"黄土线"。

翻看布满灰尘的历史书，找到了许多值得人们注意的"雨土"现象。这是风吹来的黄土颗粒最忠实的记录。

让我们随便翻几篇"雨土"的记载吧！

《明史》里，有一段生动的描述说，明宪宗成化21年（公元1485年）的一天，在河北大名地方，刮起一场沙尘暴，"自辰迄申，红黄满空，俄黑如夜。已而雨沙，数日乃止"。

请看，这一股风吹带来这样多的尘沙，把天空染得红不红、黄不黄的，白天也变成了黑夜。接连好几天从天上落下尘土，堆积起来就是黄土了。

清代一位名叫王渔洋[1]的人写了一本《香祖笔记》，记述了一段更加详细的"雨土"记录："康熙乙酉（公元1705年）五月十八日，大风从西北来。先以黄气，缭以赤气，气过而风，昼晦，大树皆拔。蒲台县之陈化敏，有三人同行，风至伏田间。及风息，则三人伏处皆成坟如新筑者，三人者皆死其下。"

一场风吹来黄土堆积，竟把三个大活人活埋了。想一想，这一场风吹来了多少黄土。经过成千上万年，风不能堆积成一座巨大的黄土高原吗？

黄土高原是风吹来的，得到了所有的地理学家、地质学家和气象学家的赞成票。

---

1. 即王士禛（1634—1711），清初诗人、文学家、诗词理论家，号渔洋山人，世称王渔洋。主要作品有《池北偶谈》《古夫于亭杂录》《香祖笔记》。

　　黄土高原面积约为 64 万平方千米，约占我国领土总面积的 7%，海拔 1000~2000 米。它的范围在秦岭以北、长城以南、太行山以西、乌鞘岭以东，包括宁夏回族自治区和山西省全境、陕西省的北部和中部、内蒙古自治区的河套平原和鄂尔多斯高原、甘肃省的中部和东部以及青海省的东北部等地区。

　　黄土高原上的黄土厚度达 50~80 米，陇东、陕北等地的厚度达 150 米，最厚的地方甚至达到 200 米。

　　由于历史上战乱、盲目开荒放牧和乱砍滥伐等因素，高原上的植被破坏严重，再加上黄土的土质本就疏松，水土流失与草原退化现象极为严重，形成了黄土高原"千沟万壑"的地貌。

甘肃省临夏县东北部，一条自西而来流入大夏河的小溪侵蚀两岸柔软的黄土，形成了峡谷

　　黄土高原是我国水土流失最严重的地区，水土流失严重的面积约 27 万平方千米，特严重的面积达 11 万平方千米。水土流失使黄土高原丧失了熟化土层，造成当地土层的蓄水保湿能力降低，耕种能力丧失；水土流失还导致了当地河道淤塞、水道不畅、水库淤积等后果，而且治理起来十分困难。

三星堆博物馆里的地震答案：地震（一）

试问地震怎么产生？古人说是怪兽挪肩、鳌鱼翻身。请问你，信不信？请别先自讪笑，还得叩问历史。

咦，那兽非兽、鱼非鱼，内中自有玄机。你参不透，我参不透，古人却已早早参透。

2008 年"5·12"汶川特大地震牵动了全国人民的心，惊动了整个世界。

地震是怎么一回事？成为人人关心的一个新热点问题。

这并不是什么新问题，其实我们的老祖宗早就注意到这个问题了。请听一些古人的解释吧。

庄子说："海水三岁一周，流波相薄，故地动。"照他这样说，地震是海水冲激动荡引起的。

他这样说，是不是有些可笑？不过也别耻笑他。他毕竟是两千多年前的古人，没有学过地质学，甚至没有地球的观念，这样猜一猜也是可以原谅的，至少他总是动了脑筋嘛。站在海边感受一下澎湃潮水猛扑海岸的情景，没准儿就会冒出海水冲激造成地震的想法了。

有一本古书《竹书纪年》说，夏桀十年"五星错行，夜中陨星如雨，地震，伊洛竭"。

让我们来分析一下这几句话，它不仅讲述了当时一场特殊的灾异现象，似乎还说出了其间的因果关系。由于天上星象变化，引起地震和河水变化。照这样说，地震和天空中的星星活动有关系，听起来也很好笑。不过也不要过于责怪古人，因为地震往往在晚上发生，产生这样的错觉也不奇怪。对没有学过科学知识的古人不要太苛刻，不要嘲笑。

地震到底是怎么产生的？古人也有许多正确的解释。

请看四川广汉三星堆博物馆里，一个奇怪的包括天地三界的青铜神坛吧。

三星堆青铜神坛

你看，上界天堂高高悬浮在几个尖尖的山顶之上。

那几座连绵不断的高山是哪儿？就是古代蜀族生活的龙门山，世世代代崇拜的高山之巅呀！此前他们没有走出过大山，他们的世界就是连绵起伏的龙门山。在他们的想象中，神仙居住的天国，就在高耸的龙门山上空里。那里凌驾在人间之上，是想象中的极乐世界。

你看，在这个模型里的人间，上是天、下是地。人们就生活在天堂下、地皮上的龙门山中。

你看，象征大地的地平圆座，竟放在下层地府的两只怪兽身上，给人以地面很不稳固的感觉。请你想一想，如果怪兽驮不住了，轻轻动一下身子，大地岂不就会震动起来吗？

啊，这个设想太奇妙了。这些三四千年前的古人的脑瓜里，怎么会冒出这种念头，真够神奇呀！

俗话说，实践出真知。尽管他们还没有总结出科学理论，却用另一种方式表现出了自己的亲身感受。看来当时龙门山中经常发生地震，这些原始先民准是受够了地震的折腾，感觉脚下的地壳很不稳定，即使神通广大的巫师和部落酋长也无法解释。巫师是什么人？就是原始社会的知识分子呀！由于他们有一点知识，常常就当之无愧地成了部落酋长。

不知是哪一个巫师，在脑瓜里冒出了这个富于想象力的答案。一次地震不会有这种想法，两次、三次也不能。他们祖祖辈辈必定在山中经历了数不清次数的强烈地震，印象很深很深，又苦于无法对脚下大地颤抖的原因作出解释，才会产生这样的联想，制作出这个包含地震消息的神奇的天地三界模型。

喂，亲爱的朋友，你服了吧？

我抬头望着这个古老的青铜地震模型，由不得口服心服了。想不到在三星堆博物馆里，竟还隐藏着一个古老的地震秘密！

这是一个青铜凝固的信息，一下子参透明白，多么有趣！这可是在华夏大地上最古老的地震消息呢。

这不是独一无二的设想，在我国的中原地方，古代的人们认为大地是一条大鳌鱼驮着的。如果鳌鱼翻身，大地就会震动，发生可怕的地震。

世界上别的地震频繁的地方，人们也有类似的想象。日本认为大地是由鲸鱼驮着的，印第安人认为海龟驮着大地，都和鳌鱼翻身有异曲同工之妙。

印度的设想更加奇特，请听一位古印度的智者是怎么说的吧。

他告诉人们："我们脚下的大地是由三只大象驮着的。它们站在一条巨大无比的鲸鱼背上，鲸鱼在大海里浮游。"

印度人对大地的另一种想象，认为世界是几只大象驮着的一个圆盘，大象则立在一只巨大的乌龟背上。

选自《大众科学月刊》第10期（1877年3月）第542－543页的《古人如何看待大地》一文

啊，这简直像是叠罗汉，一个驮着一个。这不是牢靠的佛塔和宫殿，而全都蕴含着动的因素。大海不是平静的，经常有风浪。大象和鲸鱼的力气再大，驮的时间长了，也难免要轻轻动一下。在三个环节中，任何环节出了问题，大地都会震动，所以大地震动也就是难免的。

看一看印度的地理位置，了解那里的自然环境，就明白这个神话产生的原因了。

印度三面临海，北面靠着高高的大山。这儿经常发生地震，所以人们容易把地震和大海联系在一起。在这里，陆地上力气最大的是大象，海里力气最大的是鲸鱼。人们认为大象和鲸鱼本是力量的象征，只有它们才能驮起沉重的大地，于是就产生了这个富有想象力的神话。

不消说，这些都是远古神话，猛一看似乎没有科学根据。不过，由此也可以看出，很早以来人们就发现大地会震动了。在古人脑瓜里，大地才不是一动不动的呢。他们已经觉得大地并不"老实"了。

说对了，地震不是海水和星星活动的影响，而是地壳运动的结果。

这是神话，也是原始朴素的科学信息。

地震可分为自然地震和人工地震（例如核爆引发的地震），一般我们所说的地震都是自然地震。按照发生原因又可分为构造性地震、火山地震和冲击性地震（例如陨石撞击、原子弹引发的地震），这三种之中又以构造性地震为主。

构造性地震指的是板块运动造成的地壳变动。由于地壳在板块运动的过程中会累积作用力，当作用力累积到一定程度，地壳无法继续累积时就会破裂，释放出地震波，使地面发生震动。地震与火山分布一样，主要集中在板块互相作用的地区。地震发生的地点称为震源，震源正上方的地面称为震中。

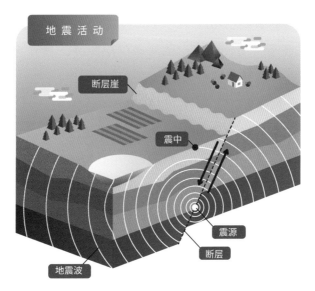

地震示意图

据统计，地球上每年发生的地震大约为 500 多万次，也就是每天都要发生上万次地震。其中绝大多数地震级数太小或距离太远，所以我们感觉不到；真正能对人类造成严重危害的地震大约一年会发生十几二十次；能造成特别严重灾害的地震大约一年会发生一两次。

我们通过地震仪对地震波的观察来测量地震，用地震震级来表示地震释放出来的能量大小。世界上有数以万计的各种地震仪器日夜监测着地震的动向。

当前的科技水平还无法预测地震的到来，而且在未来相当长的一段时间内，地震也是无法预测的。我们更应该做的是提高建筑的抗震等级、做好防御措施来减轻地震的伤害。

地震"跷跷板"：地震（二）

这里不是幼儿园，想不到也有一个跷跷板。摸不着、看不见，却关系重大，玄妙深深难以多言。请记，请记。幼儿园的跷跷板好玩，这个跷跷板可不好玩。弄得房毁屋倒，人命关天。

汶川在哪里？从前许多人都不知道这个地方。2008年"5·12"汶川特大地震发生后，人们才急急忙忙翻开地图，找到这个山中的小小县城。那时候包括海、陆、空军在内，抗震救灾队伍正不惜一切代价打通汶川生命线。广大群众的目光也紧紧注视着地图上的这一个小黑点儿。

在全国人民关注下，第一支突击队冲破层层障碍，舍死忘生进入汶川县城，却发现这个城市基本完好，并不像所想象的那样破坏惨烈。

咦，这是怎么一回事？

问题出在这一次地震的命名。根据过去一个不成文的规定，一般地震命名都以震中所在处的县市而定。这一次地震的震中在汶川县境内映秀镇附近的牛房沟，按照过去的规定，当然也就以汶川命名了。其实，这和当地的地质构造不符合，所以才在匆忙中产生了一些误会。大家最关念的汶川县城，反而不是破坏最强烈的地方。

原来龙门山中有三条走向北东—南西[1]的深大断层，分别是龙门山与成都平原直接连接处的前山断裂带，又名彭灌断裂带；中央断裂带，又名北川—映秀断裂带；后山断裂带，又名岷江断裂带。三者平行排列，通过一些横向断层相互连接，共同组成了巨大复杂的龙门山断裂带体系。

引发这次地震的焦点在中央断裂带上，汶川属于后山断裂带，不是这次地震的活动中心，自然不如映秀破坏严重。如果要总结经验教训，这个命名就是一个值得研究的问题，应该叫作映秀地震，或者干脆叫龙门山大地震更加切合实际情况。因为后来的事实证明，强烈地震破坏遍及了整个龙门山。如果一开始就取名为龙门山大地震，就会使视野更加开阔，更加准确选择突击方向，更加全面及时布置抗震救灾任务。

---

1. 这是专有术语，绝对不能叫"东北""西南"。——作者注

要知道，地震会造成人民生命财产的重大损失，命名不是简单的学术性问题，必须十分准确才对。有人称这次地震为"四川地震"，就更加不切合实际了。这次地震仅仅在龙门山区，而四川省那样大，别的地方并没有严重的直接影响。随便叫作"四川地震"，好像整个四川省都是灾区，会产生扰乱视听的负面作用。

是啊，当时全国人民的心都萦系在突击汶川一个点上。往后的发展大大出乎许多人的意料之外，却在地质学家的意料之中。紧接着传来的一个个十万火急的消息，破坏强烈的地点不仅仅限于映秀一个地点。一连串陌生的地名出现在人们的眼前。让我们从映秀开始，顺着北东方向看下去，包括彭州的龙门山镇、银厂沟、什邡蓥华镇、绵竹汉旺镇、北川县城和陈家坝镇、平武、青川，整整齐齐排列为一条直线，直达川陕甘边境，无一不受到严重影响，破坏极其强烈。

咦，这又是怎么一回事，为什么破坏强烈的地点都排成一条直线？

为什么南边的映秀附近发震，遥远的四川青川、陕西宁强、甘肃文县一带也遭受了那样强烈的破坏，而且长期余震不断，成为这次大地震后期的活动焦点？

第一个问题容易回答，因为地震波是顺着断裂带迅速传播的，好像电线走火似的，一处起火，立刻就会沿着电路迅速延烧。映秀牛房沟一发震，自然会顺着中央断裂带迅速传递。其间如果断裂带通畅，地震波就会一扫而过。如果遇着有一些横向断层，或者其他构造复杂的地方，地震波传递不十分舒畅，就会形成一个个比较强烈的爆裂点。为什么北川破坏特别惨烈，就是这个原因。

第二个问题涉及一个特殊的"跷跷板"原理。强烈的地震波沿断裂带继续向北东方向传播，到达龙门山断裂带北端，接近另一个巨大的东西向秦岭构造带。一阵阵继续传播的地震波遇着阻碍，即在四川的青川，甘肃的文县，陕西宁强等地，发生连续不断的激烈反弹，造成一次次持续不断的中强等级的余震。好像海上一阵阵波涛向前翻滚，遇着了海岸阻挡，就会连续不断生成"乱石穿空，惊涛拍岸，卷起千堆雪"的现象。在海边见过拍岸浪，懂得其中的道理，就明白地震"跷跷板"的原因，为什么映秀附近发震，以后强烈余震总是集中在川陕甘边境一带了。如果在地震一开始，把注意力飞快转向断裂带的另一端，立即撤退断裂带北端，四川、甘肃、陕西交界的四川青川、平武，甘肃陇南地区、陕西汉中地区一些县市的群众，就会避免许多不必要的损失。考虑到之后的余震将会主要集中在这里，关注"跷跷板"现象，加速撤退这里的群众，不消说现实意义就更大了。

汶川大地震中的"成都安全岛"：地震（三）

休要危言耸听，惊扰一池春水；休说歌舞升平锦官城，居然也危机潜伏，吓坏了多少消闲茶客，刺绣文君姑娘。昔日诸葛安居平五路，今朝自有地质汉，一眼识破玄机。任尔震魔猖狂，成都岿然不动。

2008 年"5·12"汶川特大地震，近在咫尺的成都有强烈震感。房屋剧烈摇晃，家里的瓶瓶罐罐噼里啪啦打得粉碎，人们纷纷躲进防震棚。一时人心惶惶，担心余震会不会造成屋倒人伤的后果。

地质专家站出来说话了，告诉大家一万个放心吧，成都是这次大地震中的"安全岛"，绝对不会有问题。

这是廉价的安慰吗？

不是的，科学工作者说话必须有严格的科学根据。如果此时此刻胡说八道，岂不害人害己，违背了科学良心。

要说清楚这个问题，应该首先了解一下这儿的地质构造。

这次发震的龙门山断裂带包含三条平行断层，分别是后山断裂带，又名岷江断裂带，茂县、汶川等市镇坐落其间；中央断裂带，又名北川—映秀断裂带；前山断裂带，又名彭灌断裂带。这次大地震主要沿中央断裂带发生。听一听北川—映秀断裂带这个名字，看一看它从南向北经过的一连串地方，包括汶川映秀、彭州龙门山镇、银厂沟、什邡蓥华、绵竹汉旺、安县茶坪、北川县城、陈家坝、青川，以及甘肃文县、陕西宁强、略阳等地，就可以了解这次地震破坏最强烈的焦点是些什么地方了。在中央断裂带强烈活动的同时，其他两个断裂带也有程度不同的活动，只是不如前者强烈而已。我们将主要注意力集中在中央断裂带，也必须分别顾及前、后山断裂带的破坏，予以充分重视。

在这次龙门山大地震中，成都是安全的。说来道理很简单，因为二者属于不同的地质构造单元。这里并不在发震的龙门山断裂带上，所以虽然近在咫尺，也不会受到强烈影响。用一个比喻来说，好像二者是不同的两套电线线路，邻侧的龙门山"电线走火"，压根儿就不会影响到成都所在的另一套"电线线路"。

为什么成都在这次大地震中是安全的？说起来还有两道特殊的"防护墙"。

一是龙门山前山断裂带。

这条断裂带和龙门山中其他两条断裂带不同，有许多分支系统。虽然在这次地震中也有活动，在其分布的地方，对前山地带包括都江堰、彭州通济等地造成一些破坏。但是对于成都而言，在某种意义上却是一道特殊的"防护墙"。从后山断裂带和中央断裂带传播过来的地震波，经过这里释放出大量能量，对成都也是一种特殊的保护作用。

另一是成都平原本身。

你知道吗，地震不是"欺软怕硬"，而是"欺硬怕软"。地震波在山中遇着坚硬的岩石，会激发强烈的反应造成破坏。可是当其传递到成都平原内，这里堆积了厚达上百米，乃至200余米的松散砂砾石层。它们含有众多孔隙，可以分解地震波，大大减低它的强度，好像给成都穿着一件特殊的"防弹背心"。成都平原内虽然也有两条短浅的断层，但是并没有被激活的现象，所以成都在本次大地震中保证了绝对安全。请相信地质专家，不要信无稽的谣言。

遇到地震时，我们应该怎么办？

地震发生时：

1. 请尽量保持镇定，不要恐慌。

2. 熄灭火种。

3. 就近躲避。室内的人应该留在室内，躲到结实、不易倾倒、能掩护身体的物体下或物体旁，又或者是空间小、有支撑的地方，远离玻璃或容易掉落的物件。因为震时预警时间很短，人又往往无法自主行动，再加上门窗可能变形等因素，从室内跑出十分困难；如果身在楼房里，跑出来更几乎是不可能的。但如果在平房里，发现预警现象较早，室外又比较空旷，则可以尽力跑到室外避震。

4. 户外的人应远离建筑物、斜坡和架空电线，躲到开阔、安全的地方。

5. 应趴下，使身体的重心降到最低。脸朝下，但不要压住口鼻，保证呼吸顺畅；蹲下或坐下时尽量蜷曲身体，抓住身边牢固的物体，以防摔倒或因身体移位，暴露在坚实物体之外而受伤。

6. 低头，用手护住头部和后颈，有可能的话，用身边的物品，如枕头、被褥等顶在头上保护头颈部；低头、闭眼，以防异物伤害眼睛；如果有可能的话，可用湿毛巾捂住口、鼻，以防吸入灰土、毒气。不要随便点燃明火，因为空气中可能存在易燃易爆气体。

7. 在人多拥挤的地方，不要为寻找掩护或出口而仓皇逃跑。

8. 行驶中的车辆应在安全的情况下停下，乘客应留在车厢内，直至地震停止。

9. 乘搭电梯的乘客应尽快离开电梯。

10. 隧道内的人应在安全的情况下尽快离开，走到空旷的地方。

地震停止后：

1. 检查伤亡与损毁情况，如有需要，应立即寻求协助。

2. 如果怀疑有气体燃料泄漏，应打开窗户、关掉总闸，立即离开建筑物，并向有关方面报告，千万不要燃点火种或在现场打电话。

3. 如果水电设施损毁，应立即关掉总闸。

4. 除了报告紧急事故或寻求协助外，不要使用电话。

5. 如果建筑物严重损毁，余震可能使它倒塌，所以应该尽快离开，并向有关方面报告。

6. 若身处海滩或沿岸低洼地区，应尽快前往内陆或地势较高的地方，以防发生海啸。如果没有时间迅速前往内陆或地势较高的地面，请待在以钢筋混凝土建造的多层高建筑物的较高楼层，保证自身安全。

评说泥石流

泥石流、泥石流，无非泥浆加石头，说来就这么简简单单，有什么高深的？非得要弄得那么玄而又玄。

呵呵，别说这事太简单。白马非马，古人早已有论辩。倘若认识不清，坚持己见，就得吃不了兜着走，多少遗恨留世间，真是不好看。

在 2008 年"5·12"汶川特大地震中，北川最不幸了。整个城市被摧毁，超过三分之一的人失去生命。在温家宝总理指示下，当地政府计划在原址建立一个地震遗迹博物馆。想不到后来一场暴雨，引发了一场可怕的泥石流，使北川受到第二次打击，填埋了整个旧县城，只露出少数几处破损的屋顶。地面到处一片厚厚的泥浆，晒干后成为一层硬壳。

这不会是地震灾区的最后一次打击。由于强烈地震使龙门山内外的许多山体疏松，岩石破碎，加上缺乏植被保护，预计在震后若干年内的雨季里，还可能继续发生山崩、滑坡、泥石流，造成一次次新的打击。话说到这里，不由回想起20世纪中叶，一次大规模砍伐森林的行动，使许多地方成为光山秃岭。如果原本密密的森林还在，也可以多多少少起一些保护作用。人与大自然对抗，总没有好果子吃。

泥石流，顾名思义就是泥浆加上大大小小的石块，顺着山坡流动。仔细观察我们身边的自然界，几乎所有的山区都有古代泥石流的遗迹，足以引起人们警惕。遗憾的是有人以为"泥土＋石块＝第四纪冰川堆积"，把这个关系绝对化了。不知道"泥土＋石块"，大小混杂的现象并非冰川堆积所特有。在一场大肆宣传第四纪冰川学说的浪潮里，完全忽视了泥石流的作用，认为包括海南岛在内，全国各地几乎到处都曾经有过第四纪冰川活动。甚至实地拍摄的获奖科教电影片《泥石流》，送到第四纪冰川学说主要创导者的面前，他们也不屑一顾。这不是单纯的学术观点问题，这样的认识对环境保护产生了极其重大的影响。龙门山中一处处古泥石流的遗迹，就被错误认为是一期又一期的第四纪冰川遗迹。好在后来的广大地质工作者从实际出发，才逐渐消除了这个错误的偏见，加强了对泥石流的研究，琢磨出防护措施。可是一个时期以来偏信权威意见，疏于关注泥石流的危害性，后果暴露无遗。从某

"5·12"汶川特大地震发生12年之后的北川老县城遗址,
整个县城都被泥石流掩埋,只能看到少数几处破损的房屋

种意义来说，北川岂不也是一个间接的受害者吗？

产生泥石流一般需要大量碎屑物质、突发性的水流、陡峭的山坡三个基本条件。震后的龙门山里前后两个条件都具备，只消一场暴雨，甚至绵绵雨水，就可以引发泥石流，值得人们警惕。

说起泥石流，还得要特别提醒，千万别在山坡上胡乱堆积泥土和别的松散物质，以免在雨后形成一场人造泥石流。

你不信吗？请看两个例子。

1970年5月26日，四川省凉山彝族自治州一个铁矿，发生了一次泥石流，人们吃了一次不大不小的苦头。这儿从来也没有出过这种事，应该好好追查一下原因。

当地人做梦也没有想到，查来查去，竟查到了自己的身上。原来这儿的矿工们粗心大意，把矿洞里运出来的矿渣、碎石和废土，随手倾倒在洞外的山坡上，以为这就万事大吉了，再也不多管一下。山坡上的矿山垃圾越堆越多，变成了一座非常难看的垃圾山，成为矿工头顶上的一颗"定时炸弹"。

事发那一天的夜里，这颗"垃圾炸弹"起爆了。一场暴雨冲刷，造成一场特殊的矿山泥石流，把堆在山坡上的垃圾一股脑儿冲下坡去，把下面的矿工宿舍和办公大楼冲得一团糟。

吃一堑，长一智。吃了苦头的矿工们再也不敢在斜坡上乱倒矿山垃圾了。只好辛苦些，运到山下的山沟里堆起来。

不料过了两年又出事了。一场大雨后，垃圾堆堵住雨水，在沟里成了一个小湖。水越积越多，松散的"垃圾堤"抵挡不住，被一下子冲垮了，又暴发了一场凶猛的泥石流。

这一次闹的乱子更大。不仅矿区遭受了严重损失，还冲出沟口，把成昆铁路和一条重要的公路也冲得乱七八糟，使这条西南交通大动脉被迫中断，造成不可估量的损失。

1966 年 11 月，环境幽静、风调雨顺的英国威尔士的一个矿区，矿工们和平时一样，正在矿山下面的家中休息，忽然发生了可怕的泥石流。凶猛的泥石流顺着山沟冲下来，使猝不及防的人们无处躲藏。许多房屋被冲毁了，一些矿工和他们的家属成了牺牲品。这些洋"马大哈"们流着眼泪，咽下了自己酿的苦酒。

唉，这是怎么一回事？就是一场不折不扣的垃圾泥石流呀！

人们啊，切莫乱堆垃圾，小心自己头顶上的"垃圾炸弹"一下子生成泥石流，吞没了你自己。

联系着前面说的一系列问题，就不由不使人感叹万分。唉，人，有时候怎么这样愚蠢？

泥石流是指在山区或者其他有较深沟谷、地形险峻的地区，因暴雨、雪暴或其他自然灾害引发泥土、石头等与大量的水混合，在重力作用之下沿着斜坡或山沟滑动的现象。

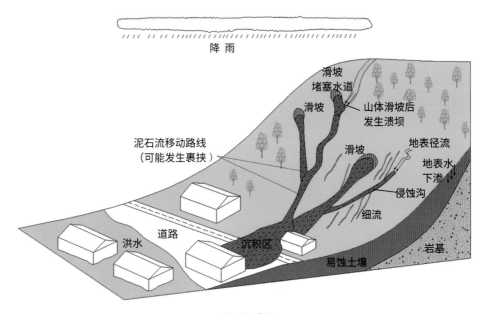

泥石流示意图

泥石流一般发生在半干旱的山区或者高原冰川区。那里地形陡峭，泥沙、石块等堆积物较多，树木很少。一旦下暴雨或冰川解冻，沙石遇到足够多的水分，就会顺着斜坡滑动，再加上没有树木阻挡，便很容易形成泥石流。

我国泥石流的暴发主要受连续降雨、暴雨，尤其是特大暴雨集中降雨的激发。因此，泥石流发生的时间规律与集中降雨的时间规律是一致的，一般在多雨的夏秋季节。

四川、云南等西南地区的降雨多集中在 6—9 月，因此当地的泥石流也多发生在 6—9 月。西北地区的降雨多集中在 6、7、8 三个月，尤其是 7、8 两个月，因此当地的泥石流多发生在 7、8 月。据不完全统计，这两个月发生的泥石流灾害数量占该地区全部泥石流灾害的 90% 以上。

河川篇
River

大河、小河一条条，水泊、湖沼一汪汪。给咱这个星球拍个照，喀嚓一声一副"水星"模样，完全不用整容化妆。

问河流，身从何处来？问湖泊，为何如此妩媚多娇？叫人见了多么迷惑，一见好魂销。

河呀河，湖啊湖；池呀池，沼啊沼，必定内中知识不少，故事多多，谁能细细告诉我？我等着，我慢慢耐心等着……

四川省阿坝藏族羌族自治州若尔盖县唐克镇黄河第一湾

河之源：河流的来源

树有根，水有源。问一条条江河，谁的奶汁哺育了你，何处是你的来源？是近，还是远？是茫茫荒原，还是高高雪山？

子在川上曰："逝者如斯夫，不舍昼夜。"

一条条大河、一条条小河，一声不响往前流淌，真的像是孔老夫子说的一样，不舍昼夜奔流，一去永不回头。瞧着这一条条河，不禁会冒出一个问题。天下这样多的大河和小河，到底是从哪儿来的？

让我们用黄河作例子吧。

诗人李白说："黄河之水天上来。"

啊呀，诗人说的黄河，是一条"天河"呀！

郦道元在《水经注》里说："仑墟在西北。……去嵩高五万里，地之中也。……其高万一千里，……河水出其东北陬，……屈从其东南流，入于渤海。"接着解释说："河出昆仑，重源潜发，沦于蒲昌，出于海水。"请你注意一个"潜"字和一个"沦"字，表示黄河是从遥远的昆仑山下流出来，潜入地下几千里，最后才冒了出来，成为我们看见的这条滚滚大河。

啊呀，想不到这位古代水文学家说的黄河，居然是一条"地河"。

黄河到底是"天河"，还是"地河"？请听科学家细细评说。

科学家说，黄河发源于青藏高原上，青海省雅拉达泽山约古宗列曲冰川前缘，刚刚诞生的黄河，是一条冰水汇集成的涓涓细流呢。你站在这儿，面对着寂静无声的高原，洁白如银的冰川，浅得不能再浅、细得不能再细、冷得不能再冷的一股小小水流。你能相信这就是李白说的"天河"，郦道元说的"地河"，哺育中原大地的母亲河吗？

黄河上游四川唐克段，白河在此与黄河汇流

不要怀疑，不要认为是荒诞的童话。这就是它，我们的母亲河，伟大的黄河横空出世时的第一个镜头。

人之初，尚未牙牙学语。河之初，也不能汹涌奔腾。黄河刚诞生时就是这样的。世界上的河流有各种各样的起源，黄河的起源是冰川融化水，这叫作冰川水源的河流。

世界上所有的河水来源都是冰川吗？

不，河水来源多种多样。在炎热的热带和一些地势很低的地方，根本就没有冰川，照样也有河水奔流呀！其实，浩浩荡荡的黄河和长江，只靠源头的一丁点儿冰川融化水也不够。在它们的漫长的旅途中，也有各种各样来源的水流补充进来，才能成为两条哺育中华大地的"母亲河"。

地下水是河水的另一个重要来源。太行山区的娘子关一带有许多泉水。一股股泉水从泉眼里流出来，汇成一条小河。穿过太行山，一直流进滹沱河。在广西、贵州、云南的石灰岩山区的许多河流，也是从溶洞里流出来的。不消说，这就是不折不扣的"地河"。

其实，雨水才是河水最重要的来源。多雨的南方，丰富的雨水是河流最主要的补给来源。这种河流完全够格叫作"天河"。

湖泊也能补给河水。有名的松花江，就是从长白山上的天池流出来的。说到这儿，人们又会问：冰川、地下水和湖水，又是从哪里来的？

流经黑龙江省哈尔滨市的松花江

松花江正源即南源西流松花江，发源于长白山天池；北源嫩江，发源于大兴安岭伊勒呼里山

　　说起来，它们和天上的雨水也有关系，是地球上的水循环的一个环节。按理说，它们也算是另一种形式的变相"天河"。

一江春水向东流：河流的流向

——咦，我问你，这是怎么的，为什么江水向东不向西？是不是江水统统向东流，没有一条朝西头？好像新兵出操听口令，老老实实排队齐步走。

长江滚滚向东流。

南唐灭亡后，后主李煜被带到北方当俘虏。他再也看不见熟悉的长江和江边的石头城了，日夜怀念故国，流着眼泪写了一首怀念故国的诗篇《虞美人》，诗中吟唱道："问君能有几多愁？恰似一江春水向东流。"

是啊，江水日夜不停流向东方，永远也不会回头。好像失去的一切，全都是不能改变的事情。

仅仅长江向东流吗？

不，北方的母亲河黄河也是一样的。唐朝大诗人韩愈也说："河之水，去悠悠。我不如，水东流。"

翻开地图看，不仅长江、黄河，我国东部还有很多大大小小的河流，全都由西往东流，形成了规律。所以李煜还在另一首词《相见欢》里，又叹息说："人生长恨水长东。"

请注意其中一个"长"字，就是永远也不会改变的意思。

为什么包括长江、黄河在内，我国东部的河流都向东流？说来道理非常简单，因为水往低处流呀！

这和地形有关系。

地理课本上早就讲过，中国地形有三大阶梯。"世界屋脊"青藏高原是第一阶梯，中部的山地是第二阶梯，东部大平原是第三阶梯。长江、黄河都发源于高高的青藏高原上，自然顺着地形就由高向低，流进东方的大海了。这就是"一江春水向东流"的根本原因。

我国的河流都向东流吗？那才不见得。

同样发源在青藏高原上的几条河流，其中的狮泉河向西穿过喜马拉雅山，再拐一个弯，流到南方的印度大陆，演出了"一江春水向西流"。在云贵高原西部的横断山脉里，一条条江水并排流向南方，形成了"一江春水向南流"呢。在新疆北部的阿尔泰山，额尔齐斯河流往北方，是"一江春水向北流"。

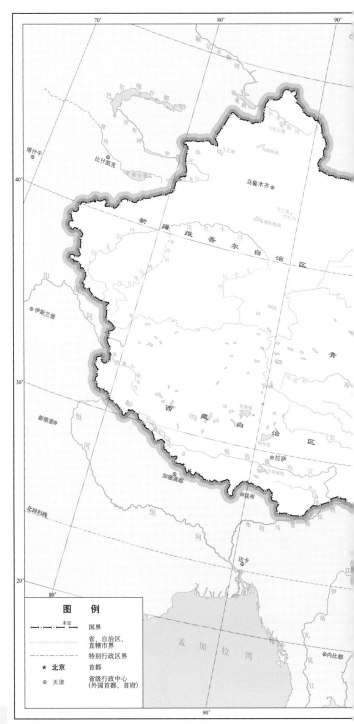

审图号：GS(2019)4345号

中国主要河流、湖泊分布图

自然资源部 监制

新疆维吾尔自治区布尔津县额尔齐斯河畔的五彩滩。额尔齐斯河是我国唯一一条向北流入北冰洋的河流

　　知道这些就行了。不管一江春水向东、向西、向南，还是向北，全都受着地形高低的控制。看一看地图上的河流朝什么方向流，就知道当地的地形情况了。

河流的"掌纹"：水系的外形

——休道河流无来历，均有基础背景。为了验明正身，给它留下指纹和掌纹。便知它出自何等地质构造，和哪一家土地爷相亲近。

人有自己的指纹和掌纹，河流也是一样的。仔细观察河流的"指纹"和"掌纹"，就知道当地的地形和地质构造。

河流的"指纹"和"掌纹"，就是河网的外形。请你仔细看，几乎地图上每条河流的河网都不相同。

让我们先用四川盆地的河网作例子吧。

岷江、沱江、嘉陵江和南面的赤水河、乌江，从四面八方流到盆地中央，汇合进长江。这种水网叫向心状水系，反映出四周高、中心低的地形特点。

在成都平原西边，岷江在都江堰流出山，水流一下子散开来，生成了一个巨大的冲积扇，好像是一把扇子，这是扇状水系。两千多年前李冰修建的都江堰，就利用冲积扇上分散开的扇状水流，发展自流灌溉，造就了号称"天府之国"的成都平原。

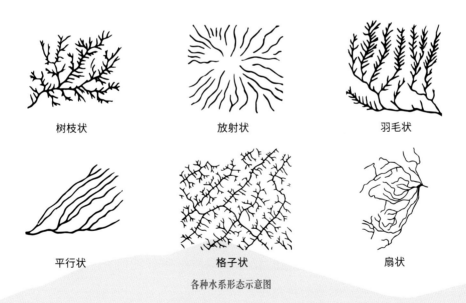

树枝状　　　　　　放射状　　　　　　羽毛状

平行状　　　　　　格子状　　　　　　扇状

各种水系形态示意图

和成都平原只隔着一座龙泉山的沱江，河网外形又是一个样子。两边的支流非常对称地伸展开，好像树枝一样，叫作树枝状水系。为什么这个样子？原来这里是水平岩层地区，地表抵抗侵蚀的能力一个样，再加上岩石非常松软，很容易被水流冲刷。沱江的大大小小的支流向四周自由自在伸展开，就生成了这种结构均匀而又对称的水系。

在黄土高原上有一种水系，与树枝状水系有些相似，却又有些不同。河流两边的支流又短又小，斜斜地平行排列着，好像鸟儿的羽毛一样，叫作羽毛状水系。原来这不仅由于黄土容易受侵蚀，还由于河流两边的地形陡峭，从两边伸展下来的冲沟，笔直流进河流，相互组合在一起，就生成了这种水系。

在云南省的西部，怒江、澜沧江、金沙江从北向南平行排列，谁也不挨着谁。原来这里是有名的横断山脉。一条条河流中间隔着一道道大山，两山夹一河，形成了特殊的平行状水系。

金沙江上的虎跳峡，江水两岸就是从北向南平行排列的横断山脉

在火山周围，河流向四周散开，生成了特殊的放射状水系，中央拱起的穹窿构造，生成一座馒头状的山包，周围流的小河也是放射状的。

还有的地方，河流转弯好像士兵操练一样，十分机械地向左转、向右转，直角转弯，主流和支流排列成方格子，这是格状水系。因为河流沿着两组垂直交叉的裂隙而动，所以变成这个样子。

形形色色的水系，吐露了大地的秘密。地质学家仔细研究水系的外形，就能够弄清楚当地的地形和地质构造的特点。

聪明的读者，你也来试一试，可以翻看地图，从一个个水系的特殊形状中领悟出更多的科学信息吗？

水过亦有痕：水流的痕迹

——水啊水，我问你。人说至柔莫如你，是不是真的？

人说你一去不复还，说你来无踪、去无影，是不是真的？

我不相信这些鬼话，不相信别人吹的牛皮。只信水过也有痕，瞒不过火眼金睛，揭破一个个难解的逝水问题。

常言道："水过无痕。"

真是这样吗？

不是的，刑警破案就是例子。不管罪犯多么狡猾，行动多么隐蔽，戴着手套，穿着鞋套，离开现场还用拖布把地板擦洗得干干净净，可是总会留下痕迹，瞒不过刑警的火眼金睛，逃不脱法律严惩。

水也是一样的。谁说水过无痕？应该说水过留痕才是正理。

君不见，洪水过后总有一片泥。这淤泥是哪里来的？就是洪水的足迹。

君不见，水流冲蚀河床河岸，无不留下破坏迹印，哪有水过无痕之理！

君不见，贵州乌江边、广西红水河畔，这样的石灰岩地区的河流两岸的石壁上，还留下了一些特殊的水流痕迹。你看那石壁上面光秃秃的。挨近水面的下部却有许多突出的石棱和凹槽，排得整整齐齐。值得注意的是，它们都是一般高，好像用一根直尺划出来似的。

请问，这是什么？是洪水淹没的痕迹，所以都分布在同样的水平线上。那些一道挨着一道的凹槽，正是洪水退落时在石壁上冲蚀的迹印。

君不见，不管是河还是海的沙滩上，总有一道道波浪样的痕迹。一边陡，一边缓，好像月牙儿似的。一列列密密排列着，活像是搓衣板，又像是凝固的波浪，波峰和波谷都清清楚楚的。

海滩上的水纹

这是什么东西？就是水流堆积的沙波呀！河水流过沙子铺底的河床，随着水流波动，也能生成这种波痕。朝着水来的方向比较平缓，另一面比较陡，两边形状不对称。

君不见，一些砂岩表面也有同样的波痕。外表和河边沙滩上的波痕一模一样，只不过已经凝固成岩石了。根据两边的倾斜程度，可以查明古代的水流方向。想一想，查明远古地质时期，包括猛犸象时代、恐龙时代的水流方向，该是多么有趣啊。

是呀，不管时间多么久远，没有不留痕迹的东西。

江流曲似九回肠：自由曲流

弯弯绕、绕弯弯，绕了一圈又一圈，怎么老是没有完？

弯弯绕、绕弯弯，故事藏在里面。好事君子问一问，揪出河流历史一篇篇。

柳江弯弯地绕过柳州。柳宗元站在城楼上看，好像是一条弯弯的肠子，不由诗兴大发，描绘眼前的风景说："江流曲似九回肠。"

广西壮族自治区柳州市中心全景图，柳江从市区蜿蜒流淌而过

嗨，柳江拐几个弯算得了什么？怎么比得上江汉平原上的九曲荆江。

奔腾咆哮的长江闯出了三峡，流到又宽又平的江汉平原上，忽然变了一副脾气，一下子变得温柔了，慢悠悠绕着圈子，一圈、一圈、又一圈，数不尽的弯弯绕，那才真的是"九回肠"。

这里是古荆州，长江流到这里，脾气悄悄变了，得要给它再取一个名字才好。荆州的名气大，就叫作荆江吧。

这里的江流到底有多弯曲？请看荆江的一段吧。其中从藕池口到城陵矶之间的下荆江，直线距离仅仅 80 千米左右，河道实际长度却有 270 多千米。请你算一算，它的弯曲度是多少？所以长江流到这里，从来就有"九曲回肠"的称呼。柳宗元如果亲眼看见，不知还会有什么更加生动的描写。

为什么江汉平原上，长江这样弯来弯去，仿佛完全没有了脾气？这和特殊的地理环境分不开。

　　万里长江流出三峡后，流过宜昌附近的低矮丘陵，水势已经减弱了不少。继续再往前，进入一片宽展的冲积平原，两边再也没有坚硬的丘岗约束，全是松散泥沙堆积成的河岸，很容易被冲刷。别看这里的河水很平静，要冲蚀松软的河岸还是绰绰有余的。河水自由自在地冲刷两岸，就可以自由自在地摆来摆去，生成一个个连环套似的河湾了。

　　这样弯曲的河流，在地质学里有一个专门的名字，叫作"自由曲流"。因为它弯曲得像是一条游动的水蛇，所以又叫蛇曲。

　　好一个"蛇曲"。不仅形容它的外形像一条蛇，还暗含了蛇一样的攻击性，不断蚕食着泥沙河岸，向两边自在扩展，生成了自由曲流。

　　噢，明白了。自由曲流是平原河流侧蚀发展的结果，而不是以下切作用为主。这一点，可要牢牢记住。

　　在这样的自由曲流里，有的河湾弯曲得非常厉害，只剩下一截细细的脖子。江水一旦把细脖子冲断，开辟一条又短又直的新河床，河水就不再顺着原来的弯曲河道往前流了，而是笔直穿过新河床。这种现象叫作"裁弯取直"。

　　裁弯取直不仅会生成一条新河道，还会发生另外一个情况。当河流抛弃了原来的弯弯的老河床，它的两头就会逐渐淤塞，成为一个月牙儿似的弯弯的湖泊，叫作牛轭湖。牛轭是什么东西？就是套在牛脖子上，用来拉车的一根弯弯的木头。用它来形容这种湖泊，真是非常形象。

  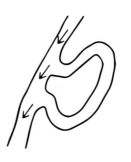 

1. 自由曲流　　　2. 河湾弯曲得更加厉害　　　3. 河流开辟出新河道　　　4. 老河床两头淤塞，形成牛轭湖

牛轭湖的形成示意图

　　让我们举例说明吧。1972 年 7 月 19 日，长江在湖北石首县六合垸附近，冲开了北岸一个曲流颈。河道裁弯取直后，江水迅速分流。一个月以后，新河床已经加宽到 1000 米左右，成了主航道。原来的弯曲河床水流越来越少，进口和出口地方逐渐淤塞，很快就和长江失去联系，成为一个弯弯的牛轭湖。因为它很像弯弯的月牙儿，当地人给它取了一个非常形象化的名字，叫作月亮湖。

　　牛轭湖能够长期保存下去吗？

　　不会的，因为它失去了水源，会被淤塞得越来越浅，逐渐演变成沼泽，成为水草丛生的地方。最后沼泽也被淤平了，在大地上完全消失，只留下泥沙掩埋的弯弯的泥炭矿体，作为曾经演出过一幕幕地形变迁的证据。

　　河水有了笔直的新河道，就不会再弯来绕去了吗？

　　不，因为这儿的河岸都是松散的泥沙，很容易冲刷，用不了多久，又会慢慢发展成为新的河弯了。

　　这是什么原因？这就是自由曲流的"脾气"。

　　曲流地貌的形成一般来说需要以下自然条件：一是地形相对平坦，存在落差，但落差不大。因为如果地表不平，上下游落差很大，那么河流向下切割的力量大于向两侧侵蚀的力量，就会形成峡谷，而非曲流地貌；二是地面物质的软硬度和松散度要适宜，如果地面物质太硬，河水就切不下去；如果太软、太松散，即使形成蛇曲，也无法保持长久。

　　通常草原上的曲流地貌最发达，这是因为草原上植物的根系彼此联结牢固，使得地表不易松散，这样一来形成的蛇曲形状就能够得到很好的保留。

新疆维吾尔自治区巴音布鲁克草原上的"九曲十八弯"是典型的自由曲流

书法大师的慧眼：离堆山和穿断山

大师笔下走龙蛇，慧眼识破山水谜。休道夫子死读书，阅尽江山方命笔。

文是文、理是理，文理贯通方是真学问。读懂大自然，解破了难题。

古人说，绘画和书法必须融进真山水。知晓山水秘密的大师，才能运用如椽大笔，绘出至善至美的画，写出笔走龙蛇的书法。

鼎鼎大名的唐代大书法家颜真卿就是一个例子。颜体书法自成大家，他写的字编成字帖，是人们学书法的典范。

颜真卿真的从自然山水里，悟得了书法的真谛吗？

不管是不是这样的，他可真正对大自然有过深刻的认识。

公元 762 年，他来到嘉陵江边一个古镇新政镇，觉得江边的一座山有些不平常。只见它孤零零地耸立在江边，和周围的山丘没有一点连接。山背后藏着一道弯弯的洼地，两边都和河谷相通。

咦，这是怎么一回事，难道这山自来就和众山不合，难道山背后那个洼地是天生的？他站在江边看了又看，心里一下子明白了，兴奋地说道："啊，这是古时候被江水冲开的一座孤山啊！"

他说对了。

嘉陵江流进四川盆地，像一条蛇似的，在低矮的山丘中间盘来绕去。有的地方弯曲得很厉害，两边几乎快要挨拢了，只在中间留下了一道细细的脖子和一座三面环水的孤山。当这个细脖子被冲开，中间那座山就和周围完全失去了联系。江水流过新冲开的口子，孤山后面留下一道弯弯的干河床，成为往昔历史的证明。

颜真卿看见的孤山，就是这样生成的。他非常高兴，提起笔写了一篇《鲜于氏离堆记》，描述这座孤山"斗入嘉陵江，直上数百尺……不与众山相连属"，刻写在江边的崖壁上，给它取名叫作"离堆"，立了一个碑，于是，这名字就一直流传到现在。他的发现，比欧洲整整早 1100 多年。想不到这位书法大师还有这样了不起的科学头脑，实在值得敬佩。

后来的地质学家怀着崇敬的心情，把这种深切曲流生成的孤山命名为离堆山，写进了教科书。

四川盆地是离堆山的老家。除了颜真卿发现的这一座，还有许多同样的离堆山，顺着嘉陵江走一走，准会大开眼界。

在四川，还有两个很有名气的离堆。一个在都江堰，是古时候修建都江堰水利工程时人工开凿出来的。

这个离堆不能算数。它怎么可以和颜真卿发现的离堆山做亲兄弟呢！

还有一个在乐山城的对面，紧靠着著名的乐山大佛，有一条古河道，那边就是取名乌尤山的另一座离堆山了。

都江堰宝瓶口的离堆系人工开凿而成

但它也不能算数。虽然它是古河流天然冲开生成的，却不是深切曲流裁弯取直的结果。科学家把这种孤山叫作穿断山。

记住啦！离堆山和穿断山都是江流变化的"特产"。

四川省乐山市乌尤山属于古河流天然冲开生成的穿断山

河边有台阶：阶地

一层层台阶，一级级阶地，记录了大地抬升的故事，显示了地壳的呼吸，承载着沿江城市、村镇和田地，真的了不起！

来往在江上的人们，常常会瞧见一道熟悉的风景。两岸一层层的平台，从河边一直延续至山坡，有的甚至可以到达半山腰。

台湾省宜兰市大同乡兰阳溪谷的河流阶地

人们好奇地问：这是什么，自然界怎么会有这种地形？

这不是人工的遗迹，而是大自然在河边建造的一种特殊地形。地质学家把它叫作"阶地"。

仔细看河边的阶地，和山坡大不相同。阶地是平的，山坡是斜的。

阶地的土层下面，常常有一层厚厚的鹅卵石。山坡上的风化土层下面，却藏着坚硬的山石。有的地方岩石直接暴露在地表，和阶地的沉积结构大不一样。细心的人瞧见这些泥沙和鹅卵石就明白了，原来这是河流堆积生成的啊！把它和坡脚下的河滩地比较一下，就更加明白了。阶地和河滩地一模一样，地形都是平的，都有同样的泥沙和鹅卵石堆积。这更加证明了，一层层的阶地，都是河流的产儿。

原来它们都是古代的河滩。那时候，地势没有这样高。河水从这儿流过，生成堆满泥沙和鹅卵石的河床。后来随着地壳不断上升，才把河床抬到很高的位置，脱离了河流，生成了阶地。

地壳上升了，阶地抬高了。原来的河流呢？

河水照旧流动着，又开辟了新的河床。

后来，地壳再上升，河流又下切，就在河谷两旁留下了一层又一层阶地。远远看去，好像是谁特意修造的许多台阶似的。

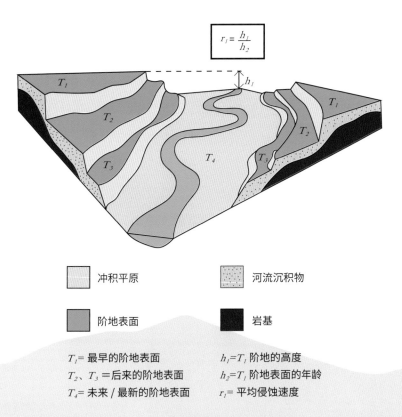

$$r_1 = \frac{h_1}{h_2}$$

冲积平原	河流沉积物
阶地表面	岩基

T_1 = 最早的阶地表面　　h_1 = T_1 阶地的高度
T_2、T_3 = 后来的阶地表面　　h_2 = T_1 阶地表面的年龄
T_4 = 未来 / 最新的阶地表面　　r_1 = 平均侵蚀速度

阶地示意图

阶地是地壳运动间歇性上升生成的，可以利用它研究古时候的地壳运动。想知道地壳上升了几次吗？

太简单啦！只消数一下有几级阶地就行了。有几级阶地，地壳就上升了几次。

你想知道地壳抬升了多高吗？

这也容易极了。只消仔细测量一下阶地有多高，就知道地壳上升的高度了。古时候的地壳运动瞧不见、摸不着，阶地，就是研究古代地壳运动最好的工具。

在山区里，地势崎岖不平，平坦的阶地是修建道路最好的地方。由于离河流很近，乘船、汲水都很方便。从原始时代开始，人们就看中了这种地形，在这里建房居住。沿河的城市和村镇，大多也坐落在平坦的阶地上。

阶地上土质疏松，地下水丰富，还是种庄稼的好地方。一片片阶地，就是一座座粮仓。阶地，真是河边的一块宝地啊！

[补 充 知 识]

　　阶地一般指河流阶地，此外还有海蚀阶地。基岩海岸在海浪的长期侵蚀作用下会形成海蚀洞，海蚀洞不断扩大，顶部岩石崩塌坠落形成海蚀崖，海蚀崖不断后退，就会在崖前留下一个向着大海微微倾斜的平台，这就是海蚀平台。海蚀平台因陆地上升或海面下降而高出海面，就成为海蚀阶地；反之，如果海蚀平台被海水淹没就成为水下阶地。

台湾省澎湖县七美乡七美屿东部的小台湾，
这是一块海蚀平台，因形似台湾岛的轮廓而得名

江上鬼门关：长江三峡的险滩

江水滚滚江流急，江心滩险恶如虎。来往船只由此过，船夫心中直打鼓。

别害怕，旅客；别担心，船夫。人定胜天乃常理，有什么滩险过不了的？

蜀道难，难于上青天。

蜀道之难，岂止秦岭、大巴山的栈道难行，悬崖绝壁天险。从水上进出这个封闭的盆地也很困难。

团团被大山围绕封闭的四川盆地，只有东边一个缺口，滚滚长江穿过三峡流出去。不用翻山越岭，驾着一叶扁舟就能东出峡谷，进入辽阔的江汉平原，进一步浮于东海。

啊，这岂不是一条通畅的大道，何以也叹息蜀道难？

不明真相的人们，别以为水道容易陆路难，殊不知各有各的难处。长江三峡里有许多险恶的礁滩。从前没有整治的时候，木帆船航行非常危险，和高山峻岭里的栈道同样是一条畏途。

这里的滩险几乎数不清，最危险有三个，全都集中在湖北境内的西陵峡里。

西陵峡

顺江而下，第一个是位于巴东和秭归之间的泄滩。北岸的令箭碛，是一条山溪的洪积扇，笔直伸入江心，正好和南岸的一条名叫蓑衣石的过江石梁相对，把江流束得很窄，造成一股迅猛的急流。石梁在水落时露出江面，涨水时若隐若现，急流上下还有许多明礁暗石，给航行造成很大威胁。

泄滩在洪水位时最危险，是从前洪水期的第一险滩。

第二个是坐落在兵书宝剑峡和牛肝马肺峡之间的新滩。这个滩又名青滩，是川江枯水第一恶滩。江中堆满大小石块，枯水期水落石出，水位越低越危险。其中一个地方，无数巨大岩块阻塞江中，像是一道天然溢洪堤坝，上下水位差达2米多。急流宛若瀑布从滩头直泻而下，冲击江心礁石溅起万丈巨澜，声如雷鸣可闻于数里之外。来往的大船和小船只能从号称"龙门"和"官漕"的两个漕口，像翻门槛似地找机会通过。漕口内外隐伏着许多锋锐的礁石，航行非常危险。船行至这儿，只要一丁点儿不小心，就有舟覆人亡的危险，千百年来在这里不知吞没了多少船只。

第三个是西陵峡下段的崆岭滩。

这儿的河床内，布满了犬牙交错的礁石群，崆岭滩就是其中最险恶的一个。在川江水手和纤工口中，流传着两句话："青滩泄滩不算滩，崆岭才是鬼门关。"在这里，一道石梁把江流分为南、北两漕，漕内到处都是坚硬的礁石。其中有三个大礁石排成品字形，挡住了来往船只的去路。最大的"头珠"上，刻着"对我来"三个大字。下水船必须从激流里对准它冲去，擦着石边立刻转弯，再抹过旁边的礁石，稍微偏离一丁点儿，就会撞得粉碎，多危险啊！

古时候，来往船只要经过这儿，都必须卸空旅客和货物，船夫再小心翼翼地驾着空船驶过去，所以叫作"空舲滩"，后来错写成"崆岭滩"，一直流传到现在。

长江三峡除了这三个大滩，在进峡、出峡的地方，还有滟滪堆和葛洲坝两个有名的滩险。

滟滪堆位于白帝城下，瞿塘峡西口，是一块巨大的礁石，枯水季节出水60米以上，像一只拦路虎阻挡住进峡的大门。船到这里，撑船的船老大不知该怎么走，心里犹豫不决，所以取了这么个名字。自古流传着一首民谣唱道："滟滪大如象，瞿塘不可上。滟滪大如牛，瞿塘不可留。滟滪大如马，瞿塘不可下。滟滪大如鳖，瞿塘行舟绝。"可见这里多么危险。

瞿塘峡今昔对比

上图为刊于《人民画报》1963年第一期的瞿塘峡，下图为2009年从白帝城拍摄的瞿塘峡

出了三峡的峡口，从前有一个很大的浅水沙洲。来往船只一不小心就会搁浅，所以叫作"搁舟坝"，后来不知怎么叫成了"葛洲坝"。算是将近200千米的长江三峡的最后一滩。

长江三峡里的几个大滩，各有各的生成原因和取名的来由。峡谷里有这样多形形色色的险滩，古时木帆船时代，要想从这些险恶的滩头穿过去，真是难于上青天啊！一点也不比李白说的秦岭、大巴山的栈道容易通过。

[补 充 知 识]

1959年，三峡航道部门为彻底避险，将滟滪堆炸毁。这块巨大礁石的部分岩块现存于重庆中国三峡博物馆。

江上小河湾："汜""渚""沱"

满眼洪水滔滔，倏忽江流似箭。江心一只小船，何处可靠岸？艄公心中自有数，前面江上小河湾。

古诗里常常描写被丈夫抛弃的"怨妇"，其实也有"怨夫"。《诗经·国风·召南》里就说了这么一个。其中有一首诗《江有汜》吟唱道："江有汜，之子归，不我以。不我以，其后也悔！江有渚，之子归，不我与。不我与，其后也处！江有沱，之子归，不我过。不我过，其啸也歌！"

看样子这的确是一个被妻子抛弃的"怨夫"了。他独自站在河边，想起离开自己的妻子，回来也不看望自己一下，实在有些想不通，只好悲伤地放声唱歌，真值得同情呀。

请注意，起初他看见的是"汜"和"渚"，后来面对着江边的一个"沱"，伤心怀念妻子。

"汜"是死河汊，"渚"是江心的沙洲，"沱"小小的河湾。这样叫"沱"的河湾在自然界里很多，重庆附近的许多河湾就叫作"沱"。什么土沱、唐家沱、郭家沱的，多得说也说不完。

俯瞰重庆市牛角沱。这个河湾因岸边有一个形如牛角的石坡，故得名
照片中的河流为长江上游支流嘉陵江，江边建有重庆轨道交通 2 号线和 3 号线的换乘站牛角沱站

"沱"是一种特殊的江边地形。仔细看这些"沱"，大多分布在峡谷进口和出口的地方。

为什么这样？和水流作用分不开。河水流进峡谷的时候，河面一下子变窄了，江水没法全都流进去，就会在外面生成一个漩涡，冲刷两边的河岸，逐渐冲成一个小河湾了。峡谷出口的地方，河面突然放宽，也会在两边生成同样的涡流和河湾。

这种河湾就是"沱"。不消说，这儿的水流不急，常常形成一些小河港，是来往船只歇息的好地方。有了这种港口，就会带动地方经济发展，一个个小村镇也就跟着形成了。

有名的白帝城就是这么一个"沱"。

它坐落在江流似箭的瞿塘峡口，沱外沱内水势急缓形成鲜明的对比。沱外江水咆哮，沱内流势缓和，是躲避风浪的好地方。

这个河湾真是再好也没有了。和汉光武帝争天下的"白帝"公孙述，一眼就看中了这个风平浪静的小河湾，可以停泊船只，于是就在这里修建城堡屯兵驻守。后来诸葛亮又利用它作为基地，作为防守蜀中的大门。刘备气冲冲远征东吴，打了一个大败仗逃跑回来，一直跑到这里才停下脚步。他窝了一肚皮气，最后死在这里了。

让我们回头看《诗经》里描述的那个"怨夫"吧。从整篇诗里，他先瞧着河里的一条死河汊"氾"和水里的沙洲"渚"，后来又慢慢走到了"沱"。既然"沱"是可以停泊船只的小河湾，他会不会最后站在这里等候下船归来的妻子呢？

都江堰的科学和哲学

问道青城山，拜水都江堰。其中有奥妙，欲辩已忘言。自古大道就无形，从来大师均谦逊。这才是玄之又玄，妙之又妙。中华哲学何等深沉，融入了伟大水利工程。

都江堰全景

成都附近的都江堰有两千多年的历史，是世界闻名的水利工程。人们慕名来到都江堰一看，常常会大失所望。

唉，这哪算是世界级的工程建筑呀！猛一看，似乎什么东西也没有。想在这里摆一个 POSE（造型），咔嚓拍一张"气势万千"的照片也不成，哪有现代化的水利工程雄伟壮观。

得啦，俗人哪里懂得都江堰。其实都江堰的奥妙，就在于它几乎什么也没有，这才是最高妙的境界。

君知否？都江堰包含了高超无比的科学原理。

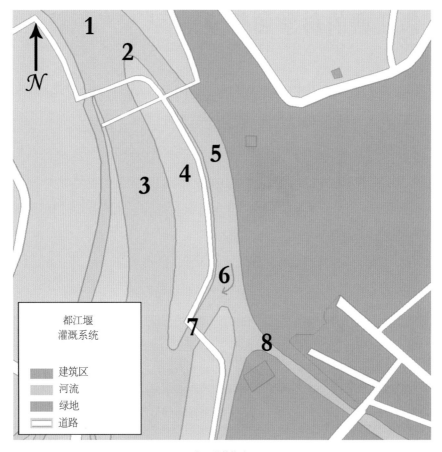

都江堰的构造

（1）为岷江，（4）为河流中央的沙洲，这是一个人造堤坝，前端的鱼嘴（2）将岷江一分为二，（3）为外江，（5）为内江，内江的泥沙在飞沙堰（6）经河道（7）排入外江，宝瓶口（8）将岷江水引到右下方的农业用水处

古往今来的水利工程都有一个十分头疼的问题，怎么处理泥沙淤积？现代化大型水利工程为了解决这个难题，不得不使用大量人力物力修造排沙设施。都江堰却反其道而行之，利用河道水流天然性质自动排沙，压根儿就不用修造什么宏伟的排沙工程。

没有专门的工程设施，怎么排沙呢？

放心吧，咱们老祖宗设计的都江堰，要排沙自有奥妙。

人们做梦也没有想到，它竟是利用河道水流自然滤沙、排沙，还用得着什么人工设施吗？

原来河流自身就有处理泥沙的特殊功能，是最好的天然滤沙器。

奥妙在于河水的流动形式。你以为河水笔直往前流吗？才不是呢！河水里存在着特殊的水内环流。河道转弯的地方，在惯性作用下，含沙较少的表面水流笔直冲向凹岸。受到凹岸阻挡，侵蚀了一些泥沙后，变成一股挟沙底流，又沿着河底流向斜对面的凸岸，在凸岸堆积形成低缓的河漫滩。在弯弯曲曲的河床里，河水就是这样绕着圈子往前流。

让我们再回头看都江堰吧。在它的进水口，有一个巨大的河心沙洲，把出山的岷江分隔成内江和外江两股水。内江有一些弯曲，但是弯度还不够，不足以引进全部表面清流。聪明的李冰就用装满石块的竹筐排列，修筑了"鱼嘴"分水工程，因其形如鱼嘴而得名。请别小看了这个区区鱼嘴，由于它的干扰，增加了内江的弯曲度，完善了水内环流，引导更多的表层含沙量较少的清水流入内江，自然减少了进入内江堰区渠道的泥沙，起了天然滤沙的巧妙作用。

鱼嘴前端，左边为外江，右边为内江。目前的鱼嘴平面为半月形，由砾石和混凝土筑成

话虽然这样说，河水带来一些泥沙也是不可避免的。怎么进一步排沙，不让泥沙进入内江灌溉渠道，还是一个必须解决的问题。他又在江心洲中间的一个天然低洼部分，安排了一个飞沙堰，用来排洪、排沙。在洪水期间，这儿可以自动把多余的洪水排入外江，保证内江堰区安全。同时又因其处于凸岸部位，可以根据水内环流，挟沙底流流向凸岸的原理，自动排出进入堰内的泥沙，避免内江渠道系统堵塞，轻易地解决了现代水利工程最头疼的泥沙问题。

要知道，西方直到100多年前，才发现河道水流的水内环流现象，大吹特吹自以为"先进"得不能再"先进"。殊不知李冰早就在两千多年前发现了这个现象，并且已经运用于都江堰水利工程了。谁是真正的先进，谁只不过是迟到的后进，还不一目了然吗？感谢李冰，感谢都江堰，为世界保存了这个先进科学的实证。

君知否？都江堰还包含了深奥无比的哲学观念。

都江堰附近的青城山是道教发源地，想不到都江堰早就以"无为"代替"有为"，深深体现这个哲学观念了。它对待处理洪水和泥沙两大难题，都立足于"疏"，思路十分先进。所谓"四两拨千斤"，根本就不需要修造宏伟的建筑，应了"大道无形"的古话，表现出难得的科学思想，也是一种哲学观念的具体表现。这是老庄哲学对水利工程设计的影响，还是李冰自己的省悟？不管怎么说，都江堰水利工程都深深浸透了深厚的哲学观念，这是古今中外各种各样水利工程所绝对没有的。

好一个了不起的古代水利工程！为什么那样多的世界文明古国伟大水利工程，经过时间的大浪淘沙，一个个埋废无存，只剩下我们的都江堰？这不仅是设计施工的先进，还由于那些工程徒有躯壳，缺乏一个深刻的思想灵魂吧！这是水利经典的都江堰，也是哲学都江堰，是中华文化最高境界的体现。

智者胜于力者，都江堰岂不是作了最好的说明？

飞流直下三千尺：瀑布

哗啦啦一股水，好似半山水龙头。为了山神洗淋浴，还是仙姑嬉水到此玩。牛郎何不趁机偷衣衫，便可留下一段佳话在凡间。

飞流直下三千尺，疑是银河落九天。

这不是银河，是浪漫的诗仙李白对庐山一道瀑布的赞叹。

好一个飞流直下，好一个银河落九天，简直把瀑布描绘得活灵活现。诗句里有画，仿佛一道高高的瀑布浮现在眼前；诗句里有声，耳畔好像还听见哗啦啦的喧嚣水声呢！

问瀑布，到底是怎么来到人间？

说白了，就是高处的水流翻翻滚滚直泻下来。"瀑"者，一股急速喷出之水也。"布"者，形容其宛然一匹高高挂在半空的布卷也。

贵州黄果树瀑布

在贵州黄果树瀑布，当地布依族有一个传说。据说有一个恶霸土司看上了美丽的姑娘白妹，跟在后面划船追赶。她和心爱的小伙子水哥逃跑到这里，连忙用剪刀剪断河水，变成了一道雄伟的瀑布。土司来不及躲避，连人带船跌下瀑布淹死了。

你看，河水可以剪断，岂不和"布"一样。叫它瀑布，再恰当也没有了。滚滚河水流不尽，当然就形成哗啦啦的瀑布了。

瀑布还有一个名字叫作跌水。这个名字更有趣。高处的水一个跟斗跌下来，岂不就是瀑布吗？一听这个名字，就知道它的生成原因了。

瀑布有大有小，有高有低。高者可以上千米，低者不过十几厘米。

啊，你说什么？十几厘米也能够叫作瀑布吗？岂不气坏了李白，白写了气势澎湃的"飞流直下三千尺，疑是银河落九天"？

别性急，为了安抚大家的情绪，那就不叫瀑布，叫它为跌水吧。跌水这个名字妙不可言，不仅十分生动地形容了瀑布的生成原因，还顺便解决了这个大小不同的问题。距离成都不远，流传着卓文君、司马相如故事的邛崃市，有一座风景优美的天台山。山中层层叠叠的小跌水，高者不过一两米，低者只有几厘米。清亮亮的水流漫过一道道红色砂岩台坎，形成了层层叠叠的跌水。虽然没有巨大的瀑布壮观，不好叫作瀑布。可是其实质却没有什么不一样，也很有趣呢。

四川省成都市天台山的跌水

瀑布是有声音的。要不怎么叫作"瀑"？

清代文学家袁枚在广东省清远市写的《峡江寺飞泉亭记》中描写说："飞瀑雷震，从空而下"，"闭窗瀑闻，开窗瀑至"，就是瀑布声音最好的写照。想一想，从半空中泻流下来的瀑布，好像雷声轰鸣一样。关着窗子都能够听见，可见声音有多大，简直像是如雷贯耳。读了这篇文章，耳畔似乎也回响着瀑布的声音呢。地跨赞比亚和津巴布韦两国的维多利亚大瀑布，赞比亚人叫作莫西瓦图尼亚瀑布，津巴布韦人叫作曼吉昂冬尼亚瀑布，都是"声如雷鸣的雨雾"的意思，名字本身似乎就是有声音的。

信不信由你，也有无声的瀑布。

有的瀑布像是一道珍珠帘，无数水珠儿从崖上飘洒下来，几乎没有一丁点儿声响，虽然算不了壮观，却也富于诗意呢。

瀑布大多是一条河流经一道陡崖，从崖上跌落下来。也有从山腰溶洞里流出的瀑布，还有雨后山水形成的。仔细说起来种类很多，也不是只有一个出身。

[补 充 知 识]

　　黄果树瀑布，位于中国贵州省安顺市镇宁布依族苗族自治县，属于珠江水系打帮河的支流白水河段水系，是黄果树瀑布群中规模最大的一级瀑布。瀑布高度为 77.8 米，宽度 101 米，其中主瀑高 67 米，主瀑顶宽 83.3 米。因为它的瀑布群连环密布、主瀑雄奇壮阔而被誉为亚洲第一大瀑布、中华第一瀑。

黄果树瀑布群中的银链坠潭瀑布，是该瀑布群中最秀美的瀑布。这个瀑布只有十余米高，上部呈漏斗状，底部是槽状溶潭。
上部隆起的石头互相交错搭连，河水在石包上均匀铺开，就像散落成无数大大小小的银链，再缓缓坠入溶潭

井水犯河水：地球上的水循环

谁云井泉、河流无关联。天空雨，河中水，地下泉，统统连接一条线。河水涨落，不仅船高船低，井水也涨涨落落，共同呼吸，营造出一个天地海水分大循环。

广西壮族自治区崇左市的德天瀑布，该瀑布位于中国和越南的边境，上游为归春河，源头为广西靖西市的地下河

俗话说："井水不犯河水"，这话对吗？

否！表面上看，这话是对的。井水地下出，河水地面流，二者似乎互不相干。

井水真的不犯河水吗？

那才不是这样呢。不说太远了吧，河边不远的水井人家都有这样的经验。河水枯，井水也枯。河水涨，井水也跟着涨。雨后或洪水季节，河水泥沙增多，常常变成黄色，井水也跟着变得浑浊，无复往日的清亮。于是得出一个结论：河水犯井水，井水也犯河水，二者似乎是相通的。

河水与井水互犯的根本原因，在于地表水和地下水的相互沟通。河水可以浸漫入土壤，从而补给井水。二者水面共同涨落，其实是相互暗通的。

进一步深究，井水和河水的关系，岂仅是狭隘的二者关联，还涉及天空领域。古人早已领略其中关系，有诗为证：

王维说，"空山新雨后，天气晚来秋。明月松间照，清泉石上流"，又说"山中一夜雨，树杪百重泉"，都表露了这个意思。

朱熹说："山高泽气通，石窦飞灵液。默料谷中云，多应从此出。"不仅说明了泉水的来历，还解释了山谷中的云气和地下水相互演变的关系。好一个"泽气"之"通"，一个字，就使人一通百通了。

隋朝大儒王通《中说·卷十关朗》曰，"所谓流之斯为川焉，塞之斯为渊焉。升则云，施则雨，潜则润，何往不利也"，清楚阐明了水分循环现象。其中，"潜则润"一语，就是说的地下水。什么"井水不犯河水"，只不过表象而已。只要深入一步钻研，就会发现根本不是那么一回事。

所有这一切，统统都表明了水分循环的规律性。地球上的水分循环有大循环和小循环。王维、朱熹、王通揭示的水分转换关系，仅仅是发生在陆地和天空之间的小循环。放宽眼界观察，还有陆地、海洋、天空之间的大循环。这个过程就是空中的水降到地面，转化为河水流进大海，再经过蒸发成为云，飘送到陆地上空，降水到达地面。周而复始，永不停息。其中在陆地阶段，又有地表水和地下水的相互转换，共同构成了一个宏大的水循环。

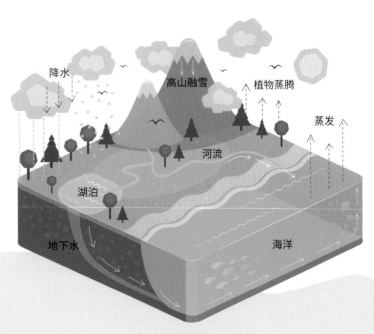

地球上的水循环示意图

山下出泉：泉与地下水

谁说石头榨不出水？石头下面就有泉。土下面，泥下面，层层叠叠岩石下面，千年万年汩汩流淌不完。

泉水是从哪儿来的？

《周易》说"山下出泉"，一句话就道破了泉水的秘密。

是呀！俗话说，"掀起石头便是泉"，就包含了这个道理。不过这话也有些夸张，也不是随便掀起一块石头就有泉水冒出来的。如果真的那样，我们的脚下岂不是一片泉水的海洋吗？

泉是什么？说得直白些，就是地下水的露头。一旦地下水流出来，那就是泉了。

挖根问到底，地下水又是怎么来的呢，总不会真的是从石头里榨出来的吧？

地下水和雨水、地表水有密切关系。空中的雨雪，地面的水流，渗透进地下就生成了源源不绝的地下水。

地下水流出来的泉水，有些什么形式？我们的老祖宗早就有认识了。东汉末年刘熙与南宋郑樵注释《尔雅·释水》，根据不同的形态，将泉水划分为许多类型。除了泉的露头水势不同的复杂分类外，还专门列出了水势上涌的"涌泉""滥泉"，河边渗流出来的"肥泉"，地下暗河流出来的"氿泉"，高高悬挂在崖壁上的"沃泉"等，分得非常仔细。

浙江省金华市双龙洞里的瀑布，水源来自地下河

地质学家说，泉有三大类，和地下水的形式有关系。

地下水渗进土层后，在地下第一个稳定隔水层之上的含水层，具有自由水面，大致和附近的河水面相当，可以自由流动。这也就是石灰岩地区的暗河水面，叫作潜水。潜水的水量丰富，流势稳定，出露形成的地下水当然也是最重要的泉点。

地下水面以上，存在于包气带内的地下水，从土壤、岩石裂隙里出露生成的是下降泉，也叫作悬泉。

地下水面以下的水流，存在于两个隔水层之间，在静水压力的影响下，具有承压水的性质，流出来就形成了上升泉。

如果静水压力很大，还会生成奇特的喷泉，济南的趵突泉就是最好的例子。

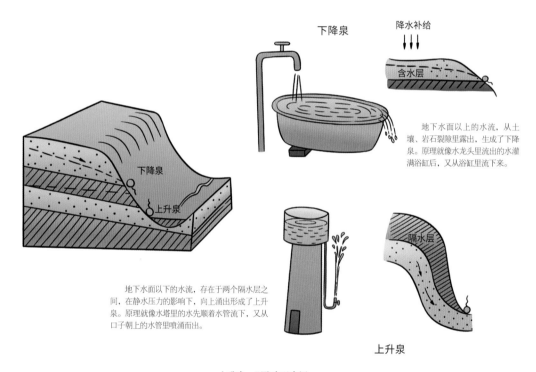

下降泉

降水补给

含水层

地下水面以上的水流，从土壤、岩石裂隙里露出，生成了下降泉。原理就像水龙头里流出的水灌满浴缸后，又从浴缸里流下来。

下降泉

上升泉

地下水面以下的水流，存在于两个隔水层之间，在静水压力的影响下，向上涌出形成了上升泉。原理就像水塔里的水先顺着水管流下，又从口子朝上的水管里喷涌而出。

隔水层

上升泉

上升泉、下降泉示意图

此外，根据水温不同，还有特殊的温泉、冷泉等类型。根据所含的不同矿物成分，又可以进一步分为不同的矿泉，有的对身体具有很好的治疗作用。

泉水可说的问题还多着呢。它们流出来可以补给河流、湖泊、池塘。"问渠那得清如许？唯有源头活水来。"源头水流汩汩不绝，下游泉水自然就清亮亮的了。

泉水哺育大地，也是各种各样野生动物赖以生存的生命泉源。沙漠里骆驼和马会找水不稀奇，想不到小小的蚂蚁也会找水呢。战国思想家韩非的著作总集《韩非子》中就记述了春秋时期齐国大夫隰朋遇到的一件事："行山中无水，隰朋曰：'蚁冬居山之阳，夏居山之阴。蚁壤一寸而仞有水。'乃掘地，遂得水。"

瞧，蚂蚁能够随着季节变化选择住所，所选择的地方下面必定有水，也是一个有趣的经验之谈。早在两千多年前，古人就发现了这样的现象，更加不容易。

[补 充 知 识]

地下水是指存在于地面以下的岩石裂缝和土壤孔隙中的水，是水资源的重要组成部分。由于地下水水量稳定，很少受气候影响，污染程度低，水质好，所以是居民生活、农业灌溉以及工业用水的重要水源之一。我国地下水的开采利用量占全国总用水量的 10%~15%，其中北方各省区由于地表水资源不足，地下水开采利用量更大。

但地下水的利用和保护不当也会造成一定的灾害。例如，地下水的过度开采会造成地层下陷，某些沿海地区还有可能造成海水渗入，使得地下水盐碱化。美国各州由于地下水超采情况相当普遍，所以几乎都面临着地层下陷的问题。

人类活动引起的工业废水废渣、生活污水以及垃圾等的任意排放和农药化肥的过度使用会造成地下水的污染。而且因为地下水的污染不易清除，无法在短时间内净化，污染之后的再治理相当困难，所以地下水的污染可持续相当长时间，自然净化期甚至长达数百年。最终势必影响到人类对地下水的利用，甚至造成严重的健康问题。

喊泉的秘密：间歇泉

喊一喊，出一股，魔术大师也没有这样牛。玄妙自是大自然，羞煞多少人间高手。

瞿塘峡里流传着一个半真半假的故事。据说，和一位善良的老奶奶有关系。

这位老奶奶非常神秘，住在崖壁里面，从来也不露出面孔，更加别说是走出来晒一晒太阳了。她是瞿塘峡里的老住户，虽然藏在冰冷的石壁里，却有一颗火热的心。只要听见外面有人喊叫一声，就从手里的瓶子倒一些又香又甜的泉水，让它顺着岩石裂缝流出来，给来往的行人解渴。有趣的是，每次不多不少只流出来一碗水，刚好够一个人喝。真神奇啊！

人们感谢她，把这股泉水叫作"圣姥泉"。因为旁边有一块大石头，很像伸长了脖子的凤凰，所以又叫"凤凰泉"。

嘻嘻，别糊弄人啦！这准是一个哄人的神话。

不，这是千真万确的事实。著名的南宋诗人陆游可以做证。他在《入蜀记》的日记中写道："过圣姥泉，盖石上一罅，人大呼于旁，则泉出，屡呼则屡出，可怪也。"

看样子，似乎他也怀着好奇心，亲自试了几次。每次对着石壁呼喊，都会得到那位看不见的老奶奶的关照，赏赐他一捧捧甘泉之水。要不，他怎么会在日记里记下这一段呢？

藏在石壁里的老奶奶不分春夏秋冬、日日夜夜，怀着爱心分给行走在这段栈道上的行人一股股泉水，名声越来越大。人们怀着崇敬的心情，在这儿立了一块石碑，上面刻着"圣泉"两个大字。

离这儿大约 120 千米的山中，还有一个同样的喊泉。石头里流出一股很细的水流。如果朝着石缝大声喊叫，水量就会变大，涌出一大股水来给人解渴。

那儿也藏着一位善心的老奶奶吗？

当然不是的，世界上哪有这回事。地质学家仔细考察了这两个地方，宣布说："这是常见的间歇泉，一点也不神秘。"前面所介绍的《尔雅·释水》云"泉一见一否为瀸"，乃是间歇泉的意思。间歇泉中有一种声震泉，就是圣姥泉这样的类型了。

原来，这儿的岩石里有一条充水的裂缝。水满了，自然会准时流出来。如果在快要装满的时候，受到外界强烈的声波震动，也会顺着裂缝流出来。哪有什么藏在崖壁里的老奶奶？那只不过是人们的想象罢了。

如果根据同样的原理，制造出一个个人工喊泉。只消喊一声就流出一股水，既是新奇的游乐设施，还让人们懂得了一些科学知识，那才好呢！

[补 充 知 识]

喊泉多分布于石灰岩、白云岩地区的岩溶间隙以及地下河与岩溶潭聚集地带。岩层和土层中有一种脉状孔隙，当孔隙"管"的下端与处于即将溢出状态的地下储水池的水面接触后，由于地下水本身的压力和受到外力作用下引发的孔隙"管"虹吸作用，地下水便会沿着孔隙"管"上升而溢出形成泉水。

当人在泉口吼叫或发出其他声响时，声波传入泉洞内的储水池，进而产生"共鸣""回声"和"声压"等物理作用。泉洞中的水生动物受到惊动，激起储水池中的水波，使处于即将溢出的状态的储水池受到压力，诱发孔隙"管"的虹吸作用，形成涌泉，这就是我们看到的喊泉。

江心的沙洲：水内环流

关关雎鸠，在河之洲。生命乐园，难以寻求。

窈窕淑女，君子好逑。诗意葱茏，乐此不忧。

《诗经·国风·周南》里，有一段优美的情歌："关关雎鸠，在河之洲。窈窕淑女，君子好逑。"

这里所说的"洲"，是江心的沙洲。

雎鸠是水鸟。为什么栖息在江心的沙洲上？因为这里水浅，有利于捕鱼。而且远离两岸，可以躲避野兽和猎人，是最好的安乐窝。君子瞧见一双双水鸟比翼齐飞，爱慕心中的淑女也可以理解了。

"洲"又叫"渚"。《诗经·国风·召南》说"江有渚"，也就是这个意思。

江心沙洲是怎么生成的？和水内环流有关系。

之前已经说过，河水并不是一条直线向前流，而是打着圈儿的特殊环流。水流能量最大的洪水期，在顺直的河段，由于两岸岸坡对水流有摩擦作用，加以不是主流线经过的地方，所以水面略微低于江心水面。这一来，就从江心开始，形成两个水内环流了。表面水流斜冲向两岸，冲刷两边的岸坡后，底流挟带着冲刷来的泥沙，从两边向江心汇集，然后再上升到水面。在完成一个看不见的圈子后，周而复始继续同样的环流游戏。

当带着大量泥沙的底流在江心汇集，转化为上升的时候，不能继续搬运泥沙，就在江底堆积，慢慢生成一个个潜伏在水下的沙滩。这样的沙滩有一个名字，叫作心滩，来往船只一不小心，就会在这儿搁浅。这样的水内环流不断进行，江心泥沙越堆积越多，心滩逐渐增大加高。一旦露出了水面，就成为江心的沙洲了。

在河水作用下，江心沙洲不仅能够逐步增高，还会朝向下游缓慢移动呢。

咦，这是怎么一回事？

原来在水流作用下，不仅有泥沙的垂直运动使沙洲不断增高，还有洲头洲尾的水平运动使它不断向下移动。在迎着上游来水方向的洲头，经不住水流冲刷，就会逐渐后退。冲蚀沙洲后的水流带着泥沙，沿着沙洲两侧向前流去，将会在沙洲尾部形成两个水平的涡流。这儿流速减小了，没法继续搬运泥沙，就会逐渐淤积，使沙洲尾部向下游方向延长。洲头冲刷后退，洲尾淤积延长，整个沙洲也就慢慢向下游移动了。

江心沙洲生成的原因很多。除了反复进行的水内环流堆积，河流改道也能形成同样的沙洲，甚至面积广阔的江心"岛"。长江流经湖北境内，有一个特别巨大的百里洲，就是这样形成的。不消说，这样的沙洲不仅很大，地势也比较高。听一听，"百里"这个名字，就可以想象它是什么模样了。

从百里洲看长江对岸的枝江市城区
百里洲位于湖北省宜昌市枝江市，属百里洲镇管辖，地域面积212平方千米，是长江第一大江心洲

江心沙洲是生命最丰富、最活跃的地方，处处都孕育着一曲曲生命的欢歌。

这儿一派宁静，远离外界干扰。冬去春来的水鸟选择这儿做窝孵卵，真是再好也没有了。"关关雎鸠，在河之洲"，就是最好的写实。

这儿地势低洼，经常积水生成沼泽，长满成片成片的芦苇和别的水草。江风吹拂着芦苇塘，发出音乐般的沙沙声响，是诗意葱茏，抒发感情最理想的角落。"窈窕淑女，君子好逑"，完全可以理解。

苏东坡说谎吗：江心洲与泥沙运动

东坡先生太浪漫，描写赤壁风浪高。为何今日不见影？必定其中有原因。休要急着指责先生，先自认真搜寻。

苏轼在一首《念奴娇·赤壁怀古》里写道："乱石穿空，惊涛拍岸，卷起千堆雪。"

短短十三个字里，把岸边高高卷起的拍岸浪，空中散布的雪白的水沫儿，描绘得活灵活现的。在生动的画面里，似乎还夹杂着稀里哗啦的震耳声响呢。读了这一段诗句，谁不想到现场去看看，体会诗人当时的感受。

噢，想不到人们来到这儿一看，不由大失所望。不仅看不见白浪花，听不见波涛声响，竟连江水本身也没有。赤壁山冈上的亭台楼阁依然如故，崖壁下却只有一个平静的小池塘，连接着一片田野，远离滚滚大江，压根儿就无法领略当年"惊涛拍岸"的风光。

从湖北省黄冈市的赤壁广场远眺月波楼。苏轼谪居黄州时就住在月波楼对面的山脚，常登上此楼观赏长江奔流的风光

难道苏东坡在骗人吗？

哦，不是的。东坡先生没有骗人。这是他对当时景色的忠实描写。

这样说，有证据吗？

有呀！你看他的弟弟苏辙写的《黄州快哉亭记》，那里面也明明白白地写着，长江"至于赤壁之下，波流浸灌，与海相若"。证明那时赤壁不仅紧紧挨靠着大江，江面非常宽阔。如果江上有一阵风刮起，必定能够形成惊涛拍岸，卷起千堆雪。

你看有一本名叫《大明一统志》的古书，记录了当时赤壁"屹立江滨"的情况。为了让一个白龟报恩的故事永远流传，当地的人们还在赤壁矶下的江边雕凿了一只大白乌龟。可见直到明朝，赤壁的形势与苏东坡当年的情况并无差别。

怀疑的人会说，他的弟弟肯定帮着他说，古书和传说故事不可靠，不能作为证据。

别性急，这儿还有直接证据呢。

你看，赤壁睡仙亭下面的崖壁上，还遗留有许多船篙撑凿的孔洞，岂不是无可辩驳地紧挨着大江？

是的，苏东坡没有骗人，欺骗了人们眼睛的是自然的变化。从苏东坡的时代到现在，已经有近千年，千年的大自然历史难道没有一些儿变化吗？常言道，江山易改嘛。

话说到这里人们会问，千年以来这儿到底发生了什么变化？原本紧靠赤壁的大江怎么会跑得远远的？

问题出在赤壁山冈前面的这一片平原，是从哪儿来的。

地质学家说，这是一个江心洲呀！

仔细看这片山冈前的平原，果然是一个巨大的江心洲。沙洲上还有一串由古河汉形成的小湖和沼泽呢！

这个江心洲是从哪儿来的？似乎也是一个谜。苏东坡在《前赤壁赋》里描写的江上景色说："纵一苇之所如，凌万顷之茫然。"眼前空空荡荡的，一派波涛滚滚，看不见一丁点儿江心洲的影子。

这就是结论吗？

不，这是洪水期的情形，到了枯水期就不一样了。再看他在这里写的一首词《南乡子·重九涵辉楼呈徐君猷》中描写说："霜降水痕收，浅碧鳞鳞露远洲。"原来他站在山冈上放眼远望，的确瞧见上游远远有一个沙洲，和写《前赤壁赋》看见的不一样。

请注意，这是"霜降"季节，水落自然显露出浅浅的沙洲了。从诗意中分析，原来这个沙洲在洪水的时候被淹没，冬天枯水季节才显露出来。以后逐渐变高变大，随着水流才迁移到了这儿。

说到这里，又冒出一个新问题。沙洲不是孩子，怎么会一天天长大？它没有脚，怎么会自己搬家？

地质学家说，这是一个泥沙运动的问题。江水里的泥沙多了，沙洲就会不断淤积变大。江水冲刷了沙洲的头，把泥沙带到沙洲尾堆积，它就会慢慢向下游移动了。

为什么从北宋到明朝，江上的形势没有变化，现在突然变了样子？

没准儿是后来江水里的泥沙增多的缘故吧！人们不停地在长江上游乱砍森林，使原本还算清亮的长江，变成了"第二条黄河"，破坏了苏东坡笔下的赤壁壮丽风光。细细读苏东坡的诗词，慢慢看眼前的景象，我们是不是悟出了一个值得深深思考的问题？保护环境多么重要，别让江河里的泥沙越来越多，急速改变大自然景象。

[补 充 知 识]

江心洲是与江河两岸不连接，并能在江河之中长期维持稳定的泥沙淤积体。简单来说，江心洲就是江河中的沙洲。

在河流突然变宽和支流汇合等地方，泥沙容易在河流底部堆积，形成心滩。心滩上的泥沙越积越多，不断增大淤高，上升到一定高度之后，就会开始有植物生长。植物能够减缓水流、促进泥沙淤积，导致心滩进一步扩大，逐渐露出水面，这就是沙洲。一般来说河水会冲刷洲头，又有更多泥沙在洲尾沉积，这样江心洲就会不断往河流下游移动。

长江下游的太平洲、长江入海口的崇明岛、湘江中的橘子洲等都是典型的江心洲。

湖南省长沙市的橘子洲是湘江上典型的江心洲

"泾渭分明"和"泾渭不分"：泾水与渭水

泾水清、渭水浊；泾水、渭水全都浊。公说公有理，婆说婆有理。到底谁有理，还须法官公判，才是最终道理。

陕西省西安市泾水和渭水交汇处，两条河的界线清晰可见

泾渭分明，还是泾渭不分？有些说不清。

真的说不清吗？也不是的。世界上的事情哪有真正说不清的。

泾水和渭水都在黄土高原上。渭水发源于甘肃渭源县鸟鼠山，全长818千米。泾水发源于宁夏六盘山东麓，全长451千米，在陕西境内流进渭水，是渭水最大的支流。

从前，人们瞧见泾水清、渭水浑，常常说"泾渭分明"，又常常说"泾渭不分"。

用泾水和渭水的清亮和浑浊，比喻人品的高低，对待是非的态度。

请问，这两个成语的形成有没有先后？到底先有"泾渭分明"，还是先有"泾渭不分"？

最早提到这个问题的是《诗经》。其中的《邶风》里，有一首叫《谷风》的诗，里面有两句值得注意的诗句："泾以渭浊，湜湜其沚。"句中的"湜湜"是水清到底的样子。说的是由于泾水流进浑浊的渭水，它原来那样清亮的样子就再也看不见了。我们常用的这两个成语，就是从这两句诗里得到的概念，进一步引申发展而产生的。

从《诗经》描述的这个关系来看，显然是先有"泾渭分明"了。千百年流传下来，泾水清、渭水浊，似乎是天经地义。在一代代人们的心目中，留下了深深的烙印，永远不能改变。

请问你，难道真是这样吗？泾水真的永远都是清的，渭水从来都是浑的吗？

啊，不，历史老人会告诉你，从前并不是这样的。

泾水和渭水都在同一个地方，自然环境一模一样，河水原本都是一样的。它们的变化，是后来造成的。

科学家从当地的黄土层里采集了孢子花粉分析，恢复了这里的远古自然面貌。原来，从前不管是渭水还是泾水沿岸，到处都是一片茂密的森林草原，和今天瞧见的光秃秃的黄土山包，到处冲沟纵横，一片破碎的黄土塬面[1]大不一样。慢慢流淌在草地上的泾水和渭水都很清亮，压根儿就没有什么"清浊"的差别。那时候，两条河水都是清亮亮的，有什么好分的呢？显然是"泾渭不分"。

需要特别指出的是，这种最早的"泾渭不分"不是浑水，而是清水，和后来的"泾渭不分"大不相同。这是多么美好的"泾渭不分"啊！

前面所说的"泾渭分明"，是怎么产生的？

进入铁器时代，在农业迅速发展的西周初期，渭水流域首先进行了农业开垦。随着自然植被破坏，渐渐引起了水土流失。渭水变浑了，泾水还是清的，产生了《诗经》里所描述的"泾渭分明"的情况，是泾水和渭水流域自然环境演变的第二阶段。

其实，这样的情况并没有维持多久。随着泾水流域也开始乱砍乱伐，破坏了森林草

1.又称黄土平台、黄土桌状高地。塬是中国西北地区群众对顶面平坦宽阔、周边为沟谷切割的黄土堆积高地的俗称，原为方言，现已被引入地貌学，成为黄土高原的地貌正式名称。

原，水土流失也和渭水同样严重，泾河水也变浑了。"泾渭分明"一下子变成了新的"泾渭不分"，全都是浑浊的不分，进入了这儿的自然环境演变的第三阶段，一直延续到现在。

那个时候泾水的泥沙到底有多少？

《汉书·沟洫志》描写说："泾水一石，其泥数斗。"这时候泾水里的泥沙真多呀！谁踩着泾水过河，准会变成泥腿子。

啊，明白了。所谓真正"泾渭分明"的时间，其实非常短暂。随着无知的人们不断破坏环境，很快就消失得无踪无影了。今天我们还死死抱着早就过时的"泾渭分明"和"泾渭不分"的概念，评论这样那样，实在太可笑了。

泾水再也不会变清，消失的"泾渭分明"永远也不会重新呈现在我们的眼前，我们永远只能生活在这样到处黄水汤汤，"泾渭不分"的恶劣环境里吗？

不，人们干的傻事，还能用自己的行动改变过来。

20 世纪 50 年代初期，科学家在水土流失特别严重的甘肃省西峰镇的南小河沟，进行了植树造林和各种水土保持的工程实验。几十年过去了，如今谁再到这儿来，准会不相信自己的眼睛。看啊，昔日光秃秃的黄土坡，已经绿树成荫。从这儿流出来的小河水，也变得清清的。在它流进另一条河的地方，已经变成了新的"泾渭分明"。

渭河陕西咸阳段全景

一条南小河沟可以变成这个样子，整个黄土高原的河流也能变成这个样子吗？

当然可以呀！只要大家认真重视环境保护，开展植树造林，不怕麻烦和艰苦，修建起必要的水土保持工程，使所有的河水全都清亮亮，昔日早已消逝的"泾渭不分"，一定会重新出现在人间。

啊，这两个成语的形成和演变，包含着非常深刻的环境变化的意义呢。

[补 充 知 识]

渭河是黄河的最大支流，古时候称渭水。它发源于甘肃省定西市渭源县鸟鼠山，主要流经甘肃天水、关中平原的陕西宝鸡、咸阳、西安、渭南等地，在渭南市潼关县汇入黄河。全长818千米，流域总面积约13.47万平方千米。

泾河是渭河的第一大支流，古称泾水。它发源于宁夏六盘山东麓，有两个源头，南源出自宁夏泾源县老龙潭以上，北源在固原市大湾镇。两源在平凉汇合，向东流经宁夏泾川、陕西省长武县、彬县、泾阳等，在西安市高陵区陈家滩注入渭河。泾河全长451千米，流域面积45 421平方千米。

金沙江劫夺案：河流劫夺

世间怪事多又多，一条河劫夺了另一条河。赶快报告110，抓住送进派出所，判个十年八年不算多。

河流有匪性。

"匪"者，暴徒也。暴徒持械抢劫就是匪，和小偷小摸不一样，被他们抓住必定没有好果子吃。信不信由你，有的河流也干过这种坏事。

你不信吗？请看一个案例。

金沙江流到云南丽江石鼓镇附近，忽然转了一个急弯。几十年前有人看了又看，宣布这里发生了一件奇怪的"劫夺案"。这件事一下子轰动了全国，闹得沸沸扬扬，被写进当时许多书里。

"劫夺案"得要有"抢劫者"呀！这个"抢劫者"是金沙江的下段，"受害者"是石鼓南面的一条小河。

据报案者举报，金沙江从西北方向流来，到了这儿突然转一个急弯，扭头朝北偏东方向流去，在地图上留下一个锋利的锐角，号称"长江第一弯"。

长江第一弯
位于云南省丽江市石鼓镇与香格里拉县沙松碧村之间

转弯就转弯呗，有什么稀奇的？可是有人看了，觉得它的行迹非常可疑。

打开地图看，金沙江上段原来可能经过石鼓，笔直流向南边。石鼓南面的那条小河就是它的古河床，山垭口里还遗留着的鹅卵石堆积可以作为证据。金沙江原本从北向南流得好好的，想不到后来从下游伸展来一条河，在这儿劫夺了古金沙江。抢了它的上半截，硬逼着它在石鼓转一个大弯，朝向东北方流去。

这个河流"劫夺案"说得有板有眼，人们看了地图不由不相信。

这种现象叫作河流劫夺。劫夺者称为劫夺河。被砍断上半截身子的那条河，叫作断头河。劫夺处的河湾，叫作劫夺湾。劫夺湾和断头河之间有一个山垭口，可能是过去的古河床的遗迹，现在已经干涸了，叫作风口。

以上四点，是河流劫夺的主要证据，这儿都具备齐全，因此人们就把这里当作河流劫夺的典型案例。

后来有人给金沙江翻案了。它在石鼓附近的"长江第一弯"，是顺着两条锐角交叉的裂隙滚动的，上半段本来就是它自己的身子，不是抢来的。可怜的金沙江背了很久的"抢劫者"的骂名，真冤枉啊！

自然界里的河流劫夺现象很多。四川省江油市境内的马角坝河，就在雁门坝火车站附近，被另一条河劫夺了上半段。坐火车经过的旅客都能看见，这才是一个真实的河流劫夺的例子。

　　河流劫夺也称河流袭夺，是一个地理学上的名词，指相邻的两条河流在发育的过程中，由于侵蚀速度不同，侵蚀较快的"低位河"切穿分水岭，抢夺侵蚀较慢的"高位河"上游集水区的现象。

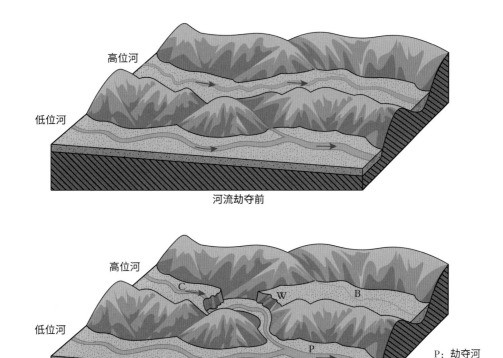

河流劫夺示意图

　　劫夺高位河的低位河叫"劫夺河"，被劫夺的高位河的上游称为"改向河"，失去源水的高位河的下游河段则称"断头河"。改向河与断头河之间的旧河床形成的新分水岭称为"风口"。

　　劫夺河因有改向河的水流注入，流量增加，侵蚀力增强。改向河的河流水量减少，形成水小谷宽的现象。断头河则因失去水源，水量减少，容易发生堆积。

秃尾巴短命河

哈哈！哈哈！小狗有尾巴，小猫有尾巴，想不到有的河流竟没有尾巴。瞧着这些秃尾巴河，心中无限疑惑。

俗话说："水流千里归大海"，无论大河小河总有一个归宿处。这似乎已经成为一个规律，无有破例的河流。

请问，世间有无尾之河吗？

有啊！新疆的塔里木盆地里，就有许多这种没有"尾巴"的秃尾巴河。

你不信吗？请你打开地图看吧！

先看茫茫塔里木盆地的南部边缘。一排排小河从昆仑山上流下来，想不到流不多远，就一条条无声无息地消失了，成为不折不扣的秃尾巴河。

没准儿是由于它们太小了，才这样短命的吧？

不，沙漠里的大河也是一样的下场。

有名的和田河，从山里流出来的时候，水势还很大，可以从山里冲带出许多玉石沉积在河床里。河水浇灌着土地，在山口生成了一片绿洲，显示出十分旺盛的生命力。可是有谁知道，当它流进沙漠，水势就越来越小。像强弩之末似的，再也不能畅快奔流，也很快在沙地上消失了。只在黄沙漫漫的地面上留下一道干涸的河床，作为它曾经存在过的证据。

这是怎么一回事？

原来是无情的塔克拉玛干大沙漠吞噬了它。塔克拉玛干是"进去出不来"的意思。想不到这个可怕的大沙漠，不仅对随意闯进它的领域的人畜十分残酷，而且对没有生命的河流也毫不留情。一条条从周围雪山上奔流下来的河流，就是这样被它无情地扼杀了的。和田河，只是其中的一个不幸的牺牲品。

请问，有冲进沙漠，一直流淌得很远的河流吗？

有呀，横贯塔里木盆地中央的塔里木河就是这样的。可惜它由西向东流了2000多千米，流进小小的台特玛湖，依旧没有找到出路。它的"尾巴"和这个可怜的小湖一起，在沙漠烈日下静静地消失了。紧挨着它的孔雀河流进罗布泊，也是同样的命运。

塔里木河风光

　　为什么在塔里木盆地里，一条又一条河流都丢掉了"尾巴"，落到这样可怜巴巴的下场呢？

　　主要的"杀手"是沙漠里的太阳。

　　由于这儿气候干旱，一年也不下几滴雨，在火炭团般的毒日头的曝晒下，强烈的蒸发使河水变干，最终扼杀了它们的生命。

　　沙漠大地也是难逃罪责的帮凶。

　　疏松的沙地，水分很容易渗漏。头顶上太阳蒸发，下面沙土渗漏，再大的河流也经不住这种上下夹攻，只有乖乖地变小变干，终至被切掉"尾巴"。

　　想不到有时人类也会伙在一起伤害它们。例如中亚的一些河流，由于人们无休止地引水灌溉，使河水减少，也造成同样的结果。

　　人们啊，请给河流一份爱心，让它们流得更远，更畅快，不要割掉它们的"尾巴"吧！

　　塔里木河在古突厥语中的意思为"沙中之水"，在维吾尔语里的意思是"无疆之马"，形容塔里木河经常改道。

　　塔里木河位于新疆维吾尔自治区塔里木盆地的北部，发源于天山山脉与喀喇昆仑山，沿塔克拉玛干沙漠北缘，流经阿克苏、沙雅、库车、轮台、库尔勒、尉犁等县（市）的南部，最后注入台特玛湖。流域面积102万平方千米。全长2179千米，是中国最长的内陆河，也是世界第五大内陆河，主要支流有和田河、阿克苏河、喀什噶尔河等。

　　塔里木河是南疆地区的母亲河，天山以南的绿洲基本都靠塔里木河水灌溉。但因为源流区和干流中上游地区的用水量不断增加，上游各支流的水源日益减少，中游地区植被衰败、沙化严重，还受到下游地区的沙化威胁，塔里木河的生态环境曾一度恶化。

塔里木河流域轮台县的胡杨林国家森林公园。塔里木河流域拥有世界上面积最大天然胡杨林

瞒不过的湖姑娘的年龄：湖泊的年龄

姑娘青春"二八"，正是芬芳年华。过了一个"二八"，又一个"二八"。过了三年再问她，想不到还是芳龄"二八"。

树姑娘、湖姑娘，也是一个样，不肯开口把年龄讲。要想弄清楚她们的年龄，别问她们妈妈，别问她们自己。问询科学家，还是有办法。

别瞧大自然里的许多事物不会说话，可它们也有年龄档案呀！

树木的年龄就很好计算。只消锯开树身，数一下有几圈年轮就一清二楚了。那么如何知道湖泊年龄呢？

湖泊有许多姊妹。其中冰川湖里的纹泥，就是计算年龄的最好的尺子。

中国最大的冰川湖新路海，位于四川省甘孜藏族自治州德格县境内的雀儿山下，靠雀儿山冰川和积雪融水以及降雨补给

冰川湖常常成群成片地分布在寒冷的冰川周围，是冰雪融化了的水流，积聚在洼地里生成的。这儿地旷人稀，很少有人多看它们一眼，更甭说进行研究了。冰川湖底的沉积物，往往都是很细的泥沙，薄薄一层层的，叫作纹泥。

北欧的瑞典、芬兰一带，有许多古冰川融化后留下来的冰川湖。1912 年，瑞典科学家拜伦·吉拉德·德·吉尔（Baron Gerard de Geer，1858—1943）研究了冰川湖底的纹泥，发现了一个非常有趣的现象。纹泥一层粗、一层细，一层颜色深、一层颜色浅，很有规律地排成一层层，引起了他的注意。

英国苏格兰阿伯丁郡桑德伍德湾的纹泥

咦，为什么纹泥里的层理这样有规律？其中隐藏着什么秘密？

他看了又看、想了又想，心里一下子亮堂了。

啊哈！这必定和树木年轮一样，是一年内不同季节堆积形成的。

夏天，冰川融化以后，冲带来的泥沙多些，所以堆得比较厚，泥沙颗粒也粗些。在冲来的沙子中，石英含量最多。因为石英是灰白色的，所以整层的颜色比较浅。冬天，只有很少一丁点儿淤泥堆积，颜色深些。这种一厚一薄、一深一浅的层次，反映出不同季节的特性。只消细心数一下，就能准确算出冰川湖的年龄了。

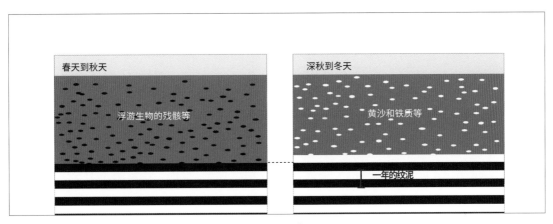

湖泊的纹泥示意图

　　科学家用这种方法，很快就计算出许多古代冰川湖生成的时代。当地最后一次冰期消退时生成的湖群，距今已有8100—10 200年了。别的地方冰川湖的年龄也算出来了，对研究古代冰川活动有很大的意义。

　　除了冰川湖，别的湖泊也可以用同样的方法查明它们的年龄。

　　在湿热的南方，一些湖底生成了另一种季候泥。夏天，是水草繁盛的季节，湖泥里含的腐殖质很多，所以常常是很深的灰黑色。冬天植物少，湖泥里的腐殖质少，颜色比较浅。一层层的湖泥，同样可以用来计算湖泊的年龄，只不过没有冰川湖纹泥那样清楚罢了。

评说堰塞湖

　　什么是湖? 积水就能成为湖。好比一些人有了一些小小积累,也能装模作样自称"湖"。山崩地裂后,堵住河水就成湖。昔日清溪水,今日堰塞湖。

　　2008 年的"5·12"汶川特大地震中,北川破坏最严重,几乎整个县城都被摧毁了。想不到一场强烈的地震过后,又冒出一个新的险情。上游 6 千米的唐家山发生大滑坡,成千上万吨土石堵塞了河流,形成了一个巨大的堰塞湖。很快就积蓄了大量湖水,库容达到 1.45 亿立方米。由于水位上涨快,地质结构差,坝体十分疏松,随时都可能有溃坝的危险。一旦出现险情,不仅北川将会受到第二次打击,包括四

川绵阳在内的下游许多城镇都有危险。

　　为了防备洪水突然袭击，有关部门立刻成立了抢险指挥部，调动大型直升机，直接把大量挖掘机、推土机空运到坝顶，集中兵力开挖溢洪槽，有计划地人工引流堰塞湖水。经过日日夜夜奋战，终于胜利完成任务，解除了洪水溃坝的警报。

　　在这次地震中，唐家山并不是唯一的堰塞湖。根据实际情况，有关部门也一个个进行了妥善处理，保障了安全。

　　堰塞湖都是地震造成的吗？

黑龙江省黑河市五大连池风光

不。在大自然里，不管什么原因堵塞河流，都能够生成同样的堰塞湖。除了唐家山这样的滑坡堰塞湖，山崩、泥石流、火山喷发等活动，都可以阻断河水形成堰塞湖。著名的黑龙江五大连池就是火山熔岩流堵塞河流形成的。堰塞湖是常见的地质现象，古往今来多的是。地质学家在包括金沙江在内的西南山区的河谷里，发现了许多远古时期的湖泊堆积，它们都是古堰塞湖的遗迹。其中，在以四川省凉山彝族自治州西昌市为中心的安宁河谷里，分布着一种新第三纪到第四纪初期的土状堆积物，取名为昔格达组。巨厚的淤泥层，质地十分细腻，面积非常广阔，就是一个特大号堰塞湖。

堰塞湖是不是都有危险？

那也不见得，这得要具体情况具体分析了。谁都知道五大连池就是一个风景区。一些地震生成的堰塞湖，也可以成为珍贵的旅游资源。

君不见，岷江上的叠溪海子就是 1933 年 7.5 级大地震的遗物，如今成为一个很好的旅游观赏景点。"5·12"汶川特大地震后也有类似的堰塞湖，可以同样开发利用。四川省绵阳市安州区罗浮山景区内的一个堰塞湖可以作为例子。其坝体前方有一道坚硬的岩石山嘴，完全可以利用为永久性的天然大坝。只消在狭窄的缺口处建立闸门，就能够保证堰塞湖稳固无忧。这里不仅可以开发旅游活动，还是进入闭塞的茶坪山区的水上交通线路呢。

[补 充 知 识]

五大连池位于黑龙江省五大连池市境内，是五个互相连通的火山堰塞湖，也是中国第二大火山堰塞湖。

1719—1721 年，老黑山和火烧山两座火山爆发，喷发的玄武岩岩浆堵塞了黑龙江流域讷谟尔河的一条支流白河，形成了五个堰塞湖，这就是五大连池的由来。

五个池的水色都不尽相同，但主要呈现棕、绿、黄等颜色。由于有山间溪流和断层涌泉，所以湖水终年不涸。现在已经发展成为一个著名的旅游景点。

五大连池风景区内的熔岩丘
远处是五大连池中的第三池白龙湖和五大连池火山群

海洋篇
Sea

啊，大海，神秘兮兮的大海。不知水下高低深浅，不知有多少暗礁、多少水藻、多少鱼儿游。是不是也该来一个兜底大翻身，挤干你的水分，把海底龙宫晾晒晾晒，好好研究研究？揪出龙王老爷，抓出虾兵蟹将，一个个问从头？别用一盆蓝墨水，蒙头盖脑遮掩住，叫人看不清，琢磨不透，你才好藏污纳垢。

杭州湾跨海大桥，这座大桥连接着浙江省嘉兴市和宁波市

"海"和"洋"的辈分

一个个海都妄自称大。非得要叫大海，吹嘘什么大，大，大。犹如肚皮里半瓶水，也敢厚颜称大师。

这一伙里有海，也有洋，是否都是一字并肩王？谁是爷爷，谁是孙子？别稀里糊涂一笔账。

人有尊卑上下的辈分，大海也是有辈分的。

人们的嘴里老是提起"海洋"这个词儿。其实"洋"和"海"属于不同的辈分，就像父与子一样不能混为一谈。

人们不理解会问，这是真的吗？

当然是真的！什么是"海"？什么是"洋"？

从面积来说，"海"比"洋"小得多。"海"是"洋"的一部分。只有"洋"分出"海"，没有"海"分出"洋"。从这个关系讲，"洋"是父亲，"海"是儿子。

小字号的"海"，压根儿就不能和堂堂大"洋"相比，也不能随便换名字。

让我们举例来说吧。渤海只能老老实实叫"海"，如果改一个名字叫"渤洋"，它够资格吗？反过来说，太平洋、大西洋也不能叫"太平海""大西海"。大小辈分管着的，可不能乱来。

还有比太平洋、大西洋更大的洋吗？

有的。就是世界大洋。所有的大洋连在一起就是世界大洋，是海洋的巨无霸。不消说，它就是海洋家族里的爷爷了。

海的兄弟也是多种多样的。根据它和洋的关系，可以分为许多种类。

几乎完全和大洋分开，四周被陆地包围得紧紧的，是地中海。欧亚非大陆中间有名的地中海，就是最好的例子。

周围虽然有陆地包围，却有宽阔的缺口和外海相连，这是内海。辽东半岛和山东半岛包围的渤海，是内海的典型代表。

河北省秦皇岛市北戴河的海。这里是我国的内海——渤海，古称北海，也是西太平洋的一部分

一边和大陆相连，一边被岛屿和大洋隔开的，叫作边缘海。黄海、东海就是这种海。

山东省青岛市的海。这里是黄海，属于边缘海

南太平洋上的珊瑚海，距离陆地很远，四周有一串串小岛把大洋隔开，叫作岛间海。

形形色色的海的兄弟，加上辽阔的大洋，不仅有辈分高低之分，也使"海洋"这个名词更加丰富多彩。

世界上有几大洋？

古代中国人说，有四大洋。

南宋时期，航海很发达，以磁针为方向，把西太平洋和印度洋划分为东洋和西洋，后来又把直航南方的一大片海区称为南洋。这是最主要的三大洋。

明清时期，来华的洋人越来越多。为了区别，把从欧洲来的都叫西洋人，日本来的叫东洋人。东洋和西洋，又有了新的地理含义。以后又把北方海洋叫北洋，这就凑够了四大洋。十分明显，从前人们说的四个洋，和今天的四大洋完全不一样。

太平洋、大西洋、印度洋和北冰洋，是今天公认的世界四大洋。

太平洋是世界第一大洋。1520 年 11 月 28 日，麦哲伦历经风险驶出后来以他名字命名的海峡，瞧见这片风平浪静的大海，于是船队给它命名为"太平洋"。其实太平洋里风浪很多，常常比别的大洋更加凶险，"太平洋"这个名字完全不符合真实情况。

太平洋面积约有 1.8 亿平方千米，超过大西洋和印度洋面积的总和。它的平均深度大约有 4000 米，最深的马里亚纳海沟达到 11 034 米，别的海洋都无法和它相比，是当之无愧的洋老大。

大西洋面积约 0.9 亿平方千米，印度洋面积约 0.7 亿平方千米，北冰洋面积约 0.1 亿平方千米，分别排列为二、三、四位。

有趣的是，从前欧洲人对这几个大洋的称呼不一样。他们把北大西洋叫北大洋，南大西洋叫南大洋，太平洋叫西大洋。还有人把太平洋和大西洋各分为南北两个洋，加上南极大陆周围的"南大洋"和印度洋、北冰洋，合称为世界七大洋。"南大洋"没有明确的边界，不被大家承认。南、北太平洋和大西洋，却还时常出现在人们的口中和书上。"北大西洋公约组织"就是一个例子。

五光十色的大海：海的颜色

大海呀，五光十色的大海。打翻了一瓶蓝墨水，还是花里胡哨的调色盘？不用胭脂和香粉，也不用口红点染。非得要把面孔抹得一片蓝，却又留下一些别的颜色，那才得意洋洋臭美。自认为赛过西施、王嫱、杨贵妃。更甭提什么世界小姐、电影明星和名模，只有你最好看。

大海呀，到底你什么颜色，是不是真的一片海蓝蓝？为什么也有黑有白、有红有黄，并不是一派纯蓝？

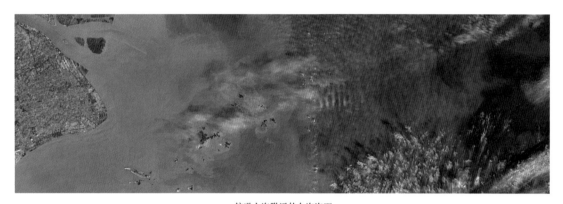

俯瞰上海附近的东海海面

大海，我问你，人人都说你是蓝的，是不是真有这回事？

大海不回答，翻卷起蓝色的波浪，似乎耀武扬威显示自己说："瞧吧，我就是这样的。蓝色，就是我的本来面目。"

是啊，天青青、海蓝蓝，仿佛亘古不变。开天辟地几千、几万、几亿年，谁敢怀疑海水不蓝？

我东看看、西看看，忽然看出了一个漏眼。哈哈，蓝只蓝在远海上。近岸三尺绿莹莹，好像是透明的水玻璃。再取一瓶海水仔细看一看，统统都是透明的，没有一点颜色，哪有半点蓝？

咦，这是怎么一回事？

告诉你，这是光线的魔术呀！原来红、橙、黄、绿、青、蓝、紫七色太阳光的波长不一样，海水对不同的颜色的光线吸收力也不一样。对浅色的红、橙、黄的光线吸收能力最强，对深色的绿、青、蓝、紫光线吸收能力比较弱。

太阳光射进海水的时候，红色部分仅仅到达30多米的深度，就被海水吸收了，剩下来最多的是青色和蓝色。所以海水反射回来的，就只有这两种颜色最多了，看起来就是蓝幽幽的样子。近岸地方水不深，海水反射自然绿莹莹。

噢，原来是这么一回事。

我这样一说，人们会忍不住好奇再问：如果海水再深些，又是什么颜色呢？

去问潜水员吧。他们报告说：在很深的海底，海水是黑的。

去问科学家吧。他们解释说：如果海水很深很深，剩下的青色和蓝色的光线也会被吸收掉。这时候，水色就会变成深蓝，甚至变成黑沉沉的了。

哇，照这样说，就完全可以根据海水的颜色，判定到底有多深了。

请看，不同颜色的光线在海水里被吸收的情形。

红色光线一般在30~40米的地方，全部都会被海水吸收。

绿色光线在水深100米的地方逐渐减少。

蓝色光线在水深500米处也不多了。

水深1700米以下，什么光线也没有了。

瞧，这岂不就是深度和海水颜色的关系吗？你只消知道海水有多深，就可以猜出那儿的海水是什么颜色了。

再一看，又看出了漏眼。大河出口黄汤汤，何尝有一丁点儿蓝？

那是大河泥沙污染的。黄河水流进海，岂有不黄的道理？这个道理很浅显，不消多说了吧？

山东省东营市的黄河入海口

放眼看世界，红海红，黑海黑，北冰洋银光闪烁一片，没有一个是正宗的蓝。

红海为什么发红？

原来是许多红色的藻类生物漂浮在水上，所以将水渲染成红色。加上头顶热带烈日火炭团，两岸红黄色的崖壁，以及撒哈拉和阿拉伯大沙漠飘来漫天黄尘，上上下下到处红黄不分。黄衬托了红，消除了蓝色的视觉，海水似乎一片红映映，不得不叫红海了。

其实亚非之间的红海还不算太红。美国西海岸的加利福尼亚湾里，海水一派褐红色，有时候甚至变成了血红色，好像是鲜血染红的。水手们都叫这里朱海，真是名副其实。

黑海为什么发黑？

原来这儿天空老是阴沉沉，映照着海水，好像海水也有些发黑的感觉，所以就叫黑海了。

北冰洋上为什么一片白茫茫？

这个道理还不明白吗？海上盖着大冰盖，不是白色才奇怪。

一只北极熊在试探海冰的厚度，它的周围是白茫茫的北冰洋

啊，五光十色的大海，好像是一个"调色盘"。那是光线的魔术，是无知人们的自我感觉。自己的眼睛受了骗，反倒盲目相信海水到处都是一个蓝。

海水为什么是咸的？

河水甜，海水咸。别瞧甜的甜、咸的咸，想不到二者还相关。甜也能变咸，咸也能变甜，赛过了孙悟空七十二变。

咕噜噜喝一口海水。

呸！又咸又苦，难喝得要命。

海上遇难的沉船水手，要是忍不住焦渴，想喝海水解渴，那就是自己找死了。

为什么海水是咸的？大海从来都是咸的吗？

大海沉默着不作声，一个拖着鼻涕的幼儿园孩子讲了。他猛吸一下鼻涕说："嘻嘻，这还不简单吗？必定是我们天天洗脸，汗水流进洗脸盆，洗脸水倒进小河里，小河水又流进大海，所以海水就慢慢变咸了。"

别看不起天真的娃娃。白胡子科学家站出来为他撑腰说："此言有理！荒诞中包含着真理，乃是天才的表现。汗水变海水，大大有道理！"

毛孩子有错吗？

老头子有错吗？

才不呢！！！

请注意，写书的老头儿在这里连打三个"！"，就是强烈支持、支持，再支持！本老头儿年届九十，也缺了许多牙齿。多亏还保留几个残牙根，仅仅满口"西班牙"，并非"无齿之徒"。所以才一屁股和拖鼻涕的孩子坐在一起，双手赞成他说的真理。

你不信吗？且听我慢慢说。大海本来是淡的。海水里的盐分，主要是河水带来的。这话天可作证，地可作证，大海自己也可以证明。

天说：时光悠悠，海水荡荡。这地球初生，大海新成之时，海水的确是淡的。

地说：作为当事人，这事我有责任。

海气愤说：想当初，我还妙龄芳华，水质甜甜。你就活像是黑心化工厂老板，把我当成了下水道、垃圾桶，不管什么乱七八糟的东西都往里灌，把我害成这个样子，你真的有不可推卸的责任。

看官诸君，别说此话荒唐。君知否？海水如此咸苦，大地的确难辞其咎。

俗话说，条条江河归大海，大海就是河流的总归宿。虽然河水是淡水，含的盐分不多，可是日积月累，历经亿万年，也非常可观呢！再加上海底火山喷发和热泉涌流，也带来了一些盐分，使海水越来越咸了。

也有人说，海水本来就是咸的。不同的地质时期，海水盐分有增有降，不是越变越咸，就是最好的证明。

这话可不能这样说。虽然河水甜，却也多少有些盐分。这是冲带泥沙融合矿物不可避免的结果。一时一地或许有逆向变化，可能是在一个阶段里，河水本身盐度大大降低，冲淡了沿岸的海水。从总的趋势来说，逐渐变咸是不容怀疑的。

话说到这里，或许有人问，世界各地的海水一样咸吗？

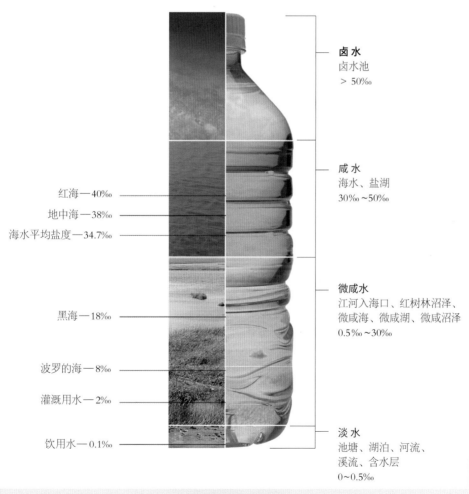

卤水
卤水池
> 50‰

咸水
海水、盐湖
30‰～50‰

红海—40‰
地中海—38‰
海水平均盐度—34.7‰

黑海—18‰

微咸水
江河入海口、红树林沼泽、
微咸海、微咸湖、微咸沼泽
0.5‰～30‰

波罗的海—8‰
灌溉用水—2‰

饮用水—0.1‰

淡水
池塘、湖泊、河流、
溪流、含水层
0～0.5‰

各种水的盐度示意图

世界上的海水不一样咸。海洋学家以千分率为单位来衡量海水盐度。世界大洋的平均盐度约为35‰，即在1千克海水中含有35克盐。但是在有海上浮冰融化、河水流入和降雨较多的地方，海水盐度会低些。蒸发强烈，封闭或和半封闭的海区里，盐度会高些。例如波罗的海内一个海湾的盐度只有5‰，红海和波斯湾的盐度则超过了40‰。

而在古巴东北面不远的海中，因为有一股巨大的海底泉水冒出来，在海上造成一个直径约30米的淡水"水井"。约旦首都安曼附近的死海，盐度高达275‰，比世界大洋平均盐度高7~8倍，人们可以浮在水上悠闲自在地看书，在它的190米深处，海水含盐量已经达到饱和状态，难怪这个海里没有鱼虾生存。

大海啊，瞧着你无边无垠，翻翻滚滚的装满了水，比河里、湖里的水多得多，却一点也不能给人们解渴，有什么用处呢?

海南省儋州市洋浦湾的千年古盐田，生活在这里的人们从唐朝就开始晒盐，是中国晒盐历史最悠久的地方。
直到今天，洋浦盐田村的人们还在用这些盐田日晒制盐。
海水涨潮时，就会在盐田中灌满海水; 退潮后，盐田中的海水经强烈的阳光暴晒，
盐分就被保存在泥沙之中，形成盐泥，这样就得到了制盐的原料

不，事物都有两面性，也别这样说。海水里的盐分多，可以晒盐呀！大海是世界上最大的食盐仓库。没有海盐，我们吃的盐就会减少一大半。海水还可以提炼许多有用的化学原料，也是化工厂取之不尽的原料仓库。海水里还可以提炼一些化学成分制药，也很有用处呢。话说完了吗？还没有完呢。甜甜的河水变成了咸咸的海水，还能重新变回来吗？

可以的！海水蒸发成雨云，吹送回大地，降落成河水。就会咸的变甜的，又一个甜咸变化大轮回。这有一个专门名词，就叫作水分大循环。

起起伏伏海平面：海平面的变化

人有胸膛，海有肚皮，全都是一样的。地有地平面，海有海平面。地平面动不了，海平面静不了。一动一静，显示了大地和大海的脾气。

我要坚定不移的地平面，也要有起有落的海平面。方可坚持原则，又能应付万变。知否，过于顽固不化，过于游移不定，都不是太好的。

2005 年 10 月 9 日，国务院新闻办公室举行新闻发布会，宣布珠穆朗玛峰最新测量的峰顶岩石面的高度是海拔 8844.43 米。[1]

海拔是什么意思？就是从水上拔海而起，拉一根长长的皮尺，测量三山五岳高几何的意思。

啊，明白了，海拔就是从海平面算起的高度。陆地上各种地形的高度测量，都是用海平面作基准计算出来的。

咦，这话不好说呀！谁不知天地间至柔如水，海平面可不是坚硬的地皮。别说海上起风浪，惊涛裂岸，乱石崩云，卷起千堆雪，早晚潮汐汹涌如山倒，就是没有风，也有一些儿荡漾，水面哪会整整齐齐平平坦坦？用大海的胸膛作标准，岂不是开玩笑？

再说了，地形测量要求高。即使在地面上安放一台测量用的水准仪，也要把脚架放得四平八稳固定好。以世界最高峰珠穆朗玛峰来说，测量精度的要求就非常高，测到了小数点后面两位数，误差不能超过几厘米。海上几厘米的起伏算得了什么？波浪稍微动荡一下，就有几十厘米，甚至一两米高。一个大浪打来，掀起浪头如山高，可以漫上船头，甚至浇泼上船长站立的船桥。难道这不会影响测量的精度吗？用它来做测量陆地地形的基准面，是不是可靠？

这话说得也有一些道理。可是地形测量总得有一个起点呀。不用海平面，又用什么来做标准呢？

---

1. 2020 年的最新测量数据为 8848.86 米。

测量工作者考虑到了这个问题，采用的是多年平均海平面的高度。经过许多年的观测记录，就能够得出比较可靠的数据了。

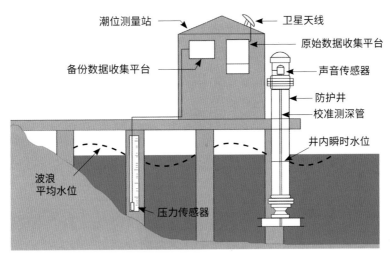

验潮站的工作原理示意图

我国从前使用的大地测量基准点是长江口的吴淞海平面。因为这里有长江流过，水情变化复杂。为了达到更高的精度，使全国统一标准，从 1957 年开始，我国的测绘部门就使用青岛验潮站的黄海海面，作为大地测量的基准面了。以此为起点，在陆地上的一个个控制点上，制作了可靠的测量水准点。换一句话说，就是用陆地上的一个个水准点，把计算好的多年平均海平面的高度转换到这里，牢牢控制住。譬如某地海拔的数据是这样算出来的：首先，在这里用坚硬的材料制作一个不可移动的水准点标志，经过测量和计算，得到此标志所承载的与多年平均海平面的高差。以后要测量附近的地方，无须再从海平面引测，只消以这个水准点为基础进行测量，就能保证不会出错，非常可靠了。

人们还会再问，青岛是我国水准测量的起点，其他国家也用这个起点吗？

当然不是的。有的国家用最低的低潮面，有的用平均低潮面，和咱们中国不一样。不过总的来说，差别不算太大。要不，同一座高山、同一个湖面，世界上有不同的高度数值，岂不会乱了套。

这个问题说清楚了，抛开不说了吧。现在我们回过头来，谈一下海平面的变化。

有关海平面变化的问题真不少。不容讳认的是，海平面和陆地地面不一样，不仅随时起伏动荡，在不同地方变化不一样。即使同一个地方，在不同的时间也有很大的变化。特别在不同的地质时期里，海平面升降变化的幅度更大。

由于风和别的因素引起的海平面短时间和小范围的变化，从宏观的角度来说，实在算不了什么。更加重要的是长时间、大范围的变化。地壳升沉，气候变迁，都能够造成地质时期里海平面的剧烈变化。

地球历史46亿年，海平面不知变化有多大。远的不说，只看最近10万年以来，我国东部沿海的海平面变化情况吧。

大约在10万年前，晚更新世的庐山冰期结束后，全球进入了温暖的间冰期阶段，冰川大量消融，引起海面上升，海水淹没了华北平原和苏北平原许多地方，一直流到沧州地区，造成了沧州海浸。

大约在7万年前，晚更新世最后一次大理冰期来临了，世界大洋的海面下降了100多米，海水退出了渤海盆地和黄海、东海的大部分地方。原来是波涛滚滚的大海，这时候露出了干枯的海底，形成一片片广阔的森林草原，是一群群哺乳动物活动的地方。海岸线一直推到今天韩国的济州岛附近，长江远远流到冲绳海槽才入海。在浙江地质钻探揭示出，海平面大约下降了70米。

到了距今4.5万年前，气候又变暖和了，发生了新的海浸。海水一直淹到河北省中部的献县一带，叫作献县海浸。不消说，渤海、黄海和东海又是一片汪洋。

大约在1.8万年前，大理冰期的第二冰段，海平面下降了150米。整个黄海成为一片大平原，喜欢寒冷的披毛犀、猛犸象到处出没，一直迁移到日本的北海道。古人类也从华北出发，把细石器带到了日本。东海也变成了平原，古人类迁移到了我国台湾岛。在这个时候，大批古人类也沿着白令陆桥进入了北美洲。

猛犸象的一种——草原猛犸象的艺术复原图。
这是一种已灭绝的象科动物，
生活在距今60万—37万年前更新世中期的欧亚大陆北部

披毛犀的艺术复原图。这是一种已灭绝的犀牛，
生活在距今约 250 万—1.17 万年前更新世的欧亚大陆北部，
在冰河时期存活了下来

大约在 1 万年前，进入了全新世，气候重新变得温暖潮湿，冰川消融，海面上升，发生了黄骅海浸。

后来在 8500 年前、6800 年前，都曾经发生新的海浸。

我们关心的是未来的海平面变化，将会对人类生活造成多大的影响。大家应该知道，除了不可抗拒的自然因素，不合理的人为因素也会影响海平面的升降变化。科学家预言，如果人们不注意控制二氧化碳的排放量，全球气温将会在温室作用下升高，使两极和高山冰川融化，全球海平面上升。

在这种情况下，未来海平面将会上升多少呢？科学家的估计不一样。1985 年在奥地利召开的维拉赫会议认为，如果大气里的二氧化碳增加一倍，全球地表平均温度就会升高 1.5~4.5℃，海平面相应上升 20~140 厘米。这个问题非常重要，后来又估算了好几次，最后在 1995 年的联合国《气候变化框架公约》缔约方第一届会议上，大家一致同意，到了 21 世纪末，全球海平面将上升 30~90 厘米，以 50 厘米最有可能。

海平面上升 50 厘米，将会造成什么影响？请你翻开地图仔细看一看就明白了。

今天世界上大多数人口和主要的工农业生产基地都分布在沿海低平原上，有的地方地势非常低。荷兰国土面积的三分之一左右低于海平面，大片低地只能依靠筑堤保护。太平洋和印度洋上还有许多岛屿的地势也很低，一些珊瑚礁岛屿海拔最高也不超过 2 米，在 1 米以下的也有不少。如果未来海平面只要上升一丁点儿，其灾难性的后果就可想而知。一些大洋岛国将会彻底消失，包括纽约、上海、东京在内的许多城市将会变成一片泽国，涌现出一批批特殊的环境难民，人类就会大大头疼了。

海平面仅仅上升 50 厘米算得了什么？如果随着世界气候自然发展，加上愚蠢的人类自己干的傻事，使南北极地区的冰川统统融化了，人类面临的灾难还会更大。科学家计算，仅仅西南极冰盖全部消失，就可以使全球海平面升高 5~6 米，沿海大部分平原就会彻底淹没。人类受到的损失，将比历史上所有的战争加起来还大。

让我们好好爱护环境吧，千万别让那一天早早来临。

[补 充 知 识]

　　一家独立的气候科学与新闻组织"气候中心"（总部位于美国新泽西州普林斯顿）研究发现，海平面上升危及的人数可能是此前预估的三倍。数百万人可能在 2050 年就因此被迫踏上流亡之路。气候中心"海平面上升项目"高级计算机科学家和高级开发人员、2019 年研究报告的主要作者斯科特·库尔普（Scott Kulp）在接受联合国教科文组织《信使》杂志的采访时说道：预计在 30 年内，目前居住着 3 亿人的沿海地区每年至少会发生一次洪水。预计到 2050 年，1.5 亿人的居住地将沉没到高潮线之下。也就是说，假如不在沿海地区采取防范措施，这些地方实际上将无法居住。

　　大多数预测显示，到 21 世纪末海平面将上升半米至一米，而且上升速度会越来越快，更频繁、更严重的沿海洪水也将随之而来。

　　气候中心的研究发现，大致按照《巴黎协定》的建议削减全球碳排放量，到 21 世纪末就可以挽救现有 3000 万人居住的土地，使其免于遭受每年的沿海洪水肆虐或是被永久淹没。除此之外，这还将减轻气候变化带来的诸多其他风险。

摘自联合国教科文组织《信使》杂志（e-ISSN：2220-3583）2021 年 1 月，
《斯科特·库尔普："海平面上升的危险已近在眼前"》，
斯拉兹·西得瓦（Shiraz Sidhva）采访

马尔代夫的首都马累

根据气候中心的研究，预计到2100年，马尔代夫近半数人口生活的地区将位于潮汐线以下

大海的"呼吸"：风力与波浪

人不呼吸就没有气。大海不呼吸，也就没有了戏。永恒的运动，才是生命的原理。静坐不动的君子，千万要明白这个道理。

呼噜、呼噜，人睡着了也在呼吸。

哗啦、哗啦，大海也在不停呼吸。

大海怎么呼吸？它的不平静的胸膛，总是不停翻滚起伏着，发出哗啦、哗啦的声响，永远也不停息。这就是大海的呼吸。

啊，这是波浪呀！

波浪是怎么一回事？是水质点的振动形成的。它的组成要素非常简单。拱起的是波峰，下陷的是波谷。两个波峰之间是波长。

瞧着一排排波浪在海上翻滚，人们没准儿会想，构成波浪的水质点必定就是顺着起伏不平的海面，一直向前运动的。

不，才不是这个样子呢。开阔大洋中的波浪在振动过程中，水质点仅仅在原地作圆周运动。上升到波峰后，又沿着圆圈返回波谷，几乎还是在原来的位置。

你不信吗？让我们拿一块漂浮的软木做试验。当波浪经过的时候，它就会随着波浪颠簸而上下起伏。可是除非有一股风或者海流使它漂移，否则它几乎不会改变位置，照样在原地上上下下漂浮着。

当波浪传播到浅水时，波峰会变得很陡，翻转卷曲过来而完全破碎，成为特殊的拍岸浪。一排排冲上海滩，又顺着回流沿海滩斜坡流回来。或者猛烈拍打着比较陡峭的岩石海岸，发出震耳欲聋的声响。

日本浮世绘画家葛饰北斋（1760—1849）创作的木刻版画《神奈川冲浪里》，
描绘了"神奈川冲"（也就是神奈川外海）的巨浪

面对着起伏不定的波浪，人们会问：它是怎么生成的？

俗话说，"无风不起浪"。海上的波浪，是风搅起来的。又有一句老话说，无风也有三尺浪。波浪，不一定和风有关系。

到底是"无风不起浪"，还是"无风三尺浪"？

不消说，有风，就有浪，这是不争的事实。五代十国时期著名诗人冯延巳的一句词，就能说明这个问题：

风乍起，

吹皱一池春水。

请看，一股风吹来，小小的池塘里也能够吹拂起一层微微的水波。强劲的海风毫无阻挡地掠过开阔的海面，卷起层层波浪就更加不在话下了。

到底多大的风才能成浪？人们早就发现，当风速达到每秒 0.3 米的时候，平静的海面上就能形成水波。风越大，波浪也越大。经过长期观测，科学家制定出了风浪等级表，如下所示：

风力 (蒲氏级)	风速 (米/秒)	海况等级	海上情况
0	<0.3	0	海面如镜,桅杆上小旗不动
1	0.3~1.5	1	出现波纹,小船微微晃动
2	1.6~3.3	1	桅杆上小旗微动。渔船张帆,每小时移动2~3千米
3	3.4~5.4	2	小旗半展。渔船张帆,每小时移动5~6千米。波浪很小,波峰开始破碎,玻璃色浪花
4	5.5~7.9	3	桅顶旗招展。渔船满帆时,船身倾斜一方。波浪不大,但是很触目,波峰破裂,有的地方有白浪花
5	8.0~10.7	4	大旗招展,渔船缩帆。波浪具有显著形状,峰顶急剧翻倒,到处有白浪花
6	10.8~13.8	5	缆索鸣响,渔船加倍缩帆,捕鱼时应注意安全。波峰上浪花很多,风开始从波峰上削去浪花
7	13.9~17.1	6	渔船避风或抛锚。波峰呈长浪形状,被削去的浪花沿波浪斜面伸长
8	17.2~20.7	7	甲板上很难迎风走动。进港渔船不外出。浪花布满波浪斜面,有的地方到达波谷。波峰上布满浪花层
9	20.8~24.4	8	机动渔船航行困难。稠密浪花布满了波浪斜面,海面因而变成白色,只有波谷内有的地方没有浪花
10	24.5~28.4	8	机动渔船航行危险
11	28.5~32.6	9	机动渔船十分危险。整个海面布满了稠密的浪花层,空气中充满了水滴和飞沫,能见度显著降低
12	>32.6	9	海浪滔天

一般来说，风力在 3 级以下问题不大，超过 7 级航行就有危险，超过 10 级就非常危险了。

"无风三尺浪"这句话，也是有道理的。

没有风，怎么会有浪？说起来原因很多。海底地震、火山喷发都能引起较大的波浪。包括陨星掉进大海、海边山崩、冰川断裂，以及各种各样物体坠落下海，甚至一艘机动船经过，都可能激起一些波浪。就是一条激流冲进大海，也可以扰动海水产生一阵阵波浪。

请问，这难道不是"无风三尺浪"吗？

更加有意思的是，即使当地没有风，也没有别的因素。只要远处起风浪，也会造成波浪。说白了，这是一种波浪传播现象。好像池塘里的涟漪，一圈圈传播到远处。大海也是一个"大池塘"。甲地起了风浪，也可以朝四面八方扩散，传播到远处，在远隔十万八千里的乙地造成波浪。这种由外地传播来的波浪，叫作涌浪。

交织在一起呈方格图案的涌浪，摄于法国雷岛的鲸鱼灯塔。在这种海水状态下，船只很容易遭遇海难

涌浪的波长比一般的波浪大，最长的有好几百米，波峰圆滑，波脊线特别长。迄今观测到的最长的涌浪，是1961年贝齐号驱逐舰使用一台自动波浪记录仪，在西大西洋的飓风中观测到的。波长达到1130米、波高21米，真大啊!

别瞧涌浪来源很远，传播速度却很快，甚至可以达到每小时40千米左右。真的是日行千里。有一句谚语说："风停浪不停，无风浪也行。"讲的就是这种只见浪，不见风的涌浪。可以把远处无风地带的船只簸弄得摇摇晃晃的。坐在船上没有经验的人，还不知道是怎么一回事呢。

别小看了涌浪，它的作用可不小，有时候还可以预报台风即将来临的消息。有一句话说"无风来长浪，定有狂风降"，就是在台风季节里总结出来的一条经验之谈。在台风活动的季节里，有经验的人们瞧见海上无缘无故传播来一排排长长的涌浪，就知道台风快要来了，必须马上作好防范的准备。所以住在海边的人们非常关心它的动向。

为什么涌浪可以作为发出台风警报的预报员？因为它比台风快得多。这种特殊的涌浪又长又大，和别的涌浪大不相同，一眼就能认出来。

新西兰利特尔顿港自东边而来的涌浪

对海上航行的小船来说，怕的是波长很短，水势汹涌的一般风浪，它会使小船颠簸得稳不住身子，在浪头上抛来抛去，随时都可能倾翻沉没。波长很长，水势比较平缓的涌浪，反倒对小船没有太大的威胁。可是大船却怕涌浪，不怕一般的波浪。两个涌浪之间的波长很大，往往可以把船头和船尾高高托起，使大船的中央部分离开水面悬空架起。失去托举力，整条船就容易折为两半。

守信的潮汐：潮汐的生成

我问天，我问地，世间谁最讲信用？天地说，潮汐的信誉最高。

君不见，许多人慷慨激昂，说得信誓旦旦，到时候借钱也不还。君不见，许多爱侣情话绵绵，说什么爱你直到海枯石烂，博得美人泪珠儿满脸。一旦大难临头，或者移情别恋，各自撒手两离分，撒下就不管。怎及潮汐有信用，朝朝暮暮从不会食言。

涨潮和落潮，是海边常见的现象。涨潮的时候，一阵阵潮水奔腾着扑上海岸，霎时间就吞没了整个沙滩。落潮的时候顺着沙滩退落下去，露出了一大片湿淋淋的地面。每天涨潮又落潮，这是多么熟悉的海滨图景。

潮汐是海水周期性的涨落现象。潮汐活动包含了海水的升降进退，可以分出涨潮和落潮，高潮和低潮。

"潮"和"汐"是有差别的。古人把白天的潮水涨落叫作潮，晚上潮水涨落叫作汐。在咱们中国字里，潮汐这两个字大有文章。

请看，"潮"，是"朝"加上三点水，岂不表示是早潮吗？"汐"，是"夕"加上三点水，表示这是晚潮。

由此可见，咱们的老祖宗早就发现潮汐有早晚时间变化的规律了。"潮汐"两个字，充分反映了古人的深刻认识，也表现出中国方块字的奇妙魔力，真妙不可言！

潮水有水平方向的运动，形成了升降；也有垂直方向的运动，形成了进退。把升降、进退结合在一起，上升、前进是涨潮，下降、后退是落潮。涨潮水位最高的时候是高潮，落潮水位最低的时候是低潮。高潮和低潮之间的水位差，叫作潮差。潮差最大的时候的海面升降是大潮，最小的时候是小潮。

钱塘江的潮水非常有名，最大可以达到 8.93 米高。为什么这里的潮水特别大？和特殊的地形条件有关系。原来它的河口像是一个大喇叭，最外面的杭州湾差不多有 100 千米宽，到了里面的海宁地方，却只有 3 千米宽了。涨潮的时候，许多潮水一下子涌进来，就不免会发生堵塞，形成特大的潮水了。

钱塘江潮。钱塘江是浙江省最大的河流，北源为发源自安徽省黄山市休宁县的新安江，
南源为发源自浙江省衢州市开化县的马金溪，流经安徽南部和浙江省，最终在杭州湾注入东海。
钱塘江在入海口的海潮即为钱塘江潮，每个月的农历初一到初五、
十五到二十日都可看到潮汐涨落。每年的农历八月十八日潮水最大，嘉兴市海宁市的盐官镇、丁桥镇等地为最佳观看地点

　　加拿大的芬地湾，最大的大潮达到 19 米高，可以算是天下最高潮。地中海、波罗的海、墨西哥湾的潮水最低，低得简直可以忽略不计，属于无潮海。大洋中心的一些小岛附近，有的潮差还不到 1 米，也是小潮。

　　潮水活动很有规律，总是定时出现。一般来说，每天有两次涨潮、两次落潮。两次涨潮之间相隔 12 小时 26 分，高低潮之间相隔 6 小时 13 分，非常有规律。在人们看来，潮水当然就很守信用啰。所以人们认为它最讲信用，从来也不会误了时间。唐代诗人李益在《江南曲》中吟唱道"嫁得瞿塘贾，朝朝误妾期。早知潮有信，嫁与弄潮儿"，就说的是这个意思。

　　话说到这里，也不得不说，即使钱塘江潮也不是完全严格遵守周期性的规律，个别情况下也有例外。请看下面一个故事就明白了。

公元 1276 年 2 月，宋元战争时期，元军刚刚到杭州，不知道钱塘江潮的厉害，驻扎在江边的沙滩上。杭州老百姓暗暗高兴，希望潮水赶快涌来，把他们冲得一干二净。想不到接连三天也没有潮水，人们大吃一惊，以为有天助元军，宋朝注定要完蛋了。

为什么钱塘江潮正好在这个节骨眼儿上停止活动了？当然不是上天保佑，而是河口水下有大量泥沙淤积，阻挡了潮水运动。元军的运气真是好极了，糊里糊涂逃脱了被水淹的命运。

根据潮汐发生的规律，可以分为以下几种类型：

一、半日潮：一昼夜出现两次高潮、两次低潮。这种情况最常见，我国的渤海、黄海、东海海区都是这样的。

二、日潮：一昼夜一次高潮、一次低潮。这种情况比较少见，我国北方只有秦皇岛是这样的。南方的汕头、北部湾也有这种特殊的日潮。

三、混合潮：每隔几天发生变化，时而半日潮、时而日潮，我国南海海区大多是这个样子。例如海南岛的榆林港，在一个月里，常常半个月是日潮，半个月是不规则的半日潮。

瞧着涨潮和落潮，人们会问，潮汐到底是怎么形成的？

以钱塘江潮来说吧，从前人们传说是和两个古代冤死的英雄有关系。一个是楚霸王项羽，一个是战国时期的伍子胥。他们死不瞑目，每当月圆的时候，就一前一后怒气冲冲闯进钱塘江，掀起特别大的潮水，好像想把仇人一口吞了似的。

潮汐是怎么产生的？东汉科学家王充在《论衡》里说："涛之起也，随月盛衰。"宋代科学家沈括也在《梦溪笔谈》中说："余尝考其行节，每至月正临子、午，则潮生。"唐代学者窦叔蒙在《海涛志》中也说："潮汐作涛，必符于月。"他们都明白地指出了潮汐和月球的关系。窦叔蒙创造出了一套推算高潮和低潮的方法，计算出在 79 379 年中，共有 56 021 944 次潮，由此算出潮汐周期是 12 小时 25 分 12 秒，和现代数据基本相近。

其实，潮汐的生成和太阳、月球的引力都有关系。尽管月球比太阳小得多，可是由于距离近，对海水的引力却大得多。

钱塘江潮就是一个例子。每逢中秋节前后，月亮正圆的时候，由于月球引力的影响，潮水特别大。恰巧这个时候海上的风也很大，钱塘江的江水就特别大，和从江口倒灌的潮水猛烈顶撞，激起了很大的潮头。许多条件加起来，导致潮水更加汹涌了。

为什么每个月会有大潮和小潮呢？

这和太阳、月球、地球的相互位置有关系。

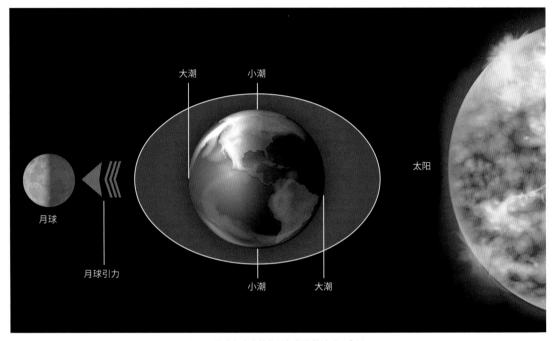

太阳、月球和地球的位置与潮汐的关系示意图

　　每个月的农历初一、十五，也就是出现新月、满月的朔望时候，太阳、月球和地球分布在一条直线上，太阳和月球的引力从不同方向"拉起"海水，影响特别大，所以造成了大潮。每个月初七、初八和二十二、二十三，上弦月和下弦月的时候，太阳和月球的位置互成直角，引力互相抵消一部分，潮水就会小些，只能形成小潮了。这样一说，每个月就有两次大潮、两次小潮了。

　　除了太阳和月球的引力，还有别的原因能够形成潮水。

　　海底地震就是其中之一。元朝末代皇帝元惠宗至正二十四年（公元1364年），6月23日晚上四更的时候，松江县靠近海边的地方忽然涨起了潮水，大家感到很奇怪。这个时候不应该涨潮呀，怎么会出现了潮水？后来才弄明白，这是附近发生地震造成的。

　　潮汐能是指海水潮涨和潮落形成的水的势能。我们对潮汐能的利用是通过将潮汐的能量转换成电能（即潮汐能发电）及其他有用形式的能源。

　　潮汐能发电的原理是在涨潮时将海水储存在水库内，在落潮时打开水库放出海水，利用高、低潮位之间的落差，推动水轮机旋转，带动发电机发电。

　　世界上第一座大型潮汐电站法国朗斯潮汐电站于 1967 年投入使用。我国在 1958 年以来也陆续在广东省的顺德和东湾、山东省的乳山、上海市的崇明、浙江省的温岭等地建造了潮汐能发电站。其中，温岭的江厦潮汐电站是目前我国最大的潮汐能发电站。

　　因为潮汐能的开发利用成本高以及地点具有局限性，所以尚未得到广泛应用。但在可再生能源中，潮汐能比风能和太阳能具有更强的预测性。随着新技术的开发和改进，潮汐能将会得到更加广泛的利用。

韩国始华湖潮汐能发电站，2011 年建成后，超越法国的朗斯潮汐能发电站，成为全世界最大的潮汐能发电站

海上"长河"：洋流

稀奇真稀奇，大海不是大地，想不到在它的怀抱里，也藏着一条条"大河"呢。

这河没有边，也没有际，水量可是大大的，世间无有什么河流可以相比。

哦，真人不显身，"半瓶水"才闹喧喧的。从海上洋流，可以学习到什么真理？

信不信由你，陆地上有江河，海上也有"河"。前者有边岸，后者没有河床也没有岸，更深、更长、更大，几乎使人摸不着边。欲知详情如何，请听一个故事。

1513 年，西班牙航海家胡安·庞塞·德·列昂（Juan Ponce de León，1474—1521）率领三艘帆船，从现在美国的卡纳维拉尔角出发，穿过佛罗里达海峡向南驶进加勒比海。往前行驶了不远，想不到的事情发生了。船不但没有前进，反而不可思议地直往后退。

这是风的作用吗？不是的，当时正刮着南风，桅杆上张满了主帆、前帆和后帆。怎么可能发生这种怪事？水手们全被吓傻了，认为是妖魔的力量。

事情最后弄清楚，原来不是什么海上妖魔，而是海水的力量。这里有一股强大的海流向北流，才把帆船倒推回去。

这个航海家发现的是大名鼎鼎的墨西哥湾流。

唉，如果 1494 年 9 月 13 日，哥伦布进入加勒比海后，再往前走一丁点儿，就能发现这股不同寻常的洋流了。他已经到达了墨西哥湾流的旁边，竟又无缘无故掉转头，朝其他地方驶去了。新大陆的发现者，加上墨西哥湾流的发现者的两顶桂冠，多么荣光呀！

可惜列昂的发现没有引起注意，人们反而认为他被热带美洲的太阳晒昏了脑袋，满口胡说八道。一个重大的发现，就这样被扔进了历史的垃圾桶里，实在太可惜了。

时间推移到美国建国的前一年，1775 年，独立战争时期的大陆会议委派本杰明·富兰克林（Benjamin Franklin，1706—1790）担任邮政总局局长。他注意到一个奇怪的现象。为什么从美国开往英国的船，总比从英国返航的船快些，造成两边送信的时间差别？

他带着这个问题，向他的表弟、捕鲸船长蒂莫西·福尔杰（Timothy Folger，

1732—？）请教。福尔杰告诉他，似乎有一股巨大的洋流穿过北大西洋流向欧洲，所以从欧洲到美国的船全都是逆水航行，当然就慢得多了。

富兰克林对此很有兴趣，决定把这个问题弄清楚。可是大海茫茫，海水没有边界，怎么知道这股洋流在海上的什么地方呢？

他想来想去，想出一个办法。因为这股洋流发源于墨西哥湾，比较温暖，他就指示捕鲸船，随时用木桶取水测量水温，这就在海图上圈划出了墨西哥湾流的位置。从美国到欧洲顺流而下，从欧洲返回美国避开它，就能保证返航不会延误时间了。

1786年的《美国哲学学会会刊》上刊载的墨西哥湾流图，本杰明·富兰克林绘制，现藏于美国国会图书馆。
1770年，本杰明·富兰克林首次在英国发表了他绘制的墨西哥湾流图，
但当时无人在意，之后该图于1778年在法国、1786年在美国再次出版。富兰克林在图片左边的文字中介绍了墨西哥湾流的情况

墨西哥湾流是海洋科学的一大发现。人们通过对它的研究，揭破了许多历史疑谜。

人们从海上和空中追踪墨西哥湾流。1966年使用飞机上的仪器，追踪测量海面热辐射的红外线辐射情况，划分出它和附近较冷的海水的界限。发现它有14 000多千米长、上百千米宽、700多米深，每秒流量达到8000多万立方米，超过了世界上所有的河流流量的总和。无论黄河、长江，还是世界上别的河流和它相比，都是小巫见大巫。

人们经过进一步追踪研究，发现它并不是真正起源于这个大海湾，而是另外两股海流，北信风洋流和南信风洋流在海上汇合后，穿过向风群岛流进加勒比海，在墨西哥湾绕了一个圈子，再从佛罗里达和古巴之间的海峡流出去，所以人们误以为墨西哥湾就是它的发源的地方，取了这个名字。

墨西哥湾流的作用很大，对世界自然环境影响十分深远。

正是它，把热量带到欧洲西北部海岸，使这里的气候比世界上同纬度的地方更加温暖，大大促进了农业生产和文明发展。

正是它，在哥伦布发现新大陆 500 年前，把热带美洲的木头送到荒凉的挪威海岸，激发了诺曼海盗红头发埃里克·瑟瓦尔德森（Erik Thorvaldsson，950—1003）的幻想，勇敢扬帆西航，先后发现了冰岛和格林兰。他的儿子里奥尔和后继者，还到达了今天的加拿大和美国东北部。

正是它，一直流进北冰洋，绕过新地岛，到达俄国北部沿海的摩尔曼斯克，使这里成为北冰洋上有名的不冻港。

墨西哥湾流是怎么产生的？和盛行风有关系。

由于地球自转的影响，这里总是吹刮盛行西风，推动着海水向东流。再加上地球自转偏向力的影响，就生成了偏向东北方向的墨西哥湾流，浩浩荡荡横过北大西洋，一直流到欧洲西北部海岸了。

除了风，地球自转和别的因素，包括海水密度差异等，也能够生成洋流。

人们进一步研究，发现大海上的海水不是像盆子里的水似的荡来荡去，完全没有固定的流动方向。而是像墨西哥湾流一样，有着固定的方向，是一条条不折不扣的海上"河流"。

经过海洋科学家的努力，一幅完整的世界大洋的洋流图绘出来了，如今在任何地理教科书上都可以见到这幅图。图面上画着许多箭头，代表洋流运动的方向。用不同颜色代表盛行风向。还有一些虚线箭头和实线箭头分别代表热量不同的暖流和寒流。

让我们用北太平洋作例子吧。一股北赤道洋流在东北信风推动下，沿着赤道以北的低纬度，横跨太平洋，从东向西流动。当它流到台湾岛附近，受到了阻挡，就转向北方流去，进入了东海。因为海水有些发黑，所以叫作黑潮。

黑潮流到日本的九州岛的南面，流出了东海。继续向北流到北纬 40°，进入了西风带，再向西偏转，成为北太平洋洋流，一直流到北美洲西海岸；在那里又受到

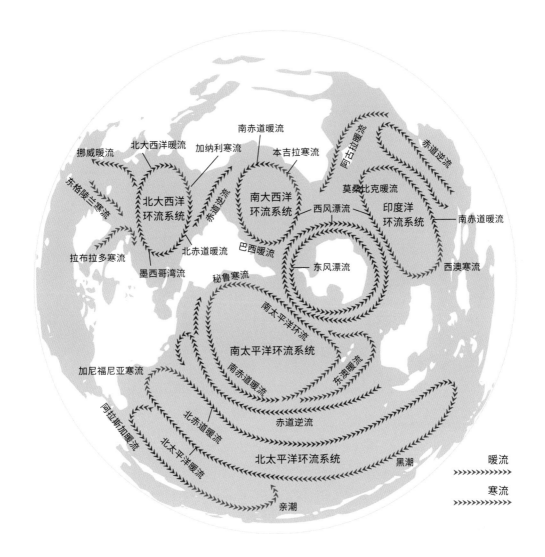

全世界的主要洋流分布图

陆地阻挡，朝南面转弯，成为加利福尼亚洋流；然后，在赤道附近，重新汇入了北赤道洋流。

瞧吧，原来这股洋流在北太平洋里兜了一个大圈子。别的海洋也是一样的，都有自己的漩涡一样互相补充的洋流系统。

在这些洋流的运行过程中，有的从低纬度向高纬度，水温比较高，可以给沿途海面和邻近的海岸带来许多热量，叫作暖流。前面说过的黑潮，就是最好的例子。

另一些从高纬度流向低纬度流的洋流，水温比较低，是寒流。前面说过的加利福尼亚洋流，就是一个例子。沿着日本海有一股南下的洋流，叫作亲潮，也是一个例子。

上图展示了黑潮和亲潮交汇对浮游植物的影响
温度和密度不同的两股洋流交汇时产生了涡流，生活在表层海水中的浮游生物就会在这些涡流的边界处聚集起来，
通过它们（图中的蓝绿色漩涡）就能看出海水的运动

　　暖流和寒流交汇的地方，有前者带来的暖海鱼类，后者带来的冷海鱼类，常常形成特大的渔场。世界三大渔场中的北海道渔场，就是南方来的暖流黑潮与沿千岛群岛的寒流亲潮交汇形成的，北海渔场则是南方来的北大西洋暖流与北方来的东格陵兰寒流交汇形成的。

洋流对气候影响巨大。暖流能为其所流经的地区增加温度和湿度，寒流则会降低温度和湿度。例如，东北欧虽然地处寒带，但受北大西洋暖流的影响，港口终年不冻，降雨量充沛，呈现出温带地区的气候特点和自然风光。美洲大陆西岸由于受加利福尼亚寒流和秘鲁寒流的影响，则形成了多雾干旱的气候。

南美洲科隆群岛主岛伊莎贝拉岛伊丽莎白湾红树林区的加拉帕戈斯企鹅，
这是唯一一种野生在赤道北部的企鹅。
因为受到秘鲁寒流和克伦威尔洋流的影响，科隆群岛的气温远低于赤道其他地方，
所以加拉帕戈斯企鹅才得以在此生活

寒暖流交汇的海域常常能形成大型渔场，为当地带来较好的经济效益。例如，黄海沿岸流和台湾暖流在舟山群岛交汇，为喜欢不同水温的鱼类提供了良好的生长环境。洋流搅动海水使养分上浮，为鱼类提供了丰富的食物。再加上长江、钱塘江、甬江等河流在此注入大海，从内陆带来了大量养料。这些因素共同促使舟山渔场成我国最大的渔场。

停泊在浙江舟山市定海区海港中的渔船

舟山市所辖的舟山岛即舟山群岛的主岛，也是我国第四大岛

世界三大渔场之中的北海道渔场（日本暖流与千岛寒流交汇处）、北海渔场（北大西洋暖流与来自北极的寒流交汇处）都位于寒暖流交汇处，秘鲁渔场的形成也是因为秘鲁寒流流经的缘故。（曾经与上述三大渔场齐名的纽芬兰渔场也位于墨西哥湾流与拉布拉多寒流交汇处，但经过几个世纪的肆意捕捞，鱼类资源锐减。1992 年，加拿大政府下达了关于纽芬兰渔场的禁渔令，因此纽芬兰渔场现已成为历史。）

洋流还能对航运起到很大的帮助，除了上文提及的本杰明·富兰克林发现顺着洋流航行速度更快之外，暖流还为一些高纬度地区创造了"不冻港"。即使是在冬天，这些港口也可以正常进行航运作业。

海水里的"大风车"：海洋深层大循环

看呀看，一个大风车在海里咕噜噜转，带着海底的鱼儿直往上翻。这不是骗人的瞎话，不是魔术大师表演。其中有什么秘密，你可有兴趣把它揭穿？

从低纬度流向高纬度的暖流，又从高纬度流向低纬度的寒流，如此这般的水平运动洋流，我们都知道。难道在深海里，也有同样上下旋转的环流吗？

从前限于技术条件，人们对深海水流的情况两眼一抹黑，知道得少得可怜。一个个世纪过去，直到20世纪初，人们还认为海洋深处没有洋流存在。在一般人的认识里，浪由风起，水由风动，只有海上才有风，深深的海底哪会有一股股风吹来吹去。

打从古希腊开始，几乎所有的大学者都觉得无风的深海，海水流动非常缓慢，甚至根本就不流动。那里一片漆黑，所有的运动全都停止了，是一派死气沉沉的遗忘角落，简直是一潭死水。

不，人们都猜错了，海底也有定向的水流流动。既有水平方向的，也有垂直运动。

一个名叫斯托梅尔的海洋学家推断，在有名的墨西哥湾流下面，存在反方向的逆流。1957年，人们通过水下仪器测量，证实了他的想法，在墨西哥湾流经过的美国东南部沿岸，水下2000~3000米的深处，的确有这种逆流存在。

海洋学家在大西洋赤道附近工作时，放下测深仪器的时候，发现系在仪器上的钢索被水下的反方向海底水流推动，向着与表层海流相反的方向倾斜，反映出水底有一股逆流。紧接着，在西非和别的地方，都发现了海底逆流的踪迹。

直布罗陀海峡的海流情况，也是很好的例子。由于地中海过度蒸发，致使其水面低于大西洋，所以大西洋海水直接通过直布罗陀海峡流进地中海。通过实地观测，却发现海底水流方向完全相反，从地中海悄悄流回了大西洋。

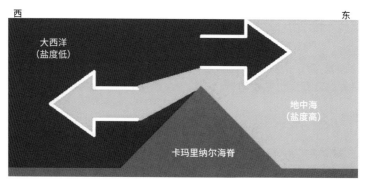

西　　　　　　　　　　　　　　　　　　　东

大西洋
（盐度低）

地中海
（盐度高）

卡玛里纳尔海脊

直布罗陀海峡的海水流动示意图

　　第二次世界大战期间，英国牢牢控制着直布罗陀海峡，自以为就扼住了交通咽喉，敌人的海军别想从这里通过。想不到德国潜艇利用这里特殊的海底水流特点，从地中海出来的时候，关闭了发动机，任随由东向西的水底海流推动，神不知鬼不觉地从英军的眼皮下面通过，顺利穿过这个海峡，进入无边无垠的大西洋。

　　海洋科学家经过不懈的努力，终于揭开了神秘的深海的一角。特别是从20世纪60年代中期开始，借助于现代水底摄影技术，他们发现海洋深处有涟漪和被冲刷的痕迹。透过水流涟漪，观察到水流冲击海底沉积物的现象。既然有这种现象存在，海底的海水就不是完全静止的。积累的资料越来越多，最后终于十分惊奇地发现，在大洋深处居然也有海水环流存在。其规模一点也不小，也是世界性的呢。

　　科学家进一步探讨，发现海底环流和表层环流不一样，不仅有水平运动，也有铅直方向的运动，形成特殊的上升流和下降流，大大丰富了世界大洋洋流系统的内容。

　　以人们最熟悉的北太平洋来说吧。从低纬度向高纬度流动的表面洋流，在向北不断流动过程中，途中海水释放出热量，海水温度逐渐下降，再加上不断蒸发的结果，使海水的盐度逐渐增加。这样持续发展的结果就是，越往高纬度地方流动，表层海水就变得越冷越咸也越重。最后其中一部分海水终于在北大西洋的北部，缓缓沉入深海，变成了又冷又咸的北大西洋深层海水。

　　事情到了这里并没有结束。这些下沉的海水将会以补偿流的方式，沿着大洋底部，经过中纬度回到赤道地区。在那里又由于表面增热，促使海底水流上升，完成了大范围内的铅直方向的运动，构成了特殊的海底上下的水内环流。这样的海水环流，叫作温盐环流。

全球温盐环流示意图

　　大西洋是这个样子，我们在太平洋也发现了同样的情况。海洋学家亨利·斯通梅尔（Henry Stommel，1920—1992）发现夏威夷海底也有深层环流存在。其水源来自南、北极地区的大量冰山融化水。由于其温度低、比重大，就慢慢沉入深海，经过格陵兰海，穿过北大西洋和南大西洋，在那里和南极地区德雷克海峡的融冰深层水汇合，再沿着南印度洋和南太平洋流向北太平洋。以后又流经太平洋、印度洋向大西洋回流，又在南、北两极重新转化为冰。这样的深层海水大循环，以4000～5000年为周期，形成了周而复始的"海洋深层大循环"。

"温盐环流"，又称"输送洋流""深海环流"，是一个依靠海水的温度和含盐密度驱动的全球洋流循环系统。

温盐环流对维持全球气候系统的能量平衡至关重要。热带与极地接收到的热量存在巨大差异，因此在低纬度地区与高纬度地区之间，必须存在强烈的能量输送才能保持整个系统的能量平衡。

在北半球，海水把低纬度地区的热量输送到高纬度地区，在北纬50°附近通过强烈的海气热量交换，把大量的热量输送给大气，再由大气把能量向更高纬度地区输送。

当前，大西洋是地球上主要的向高纬度地区的热量输送器。北大西洋湾流属于暖水系环流，温盐环流属于冷水系环流，冷、暖水在北大西洋高纬度地区的转换，向大气释放出大量的热量。据估算，在北大西洋，向高纬度地区的热量输送以及冬季的海洋热量释放可以补充年日射的25%，盛行西风带将这些热量带到相邻大陆，使得北欧气候温暖。

"海磨坊"的传说：海上漩涡

啊呵呵，海水居然会推磨，不知磨出了面粉几多？是不是海龙王改行种庄稼，有一个海底粮仓，才开办一个海磨坊，叫人瞠目结舌无话可讲？

听呀！海上有猪叫。雾气蒙蒙的海上，传来一阵阵哼哼叫的声音。活像是一只老母猪，整日整夜叫个不停。

真奇怪呀！这是什么地方，难道海上真有一只哼哼叫的老母猪？

这是美国东北部的缅因州，自古以来海上就有猪叫声。当然不是真正的猪叫，而是一个巨大的漩涡发出的声音。这个漩涡叫奥索漩涡，直径达到75米。在印第安语里，"奥索"两个字的含意就是"特大号老母猪"。人们听见的猪叫声，就是漩涡发出的声音。

这个像猪叫的漩涡不稀奇，海上漩涡多的是。茫茫无垠的汪洋大海上不仅有表面和海底的环流，有的地方还有神秘的漩涡。这些漩涡大小不一，生成原因非常复杂。

北大西洋上有名的马尾藻海，就是一个巨大的漩涡。它的生成和附近的洋流有关。著名的墨西哥湾流从它的北边向东流过，北赤道暖流从它的南部向西流去。这两条方向相反的洋流的力量很大，在它们的作用下，带动了中间的海水缓缓旋转，按照顺时针方向转动，生成一个巨大的漩涡。

马尾藻海，照片中黄色的物质就是漂浮在海面上的马尾藻

强大的漩涡水流能够卷带海上各种各样的漂浮物，一直带往漩涡中心。漂浮在水上的马尾藻就会被冲卷着，聚集在这片海域里，形成了特殊的马尾藻海。当年哥伦布航行到这里，目睹水上的马尾藻，还以为是一片海上草原呢。

巨大的漩涡还能威胁来往船只，把一些小船和失去操纵能力的船只卷进漩涡中心，因而产生海难事故。所以人们流传着一个说法：这里的水下，隐藏着"有无数只手的海怪"，它会抓住过往船只死死往下拖。甚至还有人认为这里是神秘的外星人活动基地。其实这种现象完全是漩涡作用力的结果。

潮汐涨落有时候也能造成螺旋形水流，虽然不能对船只造成伤害，但是其力量也足以将人卷走，不能对其掉以轻心。

其中，在日本濑户内海与太平洋交界处的鸣门海峡，有一个著名的鸣门漩涡。随着潮水进退，这里每天生成 4 次涡流，在海峡内激烈冲撞。漩涡的直径约 20 米，虽然远远不能和马尾藻海漩涡相比拟，可是由于其流速很快，达到每小时 24 千米，下拉力量很强，也是一个具有危险性的地方。

鸣门漩涡

世界上旋转速度最快的是挪威沿海的莫克肯漩涡，时速达到每小时 27.8 千米，是世界上旋转最快的海上漩涡。飞速旋转的水流使人眼花缭乱，一旦被卷入其中，很少有人能够生还。自古以来流传着许多恐怖故事，都和它的威力有关系。挪威沿海还有许多漩涡，无一不与特殊的水底地形和湍急水流有关系。别说是落水的人，即使船只陷入漩涡，船上之人生还的可能性也几乎是零。

在石灰岩海岸附近，许多水下漏斗和落水洞吸引水流，也能造成特殊的漩涡。希腊伊奥尼亚群岛的阿尔戈斯特尔茨城附近，有两个奇怪的"海磨坊"。海水在这里形成两个飞速旋转的漩涡。大量海水像是被一个看不见的唧筒吸住了似的，不停向海底深处涌去。巨大的力量可以推动好几台磨面机，所以得到了"海磨坊"的名称。

阿尔巴尼亚、克罗地亚等地的石灰岩海滨，也有同样的海上漩涡。有些地方的人们把它叫作"鬼井"，有些地方还发现有巨大的喷泉从水下喷射出来。有趣的是，这些海上喷泉喷出来的水很淡，甚至就是淡水。原来这些"海磨坊"和岸边复杂的石灰岩层里的管道是连通的，有的地方海水顺着水底漏斗生成的漩涡往下灌，有的地方却有淡水往外喷，真是难得的奇观啊！

深亦可测的海洋：海洋的深度

大海啊，不可捉摸的大海，你到底有多深沉？叫人难以琢磨。放一根长线也够不着底，不知道你有多深，叫人好迷惑。

人啊人，你是否也那么不可捉摸、那么深沉？不言含蓄、不言性情，总得叫人认得清。

常言道："情深似海。"用深深的大海，来比喻深厚的感情，真是再恰当也没有了。

人们又常常说："山高海深。"山有多高可以测量，海有多深怎么测量呢？

感叹没有用，任何形容词也不能代替科学。现在摆在人们面前的问题是大海究竟有多深？它的深度，是怎么测量出来的？

这是两个相关的问题，先说清楚后面一个，前面的问题就自然有答案了。

第二次世界大战期间，在美国太平洋舰队基地珍珠港内，忽然一下子多了一些日本"渔夫"。他们手里握着钓鱼竿，静静地坐在水边，活像是专心致志在钓鱼。可是谁也不知道，这些阴险的钓鱼爱好者的钓鱼竿上没有钓钩，却系着沉重的铅锤。他们不停变换位置，很快就把港内各处的水深调查得一清二楚。稀里糊涂的美国佬，没有识破这些"渔夫"的真面目，后来吃了大亏。

测量海水深度，用拴在测绳上的铅锤，是简便的方法。

请你别小看了这种古老而简单的测量方法，在别的新方法没有发明以前，它是测量海水深度的最有实效的手段。1840 年，一艘英国单桅炮舰，用这种方法首先测到大西洋上某处的海水，竟有 4400 米深，一下子震惊了当时的世人。要知道，在水流湍急的汪洋大海上，用一根绳子测出这个深度，比日本"渔夫"在珍珠港的浅水里测量困难得多了。古时候的海水深度，都是用这种办法测量出来的。

尽管如此，这种方法还是有许多缺点。

它只能像钓鱼似的，测出海底一个地点的深度，却没有办法测出地形起伏。附近有一个凹坑、一个水下暗礁，都没有办法测量出来。

从船上放下去的测绳和铅锤，经不住水流冲击，很难百分之百地垂直沉落到海底。稍稍有一些歪斜，就会影响测量的精度。用这种办法测出的数据，谁会完全相信呢？

让我们看一个例子吧。

1968 年，在前面说过的那艘英国单桅帆船测量的同一地点，用现代方法重新测量了一下，海水实际深度只有 3840 米。和从前的测量数据比较，整整少了 560 米，这是多么大的误差啊！

为了克服这个缺点，现在普遍采用了一种新方法，用声波来测量海底深度。只消测出声波从船上到海底的往返时间，掌握声音在海水中的传播速度，就可以比较精确地测出水深了。

这种仪器叫作回声测深仪。

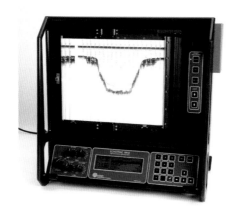

泰利德奥多姆公司生产的MKⅢ水文回声探测器

回声探测海水深度示意图
从船只上向海中发射声波，只消测出声波从船上到海底的往返时间，
再利用已知的声波在海水中的传播速度，就可以比较精确地计算出海水深度

回声测深仪也不是万能的。因为在不同的水温和盐度的海水中，声音的传播有一些差别。如果不掌握这一点，根据不同的情况进行修正，也别想得到最精确的结果。

现在，整个世界大洋的深度已经测量出来了，平均水深 3729 米。其中围绕在大陆边缘的大陆架，水深在 200 米以下，大洋底部的深海平原，深度超过 3700 米。

一个个测量数据摆出来，好像大海的户口簿亮了底。在科学面前，大海的深度再也不是秘密。

[补 充 知 识]

黄海：平均水深 40 米，最深达 140 米。

渤海：平均水深约 18 米，最大水深 70 米。

东海：北部水深 600~800 米，南部水深 2500 米左右。

南海： 中国近海中面积最大、水最深的海区，平均水深 1212 米，最大深度 5567 米。

河流的水下"尾巴"：溺谷

小狗有尾巴，小猫有尾巴。信不信由你，一条条大河也一样，也拖着一条湿漉漉的尾巴，藏在深深的水下。

万里长江有多长？

书上写得明明白白，长江全长 6300 千米。

不，差得远呢！至少还差好几百千米。

是怎么回事，难道书上写错了吗？要不，就是测量错了，真该打屁股。

喔。别着急打屁股。万一撕破脸皮打错了，道歉赔偿不好办。其实书上没有错，测量也没有错，6300 千米是从长江发源地到入海口的距离，并不是它的全部长度，长江的实际长度比这长得多。它在海底还隐藏着一段古河床。科学家发现，长江口外还有一条它的水下河床，朝东南方向一直延伸到舟山群岛附近。如果把它和钱塘江的海底古河床联网，没准儿后者还会是它的一条水下"支流"呢。

其实钱塘江也有自己的海底"支流"。现在独立入海的曹娥江、甬江的水下尾巴，也在海底汇入了钱塘江。当海面上升，它们的下游被淹没后，完整的钱塘江水系就瓦解了，变成一条条独立的河流。只有钻进海底，顺着水下河床追踪，才能恢复往昔的真实情况。

这种藏在海底的古河床，有一个恰如其分的名称叫作溺谷。"溺"者，淹在水里也。一条河谷泡在水底，是名副其实的溺谷。

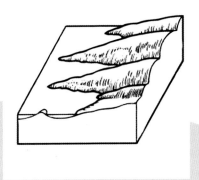

溺谷示意图

不查不知道，一查吓一跳。想不到溺谷非常普遍，世界上许多河流都有各自一条条拖在海水里的长长的尾巴。

非洲刚果河的水下溺谷长 150 多千米。北美洲哈得孙河的水下溺谷长约 320 千米。亚洲恒河的水下溺谷长度惊人，竟超过了上千千米。

这个名单还可以接着写下去，包括黄河、亚马孙河、密西西比河等许许多多有名的大河在内，都在大陆架上拖了一条长长的水下尾巴。如果把水下溺谷部分加起来，许多河流的长度将会增加一倍以上呢。

面对众多的溺谷，人们陷入了沉思。它们是怎么形成的？会不会是海水冲刷的结果，骗过了人们的眼睛？

海洋学家说：大多数的溺谷都是河流的古河道，由于 1 万年前最后一个冰期结束后，气候开始变暖，海面上升淹没了河道。这些隐藏得很深的溺谷，是河流留在水下的正儿八经的"尾巴"。

也有一些海底峡谷，是泥沙饱和的海水水流冲刷出来的。这种海底峡谷，大多分布在大陆架向大洋盆地急剧下降的大陆坡上，谷深较大，和古代河流没有关系。

卫星拍摄的台湾省基隆港崎岖的海岸，这里是典型的溺谷地貌，由河流自然侵蚀而成。
原本开放的河谷与大海相连，因陆地局部沉没到海平面之下，从而形成了崎岖的海岸线

黄海出水的大象：大陆架

大陆啊，何处是你真正的边缘，往昔伸展得最远的地方？

历史老人说：不是今日波涛拍打的海岸，也不是潮水浸漫的处所。想不到贪心的海洋，吞噬了一大片平原，藏在汹涌起伏的海水下面。

黄海上传出了一个惊人的新闻，海底居然捞起了大象的化石。

这个大象化石是从海底沉积物里挖出来的。它的来历再清楚也没有了，这儿原本是它的故乡，它本来就生活在这里。附近海底的发现越来越多。在辽阔的黄海上，还曾经发现了其他陆生哺乳动物化石，更进一步证明了这个结论。

原来，这一片浅海的下面，藏着一片被淹没的古代陆地。换一句话说，这儿原本就是大陆的一部分，后来才被海水淹没的。

这种地形有一个名字叫大陆架，又叫大陆棚或陆棚。

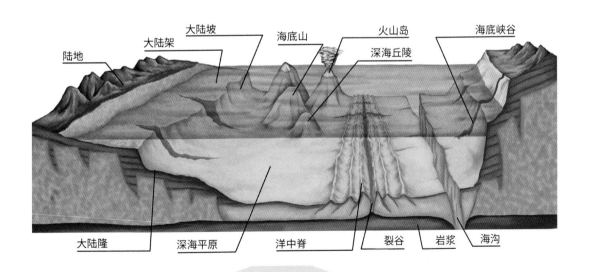

海底地貌示意图

297

让我们来看大陆架的科学定义吧。1953年，国际海底地形命名委员会给它下了这样一个定义，认为大陆架是环绕大陆，"从低潮线延伸到坡度向深海显著增大的转折处为止"。后来考虑到不同地方大陆架的地形结构不一样，又补充说："如果大陆架外缘存在两个或两个以上的下折带，则以比较显著的一个下折带作为大陆架的边界。但是这个下折带的深度，以不超过600米为限。"

仔细咀嚼这个定义，它的上界很容易掌握，就是肉眼可以看见的海边低潮水位。它的下界没法在水面上看见，是水下坡度一下子变陡的地方，大致位于水深约200米处，最深也不能超过600米。上面是大陆架，下面就是大陆坡了。

大陆架有宽有窄。欧亚大陆伸进北冰洋的大陆架最宽，超过了1000千米。有的地方的大陆架很窄，甚至完全缺失。日本列岛的大陆架就很狭窄，只有4~8千米。南美洲西海岸压根儿就没有大陆架，隔着一条海沟和大洋盆地相连接。

大陆架有的地方很平缓，有的地方坡度比较大。大陆架的坡度一般小于0.3°，平均只有1°，从海边斜斜地伸进大海远处。不消说，坡度平缓的地方，海水就很浅；坡度大的地方，海水就会迅速变得很深。大陆架外缘的水深，不同地方不一样，一般不超过200米。北美东海岸的大陆架很浅，只有30多米；北冰洋的巴伦支海的大陆架很深，可以达到550米。不消说，凡是有大陆架分布的地方，就是一片浅海。

地		质		
冥古宙	太古宙	远古宙		
		古元古代	中元古代	新元古代
隐生代	始太古代			
原生代	古太古代	成铁纪	盖层纪	拉伸纪
酒神代	中太古代	层浸纪	延展纪	成冰纪
雨海代	新太古代	造山纪	狭带纪	埃迪卡拉纪
		固结纪		

世界大陆架的平均宽度大约 75 千米。我国沿海各地的大陆架宽度为 100～500 千米不等。外缘一般水深仅仅只有 50 米，最大水深 180 米。

一般来说，沿海有广阔的平原和大河出口的地方，大陆架比较宽阔。高大的山脉和高原紧紧挨靠着海边的地方，大陆架就很狭窄，甚至完全没有大陆架。让我们来算一下，各个大洲的大陆架有多少吧。

亚洲的大陆架最大，大约有 938 万平方千米。北美洲的大陆架第二大，有 674 万平方千米，以下依次排列的是欧洲，311 万平方千米；大洋洲，270 万平方千米；南美洲，243 万平方千米；非洲，128 万平方千米；南极大陆，36 万平方千米。全世界的大陆架统统加在一起，总面积大约 2700 万平方千米，差不多相当于两个半还多的欧洲那样大。想一想，如果完全出露到海面以上，能够住多少人啊！

既然大陆架是被淹没的陆地，那么在遥远的地质时期，特别是第四纪更新世冰期时代，海面大幅度下降的时候，就曾经是一片广阔的平原。由于地势低平，水热条件优良，生长着茂盛的森林、草地，散布着大面积的湖泊、沼泽，到处河流纵横，一派肥沃的水乡风光。往后有机质大量积聚，生成了储量丰富的煤田、油田、天然气田和砂金等其他陆生矿床，是名副其实的水下聚宝盆。据统计，目前世界原油产量有一半以上就来自水下大陆架。

年　　　　　　　代				
显生宙				
古生代	中生代	新生代		
		古近纪	新近纪	第四纪
寒武纪 奥陶纪 志留纪 泥盆纪 石炭纪 二叠纪	三叠纪 侏罗纪 白垩纪	古新世 始新世 渐新世	中新世 上新世	更新世 全新世

大陆架上的海水很浅，营养物质丰富，光照充足，是鱼群聚居的最好的场所。世界上最有名的大渔场，像日本的北海道渔场、英国的北海渔场和秘鲁的秘鲁渔场，也在这些地方。

按照地质特点，大陆架可以分为构造型和沉积型。构造型的大陆架上，有的基底是古老岩浆岩和变质岩，上面盖着一层薄薄的松散沉积物，有的有复杂的褶皱和断裂构造，有的分布着火山群，有的分布着许多珊瑚礁，还有的有许多盐丘和泥丘。沉积型的大陆架多半分布在大河河口附近，河水带来的泥沙越来越多，使大陆架逐渐变宽变浅。

可以用我国的东海大陆架作为例子，来充分说明大陆架的复杂结构。东海大陆架的东南部边缘是钓鱼岛等岛屿，自古以来就是中国的领土。在地质构造上，钓鱼岛是台湾岛东部山岭的延伸部分，冲绳海槽把包括钓鱼岛在内的东海大陆架和琉球群岛隔开，形成两个截然不同的海洋地质单元。从台湾岛延伸来的这列海底山岭，成为一道天然海底屏障，拦截住从中国大陆来的长江、黄河等河流冲带来的泥沙，以及大量有机营养物，它们被填塞在这道海底山岭背后，在钓鱼岛附近的海域里，形成 4000 米厚的堆积层，其中含有丰富的石油、天然气。隔着冲绳海槽的某些国家，妄想霸占这个海域，无论从历史记载，还是从大陆架延伸法则都是说不通的。

大陆架划界非常敏感，也非常复杂。不同的国家从各自的利益出发，各有各的说法。为了争夺大陆架的资源，争吵得几乎打破了脑袋。这样吵下去怎么行？得有一个共同遵守的规章才行。

为了彻底解决大陆架权利归属和其他问题，早在 1958 年 4 月，联合国就召集各国协商，在日内瓦制定了《大陆架公约》明确指出，所谓大陆架是指：①邻接海岸但在领海以外之海底区域之海床及底土其上海水深度不逾二百米或虽逾此限度而其上海水深度仍使该区域天然资源有开发之可能性者；②邻接岛屿海岸之类似海底区域之海床及底土，沿海国为探测大陆架及开发其天然资源之目的，对大陆架行使主权上权利。

1982 年 12 月，联合国在牙买加国际海洋会议上，协同 117 个国家，又共同签署了《联合国海洋法公约》。该公约规定的大陆架包括陆架、陆坡和陆基的海床以及底土的海底区域。沿海国的大陆架，包括其领海以外，依附于陆地领土的全部自然延伸，扩展到大陆边外缘的海底区域的海床和底土。

渤海是我国的内海，全部位于大陆架上，最深处只有 70 米。黄海也整个处在从我国陆地自然延伸的大陆架上。从我国陆地自然延伸的东海大陆架和南海大陆架，分别约占整个东海、南海面积的三分之二和一半以上。台湾岛、澎湖列岛和钓鱼岛等，完全位于东海大陆架上。台湾海峡是一片陆地，原始人类和许多起源于大陆的哺乳动物群，就曾经穿过干涸的海峡，从大陆来到台湾岛，播下了生命和石器时代文明的种子。

根据上述《大陆架公约》和《联合国海洋法公约》，我国拥有的大陆架面积非常广泛，这是属于我国的神圣领土，任何国家都不能侵犯。某些国家提出按照中线划分东海大陆架，忘记了大陆架的归属首先是陆地领土的自然延伸。只有同一大陆架是不同国家领土自然延伸的，才谈得上协商和中线原则。它自己的陆地领土面临深海，从其自然延伸的大陆架只有区区几千米，怎么能够要求和我国瓜分东海大陆架呢？

[补 充 知 识]

大陆架浅海靠近人类的居住地，与人类的关系最为密切，大约 90% 的渔业资源都来自此，所以这儿自古以来就是人们捕鱼、赶海的场所。

大陆架储存着丰富的矿藏和海洋资源，已发现的矿产达 20 多种，包括石油、煤、天然气、铜、铁等，其中已探明的石油储量占全球石油总储量的三分之一。

此外，人们还在大陆架上开发了旅游度假区，充分利用了这里的海水、沙滩和阳光等自然资源。

人们在大陆架上捕鱼

海底大斜坡：大陆坡

哈哈哈，海底藏着一个大滑板，比幼儿园的滑板长得多，竟是一道大山坡。除了东海龙王，还会有谁在这儿玩？除了大鲨鱼，还会有谁笑呵呵？

大陆和大洋，地球上最大的两个对手，要分清它们很容易，也很难。

说容易，只消看海水淹到哪儿，哪儿就是海陆的界线。说困难，是从地质构造上着眼。

请问，从地质结构来说，大陆和大洋盆地真正的界限在哪里？

是海岸线吗？

不是的。

是大陆架的边缘吗？

也不是的。

谁也想不到，大陆和大洋盆地真正的界限隐藏在水下很深的地方，在大陆架的边缘斜坡的坡脚下面。站在那里抬头看，上面是高高拱起的水下大陆和更远更高的水上大陆。低头看，脚下才是面积宽广的大洋盆地。

啊，原来在大陆架和大洋盆地中间有一道斜坡，这就是大陆坡了。（见第297页插图"海底地貌示意图"）它上接大陆架，下接大洋盆地。在地质学家的眼里，这是真正的大陆基部，真正的大陆和大洋交界的地方。

噢，想不到大陆和大洋真正的界线，隐藏在这样深的海水下面，黑糊糊的几乎没有一丁点儿光线。

大陆坡，听着这个名字，就会联想起一道又高又陡的大斜坡。

猜对啦！大陆坡就是这个样子的。

大陆坡和大陆架相比，显得狭窄得多。一般宽度只有15~100千米，平均28千米。好像是一条很窄的花边，镶嵌在大陆架边缘。大陆坡比大陆架陡得多，平均坡度为4.3°，陡的地方就不止了。大陆坡的坡度从大陆架边缘向外逐渐增大，也就在几度到十几度之间。世界上大陆坡最陡的地方，达到了45°，真陡呀！

澳大利亚大堡礁的弗林礁，各种珊瑚形成了一处露头。珊瑚礁的坡度在大陆坡之中是最陡的

　　既然大陆坡是倾斜的，每个地方的水深不一样。顺着斜坡往下，坡度越来越大。最浅只有 200 米左右，最深的地方超过 3000 米。

　　话说到这里，细心的人会提出一个问题了。既然大陆坡连接着大洋盆地，大洋盆地的深度是 4000~6000 米，大陆坡至少也应该有 4000 米才对呀！如果大陆坡最大的深度只有 3000 米，还有 1000 米左右跑到哪儿去了？

　　原来在大陆坡的基部，还有一片稍微平缓的斜面，才能够过渡到"真正的海底"——大洋盆地。这个围绕在大陆坡下面的斜面，好像是扎在大陆坡身上的一条裙子。海洋地质学家给它取一个名字，就叫作大陆裙，也叫大陆隆。这就是大陆坡的深度一般只有 3000 米左右，许多地方并没有完全达到大洋盆地底部的原因。

　　大陆坡是一道形态简单的斜坡吗？

　　不是的，在这个巨大的斜坡上，常常可以见到许多又深又长的水下峡谷，比陆地上任何一个峡谷都幽深，加上这里一片黑漆漆的，就更加显得非常神秘了。

　　瞧见这些比长江三峡和科罗拉多大峡谷还壮观的水下峡谷，人们会问，它们是怎么生成的？

原来，这是一股股水底浊流冲刷形成的。在大陆坡上，由于海底地震，或者其他原因，可以使沉积物顺着斜坡泻溜下去，形成一股股水底浊流。这些浊流的密度很大，经常处于过饱和状态。当其顺着又陡又长的斜坡向下流动时，流速可以达到每小时80～90千米。流速如此快的高密度浊流，形成一股力量，不断冲蚀斜坡上的沉积泥沙，又增加了含沙密度，冲刷能力越来越强，就能切开斜坡地面，形成特殊的水底峡谷了。

在这些水下峡谷末端，常常有一个个锥形地貌分布。这是斜坡泥流带来的泥沙堆积，很像河流出山的地方形成的冲积扇，叫作海底冲积锥。

从不同的地质构造特点，大陆坡可分为大西洋型和太平洋型两大类型。前者坡度较均一，地形比较简单，地质活动较微弱，没有火山地震活动。后者地形复杂，包括火山、地震等地质活动比较强烈。

深深的海沟

海啊海，海底故事从来多。

人说海底平坦可跑马，海底牧场可放牛。人说海底一样深，海底地形平又平，好像一个大澡盆。想不到海底还有一条沟，泡进珠穆朗玛峰也不露头。

常言道："山高水深。"

请问，到底是山高，还是水深？

山高，有目共睹。世界最高峰珠穆朗玛峰海拔 8848.86 米，真是高山仰止了。从前人们心目中，必定认为山高胜于水深。

不，应该是水深胜于山高。

你不信吗？请仔细测量一下大海最深的地方吧。

大海最深的地方不在大陆架、大陆坡，也不在大洋盆地中心，而是分布在大洋的边缘。世界大洋约有 30 条海沟，其中主要的有 17 条，绝大多数环绕在太平洋周围，特别是亚洲东边的花彩列岛旁边。花彩列岛是一条弧形的岛弧，从北到南包括千岛群岛、日本群岛、琉球群岛、台湾岛、菲律宾群岛，以及从日本群岛东南部分支的小笠原群岛、马里亚纳群岛等大大小小的岛屿。再加上北太平洋上和千岛群岛遥相连接的阿留申群岛。凡是在岛弧的大洋一侧，几乎都有海沟分布。一条条幽深的海沟，和一串串岛屿如影相随，一串岛、一条沟紧紧伴生在一起。例如阿留申海沟、千岛海沟、日本海沟、琉球海沟、菲律宾海沟、小笠原海沟、马里亚纳海沟等，几乎一一对应，也形成一列弧形海沟。

其他大洋也有群岛和海沟伴生的现象，只不过没有太平洋这样多、这样集中罢了。印度洋只有 1 条爪哇海沟。大西洋只有波多黎各海沟和南桑威奇海沟两条。太平洋东部只有中美海沟、秘鲁海沟和智利海沟 3 条海沟，也各自和一串岛屿或大陆紧紧相邻。

什么是海沟？

国际深海地形命名委员会给它下了一个定义："海沟是具有陡峭坡面的洋底狭长凹地。"还有一个更加明确的定义，根据它的成因和构造性质，解释说："海沟是位于大洋—大陆过渡带，与岛弧共生，深于周围海底的狭长槽形凹地。"（见第297页插图"海底地貌示意图"）。

看了这两个权威性的定义，该明白海沟是怎么一回事了吧？

海沟到底有多深？

它的深度一般超过6000米，超过上万米的海沟也不罕见。马里亚纳海沟号称"世界第一大深沟"。1957年，苏联勇士号科考船测量出它的最大深度为11 034米，位于北纬11°21'，东经142°12'。这是海沟的最深纪录，也是世界最深点。

每条海沟是不是都一样深？

不，所谓海沟，实际上是一条条海底大裂缝。破裂的裂缝怎么可能到处都一样深？总是深深浅浅起伏不平。前面说的马里亚纳海沟，岂不就是有两个最深点吗？

海沟到底有多长？

一般来说，海沟的长度从500千米到4500千米不等。最长的是印度洋的爪哇海沟，长达4500千米。太平洋东部的秘鲁海沟、智利海沟相邻很近，几乎首尾相接，所以有人把它们合称为秘鲁—智利海沟，总长度达到5900多千米。如果它们真的完全连接起来，就可以算是世界第一长海沟了。

海沟到底有多宽？

一般海沟不超过100千米宽。最宽的是千岛海沟，平均宽度达到了120千米，最宽处就更宽了。

海沟到底是什么样子？

海沟的横剖面大多是不对称的V形。靠近大陆一侧比朝向大洋一侧陡峭，两壁的平均坡度为5°~15°。

V形的海沟，沟底必定非常尖锐吧？

不，恰恰相反，一般的海沟沟底都比较平坦。因为其中填塞了许多沉积物。这些沉积物的来源杂七杂八的，有洋流冲来的泥沙，也有火山喷发的碎屑和火山灰以及海底滑坡和浊流带来的混杂物质。它们一旦填塞进来就再也没法搬运出去，经过千百万年的堆积，就逐渐把原本锋锐的海沟填塞成平底了。

关岛杜梦湾的海岸线。马里亚纳海沟就位于关岛和它北边的北马里亚纳群岛东部的太平洋海床之中

　　大家别小看了海沟，认为它们所占的面积微不足道。根据丹麦海洋学家勃隆计算，全世界的海沟面积大约占整个大洋底部的 1.8%，相当于半个欧洲，不算小呢。

　　现在让我们看几个例子，看几条最深的海沟和它们的长度和宽度吧。下面这些海沟深度统统超过 10 000 米，把珠穆朗玛峰装下去，还绰绰有余呢。

海沟名称	深度（米）	长度（千米）	平均宽（千米）	面积（平方千米）
马里亚纳海沟	11 500	2550	70	178 500
汤加海沟	10 882	1400	55	77 000
千岛—堪察加海沟	10 542	2200	120	264 000
菲律宾海沟	10 539	1400	60	84 000
日本海沟	10 375	800	100	80 000
克马德克海沟	10 047	1500	60	90 000

其中最深的海沟是马里亚纳海沟，是世界最低的凹地。它大约有 6000 万年的历史，南北延伸 2550 千米，宽度只有 70 千米，两边陡崖壁立，和南、北极点，珠穆朗玛峰相提并论，号称"世界第四极"。

尽管人们利用仪器测量出了马里亚纳海沟的深度，却由于技术条件限制，至今还没有到达它的最深点。瑞士物理学家奥古斯特·皮卡尔德（Auguste Piccard, 1884—1962）是有名的海底探险家。他设计的的里雅斯特号潜水器曾经一再打破潜入深水的纪录。后来潜水器被转让给美国海军的研究部门。1960 年 1 月 23 日，由他的儿子雅克·皮卡尔德（Jacques Piccard, 1922—2008）与美国海洋学家唐·沃尔什（Don Walsh, 1931—）驾驶，向世界最深的马里亚纳海沟冲刺，到达了 10 911 米的深度。这也是迄今为止人类到达的海沟最深处。

人们掌握了海沟的分布规律和测量数据，心里还不满意，渴求知道它的更多的秘密。

第一个渴求知道的秘密：海沟两边的地质构造有什么不同？

原来海沟常常是大洋地壳和大陆地壳分界的地方。靠大洋的一边是玄武岩质的大洋地壳，靠大陆的一边是大陆地壳，基底的玄武岩被巨厚的花岗岩覆盖。两边的地质构造不一样，地磁场反应也不一样。

第二个渴求知道的秘密：为什么海沟和岛弧总是相互伴生在一起？

这是因为海沟沟底就是大洋地壳和大陆地壳的接合部。它们老是相互挤压碰撞，使大洋地壳向大陆地壳下面俯冲。于是就抬起了大陆地壳的边缘，生成了一连串花边似的岛弧。由于这个原因，海沟靠大陆地壳一侧，沟壁就比较陡峭，形成现在这个样子。

第三个渴求知道的秘密：为什么海沟和岛弧所在的地方，地震和火山总是非常活跃？

前面的回答就已经给出答案了。由于这里是大洋地壳和大陆地壳相互挤压冲撞的地方，所以地壳活动特别频繁。在这种情况下，地震和火山活动当然也就特别活跃了。

如果继续增强二者挤压冲撞的程度，很可能造成更加严重的后果。有人认为日本群岛和马里亚纳海沟相距不过 200 千米，如果未来海沟和岛弧两边的地壳发生更加强烈的冲撞，将会造成科幻小说《日本沉没》那样的惨剧，也不是不可想象的。

啊呀，揭开海水的"被子"，想不到海底竟是这样的。这儿有镶嵌在大陆边缘的大陆架、陡峭的大陆坡、宽阔的大洋盆地，也有高耸的海底山脉、深邃的海沟。地形起伏不平，可不是一个简单的大"洗澡盆"。

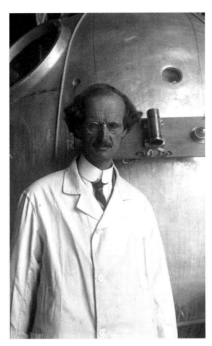

奥古斯特·皮卡尔德，摄于1932年

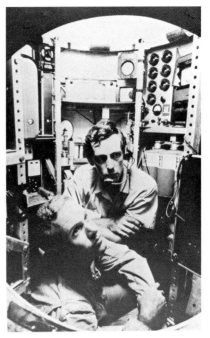

雅克·皮卡尔德（中）和唐·沃尔什（左）
在的里雅斯特号潜水器上的工作照

的里雅斯特号潜水器由意大利制造。1960年1月23日，在太平洋关岛附近的马里亚纳海沟的挑战者深渊的第一次下降中，
它携两位船员到达了约10 911米的最大深度纪录。

这张照片拍摄于1958—1959年，就在的里雅斯特号潜水器被美国海军购买后不久，它在一个热带港口被吊出水面

最大的水盆子：大洋盆地

哼，说什么太平洋、大西洋，不过是一个个装水的盆子。就算你是特大号的洗澡盆，又有什么了不起。盆子就是盆子，洗脸盆、洗脚盆、太平洋，统统都是一样的，不过是大号、小号之分。

请问，世界上什么盆子最大？

洗脸盆吗？洗澡盆吗？

不是的。

四川盆地，塔里木盆地吗？

也不是的。

信不信由你，世界上最大的盆子藏在海底，是辽阔无边的大洋盆地，又叫海洋盆地，简称洋盆或海盆（见第 297 页插图"海底地貌示意图"）。

大洋盆地和大陆相对应，是地球上最大的两个地貌单元。别的各种各样的地貌都比它们小得多，可以算是星体地貌单元。

大洋盆地是什么样子？从前人们认为它和一般的盆子一样，边缘围绕着陡峭的大陆坡，底部非常平坦，是一片海底大平原。随着海洋探测越来越深入，人们逐渐认识清楚了。原来大洋盆地和普通的盆子不一样，底部起伏很大，有高耸的海底山脉，有幽深的海沟，也有一个个真正的盆地和大片海底丘陵。所谓一马平川的海底平原，实际上占的面积并不大。

说到这里，需要对大洋盆地这个名词好好解释一下。在海洋地质学家眼里，大洋盆地包含着广义和狭义的两个意思。

广义的大洋盆地和大陆架、大陆坡相并列，是洋底三大地形单元之一。换而言之，也就是大陆坡以外的深海底，是世界大洋的主体，面积达 16 260 万平方千米，占海洋总面积的 45% 左右。其边缘与大陆隆，也就是水下大陆坡的坡脚连线，或一些深陷的海沟相接。由于各个大洋深海部分相互贯通。即使看似水下封闭的北冰洋，也可通过格陵兰海的深海海底走廊，和北大西洋一线沟通。所以不言而喻，在整个地球上，只有一个这样的大洋盆地。

西南太平洋劳海盆的岩浆带，温度高达1200℃左右

一直以来，科学家们都将劳海盆作为检验板块构造和海底扩张的理想地区

这种大洋盆地水深2500~6000米。底部非常平坦，其平均坡度接近于零，仅有0.33°~0.67°，基本上可以视为平面。在它的怀抱里，有海底高原、海底山脉、海峰，也有凹陷的深海盆地、深海平原。

从构造成因来说，大洋盆地基本上都是完整的板块，其基底是硅镁质的大洋壳，和硅铝质的大陆壳不一样。

狭义的大洋盆地是次一级的地貌学专有名词，仅仅指坐落在大洋底部的一些次一级地形凹地，可以称为深海盆地，用以和前面所说的巨型大洋盆地相区别。从隶属关系来说，这种深海盆地从属于前面所说的广义大洋盆地。它们大小不一，散布在各个大洋底部。据统计，太平洋有14个深海盆地，大西洋、印度洋各有19个和12个深海盆地。北冰洋的冰海下，也有一个巨大的深海盆地。

这种次一级的深海盆地大多呈圆形、椭圆形，四周常有海岭、海底丘陵或斜坡围绕，盆底常是平坦的深海平原。深海平原里常常有来自大陆坡的浊流堆积物。只有直接和海沟连接的部分因为海沟的隔断，才缺乏这种堆积。深海平原蕴藏着丰富的矿产，静静等待着人们发现与开发。

克利珀顿断裂带海底的锰结核与其上的附着生物。锰结核形成的栖息地是某些附着生物和移动性动物的家园

克利珀顿断裂带海底的锰结核。锰结核的密度与这里的物种丰富度和多样性有关

　　大洋里的深海盆地和大陆架上的浅海盆地不同。我国的渤海和黄海是大陆架上的内陆海盆，东海、南海是大陆架边缘的海盆，距离大陆不远。大洋里的深海盆地大多位于远洋中心，例如太平洋里的东北太平洋海盆、中太平洋海盆、南太平洋海盆、菲律宾海盆、马里亚纳海盆，大西洋里的北美海盆、巴西海盆、阿根廷海盆，印度洋里的安哥拉海盆、中印度洋海盆、澳大利亚海盆等，常常由一条条隆起的海底山脉或一片片海底高原隔开，面积大、海水深，都和大陆架海盆不一样。

到海底去登山：海底山

一座海底山，一座海上的小岛。海岛上的人们做梦也没有想到，自己住在海底山尖上，没准儿比珠峰还高呢。

是呀！是呀！别小看了区区小岛。一旦连根出了水，准会吓你一跳。也别小看了别人，没准儿比你还深沉。

懂了，懂了，不锋芒毕露，不显山显水，才是最最高大的。

古时候人们认为龙王爷的国土想必是一片宽广的平原。大海有多么广阔，海底平原就有多宽，做梦也没有想到海底也有高耸的大山。

1873 年，一艘名叫挑战者号的科考船，在北大西洋测水深，船员们放下系着长长绳子的铅锤，测量海水深度的变化。忽然发现，大洋中间有一道高高拱起的地形，很像是海底的山地。

这幅由威廉·弗雷德里克·米歇尔（William Fredrick Mitchell, 1845—1914）创作的版画描绘了挑战者号在一次海洋考察中的航行
背景中的平顶冰山（南极洲的特色地貌）和海鸟表明了该船与自然科学的联系。挑战者号在波涛汹涌的海面上航行，除了三角帆、
前桅主帆、前桅中帆和主桅第二层帆之外，其他帆都收了起来，以应对大风。
船上的炮门被打开，露出炮口，这似乎是艺术家夸张的描绘。因为在恶劣的天气下，炮门其实会被关上。
挑战者号原先是一艘英国皇家海军护卫舰，后来被选中用于海洋研究。
为了方便探测海洋深度，它的17门炮中除了两门之外，其他的都被拆除了从前，人们认为海底所有的地方都是平的，知道这个消息，都感到非常惊奇。

这是真的吗？

可惜当时掌握的材料还不多，只靠一条考察路线上的测深记录，还不足以完全揭开这个秘密。

时光悄悄过了半个世纪，另一艘叫流星号的科考船，使用当时最先进的回声测深法，经过详细调查，才弄清楚了它的真面目。

啊！真了不起。原来这是一道雄伟无比的海底山脉。从北冰洋出口的地方，纵贯整个大西洋，一直延伸到南极大陆附近，有4万多海里长。许多地方的山脊，有5000多米高，把它与陆地上的山脉相比，也是数一数二的呢！

流星号是一艘德国科考船，最著名的事迹是它在1925—1927年进行的大西洋海洋考察活动

更加使人们惊讶的是，它的外形弯弯的，和大西洋两边的大陆平行，好像是一个巨大的"S"形。使人不由不联想起，它的生成和这两个大陆有密切关系。科学家给它取名叫作"大西洋中脊"。

"洋中脊"是什么意思？就是海底山脉。

人们进一步发现，世界各大洋都有大洋中脊的存在。这条洋底山系在太平洋、印度洋、大西洋和北冰洋内连续延伸，成为巨大无比的环球水下山系。除了大西洋的 S 形大洋中脊，还有"人字形"的印度洋大洋中脊，加上太平洋东侧的水下山脉，组合成了全球性的海底脊梁。

"洋中脊"是怎么形成的？有人认为是由于两个大陆板块活动，巨大的平移断层生成的。也有人认为，它是一串海底火山链。还有人认为，它是地壳褶皱的产物。这些水下山脉到底是怎样形成的，还是一个未解的谜。

除了巨大的海底山脉，还有许多海洋山。其中，高于 1000 米的至少有上万座，并且绝大多数都是火山锥。有的星星点点散布在海底各处，有的排列成一串，是岩浆从海底裂缝里喷溢生成的。

这些海底火山都非常高大。日本有名的富士山和它们相比，也算不了什么。如果让它们浮出水面，展现在光天化日之下，供人们观赏，该有多好呀！

然而，海底山并不都是斗笠状的火山锥。二次世界大战期间，有一个名叫哈雷·赫斯（Harry Hess，1906—1969）的地质学家，无意中发现了一座平顶山。此后，被发现的海底平顶山越来越多，大多数都在太平洋。平顶山的外形和从前发现的海底火山大不一样。它们是怎么生成的呢？

赫斯说，这是波浪冲刷的结果。

人们听了，摇头不信。

说来道理很简单，有的平顶山藏在 2000 多米的水下深处。波浪不能影响到那儿，怎么能够冲刷海底山呢？

有人说，它们是沉积物堆起的，山顶本来就是平的，不值得大惊小怪。

真是这样吗？科学家使用地球物理勘测方法和直接取样观察，发现许多山顶上面都没有堆积物。这个说法又被摇头否定了。

说来说去，又回到了赫斯的说法。现在，人们相信它们原本接近海面，是被波浪冲刷削平了山顶，再慢慢沉下去的。太平洋底，本来就有地壳沉降的证据啊！

神秘的海底山，沉睡在汹涌的波涛下面，是人类尚未开发的一片处女地，等待着勇敢的人们去发现它们，研究它们。

明白这个事实真相就好办了，知道眼前是一座座海底山。

朋友们，让我们穿上潜水衣，到海底去登山，去考察，开辟新的"山地"活动吧！如果你顺着一座海底高山往上爬，没准儿会钻出水面，爬上一座小岛，把躺在海边晒太阳的人们吓一跳。要知道，大洋中的许多小岛，就是海底山冒出水面的"山尖"呀。

　　洋中脊又称中洋脊、洋脊。洋中脊体系在地球上长达数万千米，宽至数百到数千千米，面积约占世界大洋总面积的33%。洋中脊高于其两侧的大洋底部，相对高度为2000～3000米。

　　大西洋中脊是最有名的中洋脊，冰岛就是它露出海面的一部分，因此被科学家们认为是观察中洋脊构造最便利的区域。

从飞机上拍摄的冰岛西南部的山脉，它们是大西洋中脊露出海面的一部分

岛屿的出生卡：岛屿的种类

一个个孩子，一个个有来历。一个个海岛，一个个有各自的履历。有的平平常常，有的稀稀奇奇。世间大大小小人物，回到人生起跑线，统统都是一样的。

大海上千座岛、万座岛，形形色色、大大小小。不知其来历，得要好好弄清楚。

看吧，眼前一座大岛。岛上有山有河有平坝，不仅地形相同，地质发展历史也一模一样。猛一看，以为是大陆，不知此身在岛上。

这种岛大多坐落在大陆附近的大陆架上，原本就是大陆的一部分，彼此山水相连，可以来来往往。必定是后来地壳下沉，才和大陆隔离开，成为海上的岛屿。

这是大陆岛，我国的台湾岛、海南岛就是最好的例子。

中国分省地图—海南省

审图号：GS(2017)1268号

国家测绘地理信息局 监制

海南岛，与雷州半岛之间隔着琼州海峡相望，是典型的大陆岛，也是我国第二大岛

当地层陷落或海面上升的时候，常常会有一条条起伏的山脉浸泡在水里，露出一个个沿着山脊排列的山尖，生成一连串小岛，形成了一个起源相同的群岛。我国东海上的舟山群岛就是一个例子。仔细看这个群岛，排列成好几个岛链，就是原来山区里的一条条山脊。它们的走向可以和大陆岸上的山脊线连接，地质构造完全可以对比。

浙江省舟山市西堠门大桥，是连接舟山群岛中的册子岛和金塘岛的跨海大桥

海边有的小岛距离大陆很近，甚至藕断丝连，当潮水退下去的时候，可以步行通过。这种岛屿叫作陆系岛。顾名思义，这是一种和大陆若即若离的小岛，算是一种特殊类型。根据它和大陆的连接关系，又可以细分为两种：

一种是正在形成中的陆系岛。涨潮时和岸边分离，落潮时可以走过去。辽宁省锦州市海边的笔架山就是这样的。落潮的时候，可以沿着一条低矮的沙堤走上去，涨潮就被淹没了，是当地的一个旅游地点。

另一种是发育完成的陆系岛。不管涨潮、落潮，都和陆地岸边紧紧联系在一起。山东省烟台市的芝罘岛可以作为例子，它已经完全成为陆地的一部分了。连接陆地的沙堤上，修建了许多街市，还可以开着汽车来来往往呢。

从飞机舷窗鸟瞰烟台市（下）与芝罘岛（上）
芝罘岛位于山东省烟台市北部，以连岛沙坝与大陆相连，是中国最大、最典型的陆系岛

　　遥远的大洋心也有许多岛，就和大陆没有关系了，主要是火山岛和珊瑚岛。

　　不消说，火山岛就是海底火山露出水面形成的。由于海底火山大多散布在大陆板块和大洋板块交接处，以及大洋盆地内，所以火山岛往往远离大陆。有的沿着地壳破碎的断裂带排列为成串分布的岛链，有的是洋盆里的孤立火山，就远远孤悬在海外，和大陆毫无任何联系。印度尼西亚的岛屿有13 667个，是有名的"万岛之国"。其中除了一些大陆岛，也有许多较小的火山岛和珊瑚岛。

　　世界上的火山岛里，有活火山、死火山和休眠火山。由于海底火山时常活动，所以火山岛和静止状态的大陆岛不同，由于处在活动状态，新火山岛会在火山活动中不断产生。1963年11月14日，冰岛南部海岸附近一次剧烈的水下火山喷发，就生成了一座新火山岛。

叙尔特赛岛，又称苏特西岛，因海底火山喷发而形成，于1963年11月14日露出海面，火山喷发一直持续到1967年6月5日。
该岛面积最大时也只有2.7平方千米，后因海浪侵蚀逐渐变小，到2012年只剩下1.3平方千米

　　火山岛的形态也和大陆岛不一样，往往就是一个孤立的笠形火山丘，或者由成串的火山丘组成一条火山链。一座火山一个岛，或者一串火山一个群岛，有的组成一个大岛，结构非常简单。

　　火山岛的面积不大，有的高度却很大。例如夏威夷群岛的主峰冒纳罗亚火山，海拔4170米。从低平的海上抬头望，山峰高耸入云，也非常壮观呢。

从夏威夷基拉韦厄火山口看夏威夷群岛主峰冒纳罗亚火山

小小珊瑚虫是营造珊瑚岛的建筑师。珊瑚虫非常娇气，对生活环境非常挑剔，怕冷、也怕热，只能生活在水深小于50米、阳光和氧很充足、海水非常清洁、含盐度正常、水温在20℃左右的浅海里。所以，珊瑚岛礁大多分布在南北纬30°之间的热带、亚热带海洋上，素有"海洋中的热带雨林"和"海上长城"的美誉。由于珊瑚虫只能生存在浅海环境，所以珊瑚岛礁一般分布在大陆架上，或者依附在大洋中心的水底火山锥上，主要集中在南太平洋和印度洋。珊瑚礁有岸礁、堡礁和环礁三种类型。

岸礁又名裾礁，紧紧挨靠着海岸，好像是一圈天然防波堤，保护着海岸不受波涛冲刷。以我国南海的岸礁为例，岸礁宽度和海岸地形有关系。陡峭的海岸边，岸礁狭窄，最窄的只有几米；平缓的地方，岸礁宽，最宽的有几千米。

堡礁环绕在一座孤岛四周，中间隔着一片泻湖或者海面。有时中间还有一块块零零星星的珊瑚礁块分布。

环礁中间没有小岛，只有一个泻湖。直径一般一两千米，大的可以达到上百千米。环礁中间的湖水比较浅，也非常平静，和外面汹涌的大海形成鲜明的对比。

世界上最大的珊瑚礁是澳大利亚东北部的大堡礁，全长2000多千米，宽50~60千米，最宽的地方有240千米，面积20多万平方千米，好像是一道水底长城，气势宏伟壮观。这里有400多种珊瑚、1500多种鱼类、300万只海鸟，还有许多包括绿色海龟、巨蛤在内的各种各样珍稀海洋动物，建立了海洋公园和海洋科学研究站，是科学研究和观光的好地方。

澳大利亚昆士兰州惠森迪群岛艾尔利海滩附近大堡礁炫目的色彩

大堡礁的绿海龟。绿海龟主食为海草与大型海藻，因此体内脂肪累积了许多绿色色素，呈现淡绿色，从而得名

因为人类的捕杀和栖息地的破坏，现在全世界仅剩下约20万头产卵母龟，在世界自然保护联盟濒危物种红色名录中被列为濒危物种

在一些大河口，常常藏着冲积岛。

由于河面一下子变宽，河水流速减小，加上海上来的潮水顶托，就能使河水里的泥沙在这里大量淤积，从水下暗滩逐渐扩大增高，出露水面形成沙洲和岛屿。这种岛屿的岛面平坦，岛上常有高出水面2~3米的沙堤，由河水冲带来的泥沙堆积而成。

从它的生成过程来说，由于河口水情复杂，泥沙冲淤不定，这种岛屿总是处于不停变化的动态过程中，形态、大小常常变化不定，是最活跃的动态化岛屿类型。

长江口的崇明岛就是一个例子。它在唐代还只是一个小小的沙洲，经过不断淤积增长，如今它的面积达到 1269.1 平方千米，仅次于台湾岛和海南岛，已经成为我国第三大岛。由于水流作用的影响，它处在南坍北长的过程中。南岸受到长江主流冲刷，大约每年以 50 米的速度后退。北岸大约以每年 500 米的速度增长。在不停消长的情况下，它还在不断扩大过程中。

有趣的是，崇明岛名字的变化，也能反映出它的发展过程。唐代开始的时候，这里只有两片小小的沙洲。位置和大小都很不稳定，一会儿出现、一会儿又悄悄消失了。因为它有这个鬼鬼祟祟的脾气，所以得到一个恰如其分的名字叫作崇明洲。

后来长江带来许多泥沙，使它渐渐淤积增大。有人居住了，它也渐渐受到人们注意。由于后来泥沙淤积越来越多，它也逐渐增长。到了五代时期，在这里设立了一个市镇。因为鬼鬼祟祟的"祟"字不好听，实际上它也不是那幅模样了，所以就改名叫作崇明岛。从崇明洲到崇明岛，岂不十分形象化地阐明了它的发展特点吗？

[补 充 知 识]

位于我国南海之中的南海诸岛就属于珊瑚岛礁，按照分布位置，划为东沙群岛、西沙群岛、中沙群岛和南沙群岛四群岛，总共包括 200 多座岛礁、沙洲、暗礁和暗滩。除了个别为火山岛之外，其余都是珊瑚礁，其中又以环礁为主。主要的环礁有中沙大环礁（南海中最大的环礁）、黄岩岛（也叫民主礁）、东沙环礁、南卫滩环礁与北卫滩环礁。

南海西沙群岛七连屿是我国典型的珊瑚礁岛

作弄列强的幽灵岛：神秘的火山岛

别说海龙王一副冷面孔，也有幽默，喜欢恶作剧。试问它游戏世间为什么？为的是显示神秘力量，顺便也揭露了文明绅士的老底。

哈哈哈！看诸多国王、总统气急败坏。无灵无性幽灵岛，方是幽默大师。

19 世纪中叶，当世界列强正驾着炮舰到处闯荡，红着眼睛在亚洲、非洲、拉丁美洲和太平洋到处寻找殖民地，争吵不休的时候。想不到在他们自己的欧洲后院里，居然冒出了一块新土地。这块肥肉算谁的？演出了一幕大海导演的活闹剧。

这话得从一艘意大利轮船说起。1831 年 7 月 10 日，这艘轮船经过地中海西西里岛附近，突然看见海上冒出一股又高又粗的水柱，直径超过一个足球场，十分惹人注目。船上的水手全都看呆了，不知道发生了什么事情。当他们还没有转过气来，水柱一下子又变成了一股高高的烟柱，几乎飞腾升进了云端。

这是一件不平常的事情，船长连忙测出具体位置是东经 12°42′15″、北纬 37°1′30″，一笔不苟地记录在航海日志上。

一个多星期后，这艘轮船在返程中又经过这里，好奇地朝海上探望。只见海上冒出了一座从来也没有见过的新岛。虽然它不算太高，却是活生生一个岛呀！更加奇怪的是岛上还在丝丝袅袅冒出一股股蒸汽，周围海面上漂浮着大量红褐色石块和死鱼，肯定都和它有关系。

这是怎么一回事？经验丰富的船长判断，肯定是一座海底火山活动的结果。

由于这艘轮船定期在这条航线上执行航班任务，船长就锁定了这个不平常的新岛，特别注意观察它的变化情况，一一记录下来。一个月后，这座无名小岛已经变得很高了。船长觉得这件事很不平常，下令停船上岸调查。在他的亲自带领下，船员们仔细测量了它的大小。岛上最高点已经超过了 60 米，周长大约 4.8 千米。岛上遍布纺锤形的火山弹和火山渣，毫无任何生命迹象，显示出这是一座不折不扣的火山岛。船长意识到它的重要意义，立刻向自己的政府报告。

其实发现它的船只远远不止这艘意大利轮船。由于这里正好位于地中海中部，航运异常繁忙，来往船只很多。除了这艘意大利轮船，别的船只也发现了它，各自向国内有关部门报告，立刻引起了好几个海上强国注意。除了意大利，英、法、德等列强也争先恐后派人前往勘查测量，研究它的军事及民用价值。

英国动手最快，立刻宣布这座小岛的主权为大英帝国所有，命名为费迪南德岛。别的国家不答应，各有各的理由，不承认英国的霸道行为，纷纷为它命名，争夺它的归属权。一时各国军舰云集，大炮对着大炮，一个个怒目相视，谁也不退让。为了维护本国权利，能言善辩的外交官也纷纷亮相，提出措词激烈的外交照会，争吵得不可开交。情况逐渐白热化，弄不好就会相互打起来。

到了9月9日，小岛诞生还没有满两个月。正当几个国家争吵得越来越厉害，战火一触即发的时候。这个小岛忽然一下子缩小了一大半，使所有的人都大吃一惊。又过了两个月，它竟像来时一样，招呼也不打一个，就不声不响悄悄消失得无踪无影了。

啊，原来这是一个突然出现，又突然消失的幽灵岛呀！人们感到无限惊奇，军舰只好撤退回去，争论得面红耳赤的外交官不得不闭上了嘴巴，一个个弄得灰头灰脑的，被人们传为笑话。

瞧吧，人们惯常认为冷漠的大海，就利用这个小小的幽灵岛，以特殊的黑色幽默，嘲弄了整个世界，狠狠扇了利欲熏心的列强一个耳光。

这座神秘的小岛并没有永远消失。在往后的一个世纪里，它又像真正的幽灵似的出现过好几次。最后一次是1950年，人们只觉得稀奇，却再也没有人为它争吵了。

这件事就完了吗？还有一个尾声。面对这个出没无常的幽灵岛，科学家代替政治家出场。经过仔细研究，大多数人认为这是海底火山喷发造成的，以后在再次喷发过程中被破坏。如此反复不休，一次次出现，又一次次消失，才演出了这一幕喜剧式的活报剧。也有人认为是地壳升降的结果，或者是海流冲刷而消失了的，又引发了一场没有硝烟味的小小学术争论。

涠洲岛是中国地质年龄最小的火山岛，位于广西壮族自治区北海市南方北部湾海域。岛屿形成于新生代第四纪时期，由火山喷发之后的熔岩堆积而成。

涠洲岛总面积约24平方千米，海岸线全长36千米，南面海岸最高海拔79米。岛屿地势由南向北倾斜，北部为熔岩沉积形成的丘陵，南部为古火山口形成的港湾。岛上的居民主要聚居于沿海地带。

涠洲岛的周边海域有大片珊瑚礁，沿岛屿海岸线有火山地貌（有"蓬莱岛"之称）、海蚀地貌、古地震遗迹、古海洋风暴遗迹等。

俯瞰涠洲岛

涨海多"磁石"：南海

炎海热浪强，涨海波涛高。长沙千里长，石塘万里遥。"磁石"非磁石，崎头乃明礁。这里自古属中华，南海的名字最最好！

海南省三亚市海边的椰子树

涨海，神秘的涨海。

涨海，中国的南海。

涨海在哪儿？就是我们固有的海疆南海呀！

世界上谁都知道，南海，又名南中国海，自古以来就属于中国。怎么还有一个名字，又叫什么涨海呢？

既然南海是中国的，就得听中国人的解释。请看一看咱们的老祖宗写的书吧。想不到在南海名字的历史演变中，还包含了许多有趣的科学知识呢。

南海和南中国海的名字不用多说了，清清楚楚表明它的隶属关系，就是咱们中国的。

涨海这个名字是怎么来的呢？

三国时期，谢承在《后汉书》中早就说"交趾七郡贡献皆从涨海出入"。《琼州府志》解释"涨海"的含义说："南溟者天池也。地极燠，故曰炎海；水恒溢，故曰涨海。"

啊，明白了。所谓"溢"，就是"涨"，也就是风浪很大的意思。这里风浪特高，好像涨水一样，所以才叫这个名字。一旦台风来时，卷起8级浪、9级浪，一点也不稀奇。

好一个"涨"字，表现出我们的老祖宗对这儿的深刻认识。十分形象化，也准确到位。中国船自古在这儿进进出出，渔民在这里捕鱼为生，不消说这里是中国海疆的一部分。

请注意，这本书透露的信息，古时候这儿还有一个"炎海"的说法。

什么是"炎海"？

"炎"者，"热"也。所谓"炎海"，也就是"热海"呀！

一个"涨"，一个"炎"，充分表现了古代中国人对这里的认识。要知道这里的情况，听一听每天中央电视台的天气预报就明白了。请注意南海的气温，以及台风来时的海浪状况。浪高特别大，气温特别高，就能深深体会"涨海""炎海"这两个名字，一个具有水文意义，一个有气象意义。认识之深刻，妙在其中了。

涨海这个名字流传很久，一直延续到南北朝时期。南朝宋的著名诗人鲍照在《芜城赋》里还说："南驰苍梧涨海，北走紫塞雁门。"可见这个名字已经深入人们的生活，可以用来和有名的雁门关相比拟了。

这时候，又出现了另外一个响当当的名字：南海。好一个"南"字，明白无误解释了和祖国大陆的关系，宣示了中国的主权。

《梁书·诸夷海南诸国 东夷 西北诸戎》记述："干陁利国（在今天的苏门答腊岛），在南海洲上。"从这时候开始，就用了南海的名字，一直流传到今天。

唐中宗时期被流放到古灌州（今天越南北部）的诗人沈佺期，曾经写下"身投南海西"的诗句。由此可见，当时那里属于大唐帝国，当地人也早使用了南海这个名字。

在南北朝时期，还有"朱崖海"的说法。东晋郭璞注释的《山海经》里就提到了这个名字。朱崖就是海南岛的海口港。把这一大片海洋和海南岛联系在一起，主权关系更加清楚了。有趣的是在这里还提到一种特殊的"饮木"。唐代的段成式在《酉阳杂俎》中说："木饮州，珠崖一州。其地无泉，民不作井，皆仰树汁为用。"

这是什么树汁？很可能就是椰子水呀！所以古人把这里叫作"木饮州"，早就把海南岛和椰子联系在一起了。

到了宋代，随着对南海的认识加深，它的不同部分又有了新的名字。

南宋周去非《岭外代答》记载，南海有"长沙、石塘数万里"。首先用"长沙"和"石塘"，分别给西沙群岛、南沙群岛命名。这一时期，我国的远洋航行非常发达，"千里长沙"和"万里石塘"的称呼越来越普遍。南宋义太初作序的《琼管志》也说"东则千里长沙，万里石塘"。南宋赵汝适《诸蕃志》、王象之《舆地纪胜》和祝穆《方舆纪胜》也这样称呼它们。没有长期的观察，怎么能有这样深刻的认识。由此可见，经过两千多年的生活历程，我们的祖先已经完全掌握这里的一切特点了。

"千里长沙"是什么意思？

这就是说的西沙群岛。因为这儿以沙岛为主，所以取了这个名字。

"万里石塘"是什么意思？

这就是南沙群岛。因为这儿以环礁为主，所以取名叫"石塘"。"石"说的是珊瑚礁，"塘"说的是礁湖。这里所说的"石塘"，就是一种特殊的环礁，描述得非常准确。因为南沙群岛的海域比西沙群岛大得多，所以称为"万里"，西沙群岛称为"千里"。

有趣的是，在有些古书上，又把"石塘"记述为"石床"。这可不是同一种情况记述的差别，而是两种完全不同的珊瑚礁。小小一个"床"字，代替了"塘"，将"石塘"和"石床"清清楚楚区别开，表明后者是一种完整的珊瑚礁，并没有生成在一圈礁堤中间的礁湖。珊瑚礁系列中的岸礁和堡礁就是这样的。观察细致的古人，是全世界最早研究珊瑚礁的先驱者，岂不是一个了不起的科学成就。

我们的老祖宗对南海的研究，还不仅仅限于这些呢。请再看另一段记录。

三国时期，东吴的万震在《南州异物志》中说："东北行，极大崎头出涨海，中浅而多磁石。"

瞧，这儿又冒出了一个"磁石"的名词，一些人把它说得神乎其神的。

请看一些古里古怪的记载。

东汉杨孚写的《异物志》就说："涨海崎头，水浅而多磁石，徼外人乘大舶，皆以铁锢之，至此关，以磁石不得过。"

为什么船过不了这里？据说，这种磁石有很强的磁力。来往船只经过这儿，包括船上的铁锚、铁链，甚至船板上的一根根铁钉，统统都会被一种奇异的磁力吸引。好像有一只看不见的大手，一下子就把船吸引过去，碰撞在礁石上粉身碎骨，所有的水手都葬身在波涛里。

这是真的吗？

当然不是真的。《异物志》这本书本来就是东听听、西听听，到处打听来的马路新闻。有真也有假，不能完全算数的。

"磁石"到底是什么东西？当然不是有磁力的吸铁石，也不是磁铁矿，只不过是一些隐没在水下不深的暗礁暗滩。包括独立的礁石和暗沙，也包括一些珊瑚岛伸展在水下的礁盘。不明情况的船只稀里糊涂撞上去，不是船毁人亡，就是搁浅在礁盘上动也没法动一下，好像真的被磁石吸引住了。

这些名字说来说去，都和珊瑚有关系。在三国时期就出现了"珊瑚洲"的名字。三国时吴国航海家康泰的《扶南传》里，就说道："涨海中，到珊瑚洲，洲底有盘石，珊瑚生其上也。"一句话就说清楚了珊瑚岛礁的生成原因。

从涨海、炎海、南海、朱崖海，到千里长沙、万里石塘，以及崎头磁石、珊瑚洲等许多名称和名字，岂不像是一个个认识长途中的里程碑，清清楚楚表明了我们的老祖宗对辽阔南海的认识逐渐加深，主权意识更加明确吗？

[补充知识]

南海位于中国大陆南方，是我国的三大边缘海之一，也是我国近海中面积最大、水最深的海区，包括海南岛、西沙群岛、中沙群岛、南沙群岛等相关岛礁及其海域。中国汉代、南北朝时称为涨海、沸海，清代逐渐改称南海。

南海有丰富的海洋油气矿产资源、旅游资源、海洋能资源、航运资源、热带亚热带生物资源，是中国最重要的海岛和珊瑚礁、红树林、海草床等热带生态系统分布区。

海南省文昌市八门湾红树林湿地公园，这里是我国红树林品种最多的地方

图片版权

图书在版编目（ＣＩＰ）数据

大地的故事：图解中国地理 / 刘兴诗著. -- 重庆：
重庆大学出版社, 2023.5
ISBN 978-7-5689-3685-9

Ⅰ.①大… Ⅱ.①刘… Ⅲ.①地理 - 中国 - 普及读物
Ⅳ.① K92-49

中国国家版本馆CIP数据核字(2023)第005671号

大地的故事：图解中国地理
DADI DE GUSHI : TUJIE ZHONGGUO DILI
刘兴诗 著

责任编辑：王思楠
责任校对：邹忌
责任印制：张策

重庆大学出版社出版发行
出版人：饶帮华
社 址：（401331）重庆市沙坪坝区大学城西路 21 号
电 话：(023) 88617190 88617185
网 址：http://www.cqup.com.cn
印 制：北京利丰雅高长城印刷有限公司

开本：787 mm×1092 mm 1/16 印张：21 字数：365 千
2023 年 5 月第 1 版 2023 年 5 月第 1 次印刷
ISBN 978-7-5689-3685-9 定价：128.00 元